SANS COUVERTURE.

COUTUMES

MYTHES ET TRADITIONS

DES

PROVINCES DE FRANCE.

TYP. DE H. VRAYET DE SURCY ET Cᵒ, RUE DE SÈVRES, 37.

COUTUMES

MYTHES ET TRADITIONS

DES

PROVINCES DE FRANCE

Par Alfred de Nore.

« C'est souvent le principe qu'on déracine
en voulant n'arracher que le préjugé qui
lui servait de base. »
                              STERNE.

« Il faut une superstition philosophique bien
aveugle, pour penser qu'on engloutit, sous
les décombres d'une église, ce qu'on appelle la superstition religieuse. On brise-
rait la dernière pierre du dernier temple,
que la religion gagnerait en autorité, ce
qu'elle perdrait en splendeur. »
                              PAGÈS, de l'Ariège.

LIBRAIRIE DE PERISSE FRÈRES.

PARIS,	LYON,
RUE DU PETIT-BOURBON, 18,	GRANDE RUE MERCIÈRE, 33,
angle de la place Saint-Sulpice.	en face de l'allée Marchande.

1846

AVANT-PROPOS.

Les touristes observateurs, et toutes les personnes qui ont accordé quelque attention aux
localités qu'elles ont habitées, ont dû remarquer
la singularité d'un grand nombre de superstitions et de coutumes qui se sont conservées en
France, en dépit des efforts de la civilisation, et
de l'active propagande enfantée par certaines

théories contre toute espèce d'idées et d'usages entachés d'obscurantisme, comme disent les adeptes. Pour les esprits forts et les hommes du progrès, ces mœurs de nos ancêtres ne sont en effet qu'une véritable hérésie sociale. Mais il n'en est pas de même aux yeux du moraliste, qui reconnaît au fond de ces croyances, consacrées par les siècles, une pensée presque toujours religieuse, un culte honnête qui doit leur épargner la raillerie ou le blâme acerbe, lors même qu'elles s'offrent à nous sous les formes du ridicule. La meilleure apologie que l'on puisse faire d'ailleurs de ces mœurs antiques, c'est que dans tous les lieux où elles exercent encore leur influence, les délits et les crimes sont infiniment plus rares que parmi les populations où les lumières ont dissipé les pratiques superstitieuses. Là où l'on continue à redouter le pouvoir des fées, on craint en même temps le courroux du ciel, tandis que ceux qui n'ont plus foi aux maléfices des mauvais génies et de Satan, ont cessé aussi d'invoquer un ange gardien et de placer leur confiance en Dieu. Or, lorsqu'on défie le châtiment ou qu'on dédaigne la récompense que nous réserve un autre monde, on devient évidemment l'ennemi de la société.

Celles de nos provinces qui ont le plus persévéré à retenir les traditions et les habitudes de nos pères, sont surtout la Bretagne, la Normandie, la Provence, le Languedoc et les contrées pyrénéennes.

La vieille Armorique et la brillante Neustrie se montrent encore fières de leurs monuments druidiques, de leurs légendes, de leurs fontaines où apparaissent les fées, et de leurs épaisses ramées sous lesquelles les enchanteurs tracent toujours leurs cercles mystérieux, comme au temps où l'illustre Merlin et les chevaliers de la Table Ronde se rencontraient sous les voûtes ténébreuses de la célèbre forêt de Brocéliande. La Provence et le Languedoc se plaisent aussi à entretenir sur leur sol parfumé le culte des fêtes et des danses que leur transmirent des populations grecques et romaines; puis, enfin, vient cette chaîne de monts qui se prolonge depuis l'embouchure de l'Adour jusqu'à la plage mé-

diterranéenne, et où se sont perpétuées aussi
plusieurs des coutumes des peuples qui s'y succédèrent. Cette dernière région, particulièrement, offre un intérêt égal au voyageur, au na-
turaliste, au poëte et à l'historien.

Là sont entassés, avec un véritable grandiose,
ces immenses débris qui attestent les convul-
sions, les cataclysmes qu'a subis notre globe;
là se montre, tantôt une nature morne, froide et
silencieuse comme celle qui afflige le sol arcti-
que; ou bien c'est une pompe de végétation,
une atmosphère chaude et embaumée, un ciel
d'azur ou pourpré, qui reproduisent le charme
des régions italiques. Si de l'aspect de la contrée
on passe à l'examen de ses habitants, on n'est
pas moins captivé par cette réunion, cette variété
de physionomies, de costumes, de langage et de
mœurs, qui semblent autant de créations à part
dans la même patrie.

Tour à tour occupés par des tribus grecques
ou africaines, par les Ibères ou les Celtes, les
monts Pyrénéens ont gardé de nombreuses traditions de leurs anciens possesseurs. Là théo-

gonie païenne s'y unit encore aujourd'hui au
culte catholique, et les mythes des Phéniciens
et des Gaulois n'ont pas cessé d'obtenir des
montagnards une croyance profonde qu'ils s'ef-
forcent de concilier avec la religion du Christ.
Ainsi, les cavernes ténébreuses sont des lieux
révérés comme elles l'étaient aux siècles des
temples troglodytiques; ainsi s'attache toujours
aux pics sourcilleux une pensée de tombe;
comme au temps où Alcide ensevelissait la fille
de Bébrix sous une masse gigantesque de gra-
nit; ainsi le pâtre respecte encore les pierres
brutes isolées, qui affectent certaines formes,
comme le Druide qui égorgeait une victime et
déposait une offrande au pied d'un Menhir ou
d'un Dolmen, comme le chevrier de l'Atlas vé-
nère un Béthel; ainsi les forêts, les vieux arbres,
les lacs et les fontaines, conservent leurs génies
protecteurs ou malfaisants, de même que cela
était lorsque le Celte adorait son Ésus, sous la
forme d'un chêne ou d'un hêtre, et que l'ahri-
man des Gaulois exerçait une si grande fasci-
nation sur les esprits.

Toutefois, ces usages, ces superstitions qui sont un objet d'étude pour l'homme grave, en même temps qu'ils deviennent une mine féconde à exploiter pour le poëte et le romancier, ces traditions, disons-nous, tendent évidemment à s'éteindre. Depuis que les immenses plaines d'ajonc de la Bretagne sont livrées à l'écobuage, que l'Armoricain commence à rougir de laisser flotter ses longs cheveux sur ses épaules, et qu'il n'a plus la même vénération pour sa chapelle et le pasteur qui lui enseigne à prier Dieu, on le voit aussi braver avec plus de courage la rencontre de la Dame blanche et le cri de la corneille. Depuis que les quadrilles de Musard sont allés faire tressaillir les échos que berçaient les chansons du bon roi Réné, le Provençal ne témoigne plus le même enthousiasme pour son galoubet et son tambourin, et tient moins à ses danses nationales. Depuis, enfin, que s'augmente l'affluence des étrangers aux sources thermales des Pyrénées, que la fashion se répand dans toutes les vallées, que le roman à la mode pénètre jusqu'aux hameaux les plus reculés, la coiffure de feutre détrône peu à peu le classique béret, et le tissu de paille fait repousser, par les jeunes filles, le pudique capulet que portent leurs mères. Quelques années encore, et le niveau de plomb qu'on a abaissé sur les institutions aura aussi opéré sa fonction mathématique sur nos mœurs ; et toutes les parties de la vieille France, perdant le cachet de leur origine, n'ayant plus de couleur locale, n'offriront incessamment qu'une forme unique. Alors, dans quelque lieu que ce soit, on rencontrera le même langage, le même costume, les mêmes habitudes, et chaque intérieur de famille présentera des règles aussi invariables que les articles du code qui régit le royaume. Il se pourra que cette situation des choses devienne très-favorable à l'administration du pays ; mais elle n'en sera pas moins fort maussade pour le touriste ; elle dépouillera la contrée de tout charme poétique, elle ôtera à l'inspiration ses plus beaux élans, c'est-à-dire les pensées religieuses.

C'est au moment où le péril approche pour nos antiques croyances, qu'il nous semble utile de les recueillir en un livre, pour faire connaître à beaucoup de nos compatriotes ce qui subsiste encore, ce qui bientôt n'existera plus; et pour transmettre à nos petits-fils la mémoire des mœurs de leurs ancêtres. Nous n'engagerons pas sans doute nos descendants à les adopter derechef, nous ne leur dirons pas de résister au mouvement progressif qui est imposé par la force des choses; mais nous les inviterons à ne point appeler l'anathème sur les préjugés de leurs pères, à examiner avec conscience, avec sagesse, les rapports nécessaires que ces préjugés devaient avoir avec les institutions contemporaines; et, enfin, à considérer si l'influence de ces mœurs, si fréquemment superstitieuses jusqu'à l'absurde, n'avait pas cependant pour résultat, nous le répétons, de procurer à ceux qui en étaient pénétrés, une plus grande somme de bonheur qu'il n'en est accordé aux générations qui jouissent du privilége des lumières.

L'accueil que reçut du public, il y a quelques années, les articles que nous insérâmes dans divers journaux, sur les coutumes et les superstitions des habitants de la Montagne-Noire, que les premiers nous avons fait connaître, nous a encouragés à livrer aussi à l'impression tout le travail dont ces fragments étaient extraits. Nos voyages et nos lectures nous ont fourni, cela va sans dire, les matériaux de notre livre; néanmoins, nous avons été souvent contrariés dans l'exécution de notre œuvre, par l'imperfection de la plupart des statistiques, et la négligence que l'on a mise à rassembler des renseignements sur les usages des populations agricoles[1]. En résumé, notre livre est digne pourtant d'exciter quelque intérêt; car sa conception est d'abord à peu près neuve, et il sera aussi utile à l'écrivain, qu'amusant pour l'homme du monde. On trouvera moins de détails pour quelques départements que pour d'autres, parce que l'histoire des principales provinces devient celle des populations qui convergent vers elles, et nous

[1] Nous exceptons toutefois de notre blâme, les curieuses et laborieuses recherches de MM. le comte de Villeneuve-Bargemont, le comte de Taillefer, du Mège, Henry, Plouvain, Leglay, Mme Clément et d'autres encore.

avons même dû assez fréquemment supprimer des notes que nous possédions, afin d'éviter les répétitions fastidieuses. Aux coutumes qui sont toujours usitées, nous avons joint celles qui naguère l'étaient encore. On remarquera aussi, sans doute, le soin que nous avons eu d'établir le rapport qui existe entre beaucoup des usages et superstitions de nos provinces et ceux des Grecs, des Romains, des Orientaux, des peuples scandinaves, etc.

I

PROVENCE. — COMTAT VENAISSIN. — DAUPHINÉ.

VAR, BOUCHES-DU-RHONE, BASSES-ALPES. — VAUCLUSE. — HAUTES-ALPES, DROME, ISÈRE.

La Provence, l'une des contrées les plus ancien- nement peuplées de notre sol, était habitée, quinze siècles au moins avant l'ère chrétienne, par les *Liguriens*, branche de la grande famille ibérienne, et qui occupaient tout le contour de la Méditer- ranée, depuis le détroit de Gibraltar jusqu'à l'em-

1

bouchure de l'Arno. La portion de ce peuple qui était établie en Provence avait pris le nom de Salyens, et formait plusieurs petits États dont les institutions et les coutumes différaient de celles des Gaulois. Les Phocéens, en s'établissant à Marseille, firent de cette ville un vaste entrepôt et le marché le plus considérable de la Gaule. Les premiers habitants de cette province furent les *Saluvii*, les *Anatilii*, les *Comnioni*, les *Oxybii*, les *Albici*, les *Vulgientes*, les *Cavares*, les *Sentii*, les *Nerusi*, les *Suetri*, etc.

Lorsque les Romains eurent conquis la Provence, celle-ci reçut d'eux les bienfaits de cette civilisation active et grandiose qu'ils portaient dans tous les lieux où dominaient leurs aigles; et les monuments, les routes, les canaux qui furent créés par eux dans le pays des *Massilienses*, en changèrent entièrement l'aspect. Ce pays offrait une telle prospérité, une telle splendeur, que les Goths, malgré les ravages qu'ils avaient exercés en Italie, respectèrent les priviléges des Provençaux, et finirent même par adoucir leurs propres mœurs, dans le contact qu'ils eurent avec ces hommes industrieux et hospitaliers.

Les premiers temps du christianisme et le moyen âge, répandirent aussi leurs ténèbres dans la Provence, et le bon vouloir de Charlemagne et des rois d'Arles ne la sortit que momentanément de son état stationnaire. Ce ne fut que lorsque les comtes de la maison de Barcelonne apportèrent d'Espagne l'institution de la chevalerie ; que les croisades firent renaître le commerce depuis long-temps abandonné ; et que les troubadours et les cours d'amour inspirèrent aux populations du penchant pour la courtoisie et la culture des lettres et des arts ; que la Provence se releva de son état d'abjection, et eut, pour ainsi dire, la gloire de donner à l'Europe l'exemple d'une marche ascendante au sein des lumières. Les deux maisons d'Anjou contribuèrent aussi à développer ce mouvement progressif, et les rois de France ayant enfin hérité de cette province, lui conservèrent tout son lustre.

La Provence si peuplée, si fréquentée par les étrangers, a donné moins d'accès que les autres provinces aux idées superstitieuses, et celles qui s'y étaient introduites, y ont moins subsisté que partout ailleurs. En revanche, les Provençaux se sont montrés, dans tous les temps, fort avides de plaisirs, de fêtes et de danses, aussi leur pays est-il la partie du royaume où les divertissements sont les plus nombreux et les plus suivis. La danse, surtout

y reçoit un véritable culte; il est curieux de voir
qu'elle se trouve mêlée même aux cérémonies
de la religion; et il n'est pas moins intéressant
de remarquer que c'est précisément aux époques
où le sentiment religieux était poussé au plus haut
degré, que les traditions païennes se mêlaient aux
choses saintes; que Vénus, Jupiter et Bacchus apparaissaient dans les processions à côté de la Vierge,
de Jésus et des anges; que les mascarades du carnaval pénétraient dans les couvents d'hommes et
de femmes; et qu'enfin on se livrait, même par
un élan de piété, à des actes qui appelleraient
actuellement sur eux le blâme général, quoique
notre époque ne soit rien moins que dévote. Il faut,
au surplus, pardonner aux Provençaux d'autrefois,
comme à ceux d'aujourd'hui, leur amour pour la
danse, puisque nos premiers évêques conduisaient
eux-mêmes les ballets dans les fêtes solennelles,
ce qui leur fit donner selon quelques-uns le nom de
Præsules. On sait aussi que les danses mystérieuses
de l'Égypte, avaient pour objet de figurer les mouvements célestes et l'harmonie de l'univers; Pla-
ton, dans sa république, veut que le législateur y
introduise la musique et la danse; enfin ce qui
semble indiquer que le vœu de la nature commande à l'homme l'exercice de ces deux arts,

c'est que les facultés principales par lesquelles il exprime ce qui se passe en lui, sont la voix et le geste; c'est que la danse et le chant sont les premières récréations qui se présentent à l'esprit du sauvage.

On verra, dans ce qui va suivre, que le bon roi Réné, ce monarque populaire dont la mémoire est encore si vénérée chez les Provençaux, s'occupa, avec un soin tout particulier, d'encourager l'affection de ses sujets pour les pompes sacrées et pour les fêtes profanes. Il imagina, pour les unes et pour les autres, une foule d'institutions, et composa de la musique et des couplets pour toutes les solennités. Ami de la paix et du foyer de famille, il vécut en bon bourgeois sur son trône, et en excellent père au milieu de ses nombreux enfants, les Provençaux. Peu de souverains ont pu ou pourront jouir d'une pareille existence; mais peu de peuples aussi se sont montrés ou se montreront aussi tranquilles, aussi peu émeutiers que l'étaient les sujets du roi Réné.

Le Dauphiné était habité, du temps de Jules-César, par les *Allobroges*, les *Segalauni*, les *Tricastini*, les *Vocontii*, les *Caturiges*, les *Tricorii*, les *Brigantini*, etc.; sous Honorius, cette province se trouvait comprise dans la *Viennoise*.

NAISSANCE.

Dans les Basses-Alpes, les parents d'un enfant s'enquièrent, avec le plus grand soin, si le parrain et la marraine ne sont affligés d'aucune infirmité physique ou morale; car ils sont convaincus que le filleul ne manquerait pas d'en être aussi atteint. C'est la marraine qui désigne elle-même son compère. Lorsqu'elle vient remettre l'enfant à l'accouchée, elle lui offre six douzaines d'œufs, que celle-ci est tenue de manger, seule, avant de quitter son lit.

MARIAGE.

Dans la plupart des villages, lorsque les époux, après leurs noces, quittent le pays pour aller habiter dans un autre, les jeunes gens les obligent à payer une sorte de tribut, qui a reçu le nom de *pelote*. Cette coutume existait chez les Athéniens.

Il y a aussi dans la commune de Fours, Basses-

Alpes, un usage qui était pratiqué par les Grecs, et prescrit par les institutions de Solon. Ainsi que les femmes athéniennes, les Fournaisiennes n'apportent dans leur ménage que trois robes en se mariant, et la valeur de leur trousseau ne dépasse pas en général la somme de deux cents francs. Cette coutume a pour objet de ne point trop appauvrir les familles au profit d'un enfant.

Dans le même département, lorsque l'on se dispose à se rendre à l'église pour le mariage, le père de la jeune fille lui présente un verre d'eau dans lequel il a jeté une pièce d'or ou d'argent, selon sa fortune. Cette pratique est un symbole qui fait connaître à la nouvelle épouse, que ce sont les derniers soins qu'elle doit recevoir de sa famille. La mariée boit l'eau, met la pièce dans sa poche, et les convenances lui imposent l'obligation de répandre beaucoup de larmes. Lorsque son fiancé se place auprès d'elle à l'église, il a la plus scrupuleuse attention de poser le genou sur son tablier, comme une sorte de prise de possession de la personne. Après la cérémonie religieuse, le plus proche parent du mari conduit l'épouse vers une pierre de forme conique qu'on désigne sous le nom de *pierre des époux*, et la mariée s'y assied, posant le pied droit dans une entaille pratiquée à cet effet dans la pierre, et tenant le gauche suspendu. C'est dans cette position qu'elle reçoit les félicitations et les embrassements des membres des deux familles, et chacun d'eux lui place alors un anneau au doigt. Cette formalité est suivie, si les époux ne sont pas du même endroit, d'un simulacre de combat qui a lieu entre les jeunes gens de leurs villages respectifs; mais comme cette lutte est une grande preuve d'estime que l'on accorde à la mariée, elle ne s'engage qu'autant que la conduite de celle-ci est irréprochable.

Arrivés à l'habitation du mari, les gens du cortége s'arrêtent, et celui qui accompagne l'épouse frappe à la porte qu'on n'a pas manqué de fermer. On lui demande de l'intérieur : — « Qui est là ? — Ce sont des voyageurs fatigués qui cherchent un gîte. — Allez plus loin, la porte ne peut pas s'ouvrir, la maison attend une nouvelle maîtresse. » Une seconde personne se présente alors pour annoncer la venue de l'épousée, et la porte s'ouvre. Après les salutations et les compliments, on offre trois petits pains à la mariée : elle les prend, en donne deux à ceux qui sont dans la maison, et le troisième à ceux qui sont restés dehors. Cette acceptation des pains est une prise de possession du logis, et l'inégalité du partage indique que la nouvelle venue doit plus aux gens de la maison, qu'aux étrangers. Après cela, un des plus proches parents lui remet dans un plat, du grain de froment, qu'elle répand aussitôt sur les assistants comme un souhait de prospérité ; et enfin, on présente aux époux de la soupe dans une seule assiette, pour leur faire comprendre qu'ils doivent être unis et avoir désormais tout en commun entre eux.

Dans quelques localités, lorsqu'une jeune fille se marie avec un étranger, les garçons prennent les armes et obligent le futur à payer la dépense qu'ils font au cabaret. Quand le mari emmène sa femme, il retrouve la même compagnie à la sortie du village ; mais alors celle-ci offre aux époux de la liqueur qu'ils doivent boire et des noix confites qu'eux seuls doivent manger. D'autres fois ces jeunes gens, pour obtenir une rançon, essaient d'enlever la femme à son mari, et il en résulte souvent des rixes assez graves. Plus communément ces amis de la joie se bornent à s'emparer de la poule ornée de rubans que l'on porte en tête du cortége, et ils vont la mettre à la broche en se moquant des champions de la noce qui la leur ont laissé prendre.

A Manosque, on avait institué, jadis, des jeux nuptiaux qui consistaient à marier un certain nombre de jeunes filles aux garçons qui avaient été vainqueurs à la course et à la lutte.

«◊»

MORT.

Dans tout le département du Var, on expose le défunt le visage découvert, ainsi que cela avait lieu chez les Grecs. Lorsque c'est une fille, le linceul blanc est parsemé de feuilles de lierre. On veille auprès du cadavre jusqu'à l'enterrement, et non-seulement tous les parents du défunt sont appelés à cette veillée, mais on y invite aussi les voisins et les connaissances.

Dans quelques lieux des Basses-Alpes, et particulièrement à Fours, lorsque le mort a été enlevé de la maison, on porte la paille de son lit à l'extrémité d'un champ, qui ne doit pas être celui qui tient à l'habitation, mais le suivant. On laisse là cette paille jusqu'à son entière destruction et sans jamais s'en servir comme fumier. Au jour anniversaire du décès, on célèbre une messe qui est suivie d'un repas auquel chaque personne qui se

montre là peut prendre part, et qui consiste principalement en riz et en œufs.

A Chantemerle, à Saint-Pierre et autres localités du département des Hautes-Alpes, on enveloppe le mort d'un linceul, sans le renfermer dans
une bière, et l'on se borne à déposer ainsi le cadavre dans la fosse.

Dans la vallée de Queyras, lorsqu'on ne peut ouvrir la terre pendant l'hiver, on suspend les morts
dans les greniers ou sur les toits jusqu'au printemps.

A Arvieux, la femme ne laisse jamais enlever le
corps de son mari, sans l'avoir embrassé.

A Rémollon, à Theus, à Espinasse, lors d'un enterrement, chacun des assistants reçoit de la famille
un morceau d'étoffe.

Dans quelques communes, on porte une outre
de vin au cimetière, et au retour, la maison du
défunt devient le théâtre d'une espèce de baccha-
nale, où les sanglots et les lamentations se mêlent
aux cris de ceux qui s'enivrent.

A l'Argentière, après l'inhumation, les tables
sont dressées autour du cimetière; celle du curé et
de la famille sur la fosse même. Le dîner fini, le
plus proche parent prend son verre, chacun l'i-
mite, et l'on boit à la *santé* du *pauvre mort.*

FÊTES ET DANSES.

Avant de décrire les fêtes populaires de la Provence, nous devons consacrer quelques lignes à cette institution qui reçut le nom de *Cour d'amour*, et qui contribua aussi à faire fleurir les lettres et les arts, non-seulement chez les Provençaux, mais encore dans toute la France.

Les auteurs ne sont pas précisément d'accord sur l'époque exacte de la création de ce tribunal féminin ; mais la plupart cependant la font remonter au règne du roi Réné. Quoi qu'il en soit, on sait qu'une cour d'amour s'assembla à Arles, en l'an 1156, et l'histoire nous a conservé le nom des femmes qui furent appelées à y siéger. C'étaient Stéphanette, fille du comte de Provence ; Adélazie, vicomtesse d'Avignon ; Halaète, dame d'Ongle ; Hermifrande, dame de Posquière ; Bertrande, dame d'Orojon ; Mabille, dame d'Hières ; la comtesse de Dye ; Rostande, dame de Piéneten, et Jausserande, dame de Claustral.

Cette cour connaissait de toutes les forfaitures d'amour, et elle infligeait des pénitences auxquelles

les chevaliers et les troubadours de ce temps se faisaient un devoir religieux de se conformer. Un code, en trente et un articles, réglait la jurisprudence de ce tribunal; mais si quelques-uns des considérants de cette œuvre méritaient l'approbation par leur caractère de courtoisie et de justice, d'autres aussi ne sauraient être accueillis par une saine morale.

A cette époque de la gaie-science, des troupes d'amants-poëtes et d'artistes parcouraient les châteaux, allaient se faire entendre dans les diverses cours souveraines et propageaient en tous lieux le goût des lettres et des beaux-arts. Les *troubadours*, les *trouvères* et les *ménestrels* étaient les poëtes proprement dits. Les *chanteurs* les accompagnaient, et leur office était de rendre, avec le plus de charme possible, ce que les autres avaient composé; les *jongleurs*, *jugléors* ou *jugléours*, formaient l'orchestre avec leurs violes, espèce de violon à trois cordes; la harpe était réservée aux ménestrels pour les chants héroïques; enfin les *conteurs*, *contéors* ou *contéours* remplissaient les intermèdes et inventaient des nouvelles amusantes pour les débiter à ceux qui leur offraient l'hospitalité.

Les uns ont loué l'institution des Cours d'amour, qu'ils regardaient comme ayant épuré les mœurs assez barbares du moyen âge et facilité le développement intellectuel et civilisateur qui, depuis lors, alla toujours progressant ; d'autres, au contraire, ont pensé que ces assemblées de femmes avaient altéré chez les hommes leurs sentiments guerriers pour en faire des espèces de Tityres, et que les femmes elles-mêmes avaient compromis leur pudeur et leurs obligations domestiques, en livrant leur existence au rêve des amours platoniques et des séductions de la poésie. Nous ne partageons point l'opinion de ces derniers. L'honneur de la nation ne perdit rien à ce que les mœurs fussent adoucies ; et nos croisades, comme nos luttes avec les Anglais, prouvent suffisamment que nos pères n'avaient pas dégénéré pour avoir accepté les arrêts de femmes spirituelles et jolies et s'être bercés des romances que leur chantaient les trouvères et les troubadours.

Nous ne trouvons rien non plus de ridicule à ces réunions de femmes, constituées en juges dans des démêlés d'amour : il leur était bien pardonnable de se croire les plus compétentes dans ce qui touche aux actes du cœur, qui est particulièrement l'ojet de leur étude, puisque nous-mêmes, dans d'autres temps, ne les avons pas trouvées indignes de figurer dans des conseils où s'agitaient de ces

questions graves qu'il n'appartient ordinairement
qu'aux hommes de résoudre. Ainsi, les Germains,
nous dit Tacite, admettaient les femmes dans
leurs assemblées politiques et déposaient quelquefois en leurs mains l'autorité. Lorsque Annibal tra-
versa la Gaule, cette nation avait des tribunaux
ou siégeaient les femmes. Jadis, en Irlande, elles
formaient, ainsi que leurs maris, des assemblées
au sein desquelles elles discutaient sur les intérêts
du pays, et souvent leurs décisions étaient préférées
par les hommes.

Nous sommes convaincus que les femmes qui
n'auront pour but que la gloire de leurs époux, et
de leurs fils; qui seront animées d'un véritable
amour du pays; qui attacheront du prix à leur
réputation et à la mémoire qu'elles légueront à
leurs filles; nous sommes convaincus, disons-nous,
que ces femmes-là exerceront toujours une influence puissante et salutaire sur tout ce qui s'ac-
complira de grand à leur époque. Ce qui fait qu'on
se récrie contre les femmes qu'on appelle *émanci-
pées*, qui se disent *incomprises*, et qui prétendent
tout régénérer dans l'ordre social, c'est que ces
femmes-là n'atteignent jamais à la dignité mascu-
line, malgré le costume et les habitudes qu'elles
adoptent; et que les utopies dont elles se saturent

en font toujours des filles ingrates, des épouses adultères et des mères infâmes.

Les fêtes de la Provence reçoivent généralement le nom de *Trains* ou de *Roumeirages*. Ce sont pour la plupart des fêtes patronales. Les instruments qui s'y font communément entendre, sont un grand tambour qu'on appelle *bachia*, puis le tambourin, le galoubet, les timbalons et les cymbalettes. Autrefois, chaque village désignait à cette époque un capitaine qui dirigeait toutes les cérémonies, et qui portait l'épée, le sponton, avec une écharpe blanche et des franges en or. On lui adjoignait un lieutenant pour l'aider dans ses fonctions, et un enseigne qui portait le drapeau de la paroisse. Tous les frais de la fête étaient à la charge de ce capitaine et de son enseigne; mais une indemnité lui était accordée; on le dispensait, pendant l'année de sa dignité, du service de la milice et des gardes-côtes; et durant son capitainalat, il était chargé de la police du pays. Les jeunes gens lui formaient une sorte de garde, et au retour des solennités où cette garde avait escorté les magistrats, il lui était permis de garder toute la volaille qu'elle pouvait percer d'un coup de hallebarde sur son chemin. A Aiguières, douze demoiselles étaient choisies par les hallebardiers du capitainage, et

elles recevaient le nom de *mignonnes*. Aujour-
d'hui, les capitaines sont remplacés par des *abbats* qui règlent l'ordonnance de la fête, main-
tiennent l'ordre de la danse, et chacun de ces
abbats choisit une femme qu'il nomme sa *bouque-
tière*.

LES MAGES. — A Trest, la veille des Rois, les
jeunes gens se réunissent à l'entrée de la nuit, et
vont au-devant des trois mages, en portant des
corbeilles de fruits secs. La troupe se rend hors de
la ville, à la chapelle de saint Roch, où elle trouve
trois individus costumés en mages, qui reçoivent
alors le compliment d'un orateur désigné *ad hoç*,
puis lui donnent en échange des corbeilles, une
bourse remplie de jetons. Ce beau pasteur prend
immédiatement la fuite, comme s'il voulait garder
pour lui seul le trésor qu'il a en main, et la troupe
le poursuit en formant une *falandoule*, c'est-à-dire
une sorte de chaîne de danseur. Elle parcourt
ainsi toutes les rues de la ville, enveloppant de ses
replis le transfuge qui feint des efforts pour lui
échapper.

LA MAYO. — Dans toute la Provence, le 1ᵉʳ mai,
on choisit de jolies petites filles qu'on habille de
blanc, et que l'on pare d'une couronne et de guirlandes de roses. On l'appelle la *mayo*. Cet usage

remonte à la plus haute antiquité, et s'il faut en croire Bouche, historien provençal, ce serait un reste des fêtes de Vénus, déesse qui était chère aux Provençaux et qui avait deux temples aux environs d'Antibes. D'autres voient dans la mayo une représentation de la déesse Flore. Quoi qu'il en soit, cette coutume existait chez les Romains, où elle s'appelait *majuma*, et, négligée pendant un certain temps, elle fut rétablie par une loi des empereurs Arcadius et Honorius. On plaçait alors la jeune fille sur un théâtre orné de guirlandes. En Provence, maintenant, on lui élève dans les rues une sorte d'estrade jonchée de fleurs, ou bien on la promène par la ville. Les mayos sont toujours en grand nombre dans chaque localité, et ses compagnes ne manquent pas de réclamer une offrande à tout passant.

LE CARRI. — Cette fête se célèbre tous les ans, le 1er mai, à Pernes et dans plusieurs autres communes du département de Vaucluse. Le carri est une charrette ornée de rideaux en filoselle de couleur jaune et de branches de peuplier, dans laquelle sont placés des musiciens, et un roi avec son lieutenant siégent sur le devant dans de grands fauteuils. Trente ou quarante mulets sont attelés à cette charrette, ils sont pompeusement enhar-

nachés et montés par des postillons qui font claquer leurs fouets à chaque instant. Cette espèce
de char est précédée d'une cavalcade nombreuse, et
l'un des cavaliers porte un guidon orné des emblèmes de l'agriculture. Le cortége fait trois fois
le tour de la ville, puis il en sort; et, à un signal
donné, tous les cavaliers partent au grand galop,
pour se diriger vers un but où le premier qui arrive remporte le prix. Une seconde représentation
a lieu le dimanche suivant; mais, au lieu de mulets et de chevaux, on n'emploie que des ânes. Les
deux dignitaires de cette fête doivent offrir une
collation à tous les cavaliers qui y ont con-
couru.

LE FEU DE LA SAINT-JEAN. — Cette coutume est
tellement répandue en France, qu'il serait difficile de dire s'il existe une seule ville, un seul hameau, où l'on se dispense d'élever un bûcher.
Dans beaucoup d'endroits, en Provence, le corps
municipal, et même le curé, se rendent sur la
place pour mettre les premiers le feu à ce bûcher;
et chacun des assistants les imite, en faisant trois
fois le tour du foyer. Cette cérémonie s'accomplit au bruit des cloches et des pièces d'artifice, et
lorsque la foule commence un peu à s'écouler,
les danseurs forment une falandoule autour du

brasier. On se jette aussi réciproquement de l'eau sur le corps.

A la Ciotat, un coup de canon donne le signal pour allumer le feu ; et, pendant qu'il brûle, les jeunes gens se jettent à la mer et s'aspergent à qui mieux mieux, pour figurer le baptême du Jourdain. A Vitrolles, on va prendre un bain dans l'étang de Berre, afin de se préserver de la fièvre pendant l'année. Aux Saintes-Maries, ce sont les chevaux qu'on fait baigner, pour qu'ils ne soient pas atteints de la gale.

A Aix, on donnait jadis au feu de la Saint-Jean une grande solennité, et le conseil municipal nommait un *roi* qui présidait les divers jeux usités dans cette circonstance. Le principal amusement était appelé *bravade*, et avait été institué vers l'époque de la mort de Louis IX. On portait dans un champ, près de la ville, un gros oiseau, que l'on tirait avec des flèches ; mais les jeunes gens du premier et du second état seulement pouvaient entrer en lice. Le concours avait lieu en présence des magistrats et de la noblesse du pays, et le vainqueur était proclamé roi de la fête. Ses officiers étaient choisis par lui ; et les deux concurrents qui, après lui, s'étaient le plus rapprochés du but, étaient nommés, de droit, lieutenant et enseigne. Accompagné

d'un brillant cortége, ce roi allait mettre le feu
aux amas de fagots qu'on avait disposés dans les
divers quartiers de la ville, et autour desquels il
dansait le premier, en invitant les spectateurs à
l'imiter. Le lendemain, on répétait les mêmes
plaisirs; et, vers la nuit, le roi était reconduit à
son logis, où il devait faire des largesses à ceux
qui l'avaient accompagné. La durée de son règne
était d'une année et lui valait quelques priviléges.
D'abord, il pouvait assister à la messe du com-
mandeur de Malte le jour de la saint Jean; puis,
la chasse lui était permise; il était en outre exempté
du logement des gens de guerre, du droit de piquet et de celui de taille; et enfin, il pouvait se
parer de la médaille qu'on lui avait décernée. On
substitua plus tard l'arquebuse aux flèches, et alors
on mit un oiseau de bois à la place d'un oiseau
vivant.

A Marseille, ce même jour de la saint Jean, la
confrérie des artisans élisait un roi de la *badache*
(double hache), et cette cérémonie était annoncée la veille au son des cloches et des tambourins, et par un grand feu de joie.

Dans les communes qui avoisinent les montagnes,
on va gravir celles-ci le jour de la saint Jean,
pour assister au lever du soleil. Son apparition

est accueillie par des cris de joie et le bruit des cornets qui retentissent dans les vallées, et font aussi mettre en branle toutes les cloches. Dans l'intervalle qui s'écoule entre les premières lueurs de l'aurore et le lever du soleil, les pèlerins ont le soin de cueillir des bouquets de plantes aromatiques, qu'ils mettent ensuite dans des flacons d'huile d'olive. Il résulte de ce mélange une sorte de baume qu'on appelle *oli-rongè*, et qui est un spécifique pour les blessures et quelques maladies.

Le jour de la saint Jean, dès que l'aurore commence à poindre, les enfants vont fouiller les cendres pour y chercher des cheveux qu'ils y trouvent lorsqu'on les y a placés. On jette aussi dans la cendre chaude, pour les leur faire retirer le lendemain matin, des gousses d'ail qu'ils mangent à déjeuner pour se préserver de la fièvre. On regarde également ces gousses d'ail comme devant porter bonheur et préserver des sortiléges, croyance qui était répandue chez les Romains.

Dans le même mois où nous allumons ce feu de la saint Jean, les Grecs célébraient, en l'honneur de Diane, une fête que l'on nommait les *Lophries*; et, le jour du solstice, on mettait le feu à un bûcher, auquel on avait attaché des animaux et des fruits comme offrande. Cet usage d'allumer un feu à l'époque du solstice, existait surtout chez les peuples pasteurs, et cette institution avait pour objet d'appeler la faveur du ciel sur les produits de la terre.

La CALÈNE ou CALENOS. — C'est une réunion de famille qui a lieu aux fêtes de Noël, et particulièrement la veille de cette grande solennité. Tous les parents se réunissent chez le plus âgé pour assister à un repas, qui consiste en un splendide dessert, où les fruits secs, les gâteaux, le nougat et le vin cuit sont servis avec la plus grande abondance. On se fait des cadeaux de comestibles à cette époque, et l'on vient de très-loin pour faire partie de la réunion.

A la campagne, on accomplit, ce soir-là, une cérémonie touchante. Le doyen de la famille prend par la main le plus jeune enfant, et le conduit à la porte de la maison, où on a eu le soin de déposer une grosse bûche d'olivier ou d'arbre fruitier, laquelle porte le nom de *calignaou*. L'enfant fait trois libations sur cette bûche, avec du vin, et prononce les paroles suivantes :

Aleyre, Diou nous aleyre
Cachofué ven, tout ben ven ;
Diou nous fagué la graci de vèïre l'an que ven ;
Se sian pas mai que siguen pas men.

Ce qui veut dire : « Soyons joyeux, Dieu nous rend joyeux! Le feu caché vient, tout bien vient; Dieu nous fasse la grâce de voir l'an qui vient; si nous ne sommes pas plus, que nous ne soyons pas moins. »

Le verre dont l'enfant s'est servi passe alors à la ronde : puis cet enfant soulève une extrémité de la bûche pendant que le vieillard la saisit par l'autre bout, et on la place sur le foyer. Toutefois, on a le soin de l'éteindre avant d'aller se coucher afin de la conserver jusqu'au jour de l'an. On lui attribue la vertu de ne point brûler le linge; et, à Marseille, il était autrefois d'usage d'en placer trois charbons ardents sur la nappe.

Dans cette dernière ville, ainsi qu'à Aix et quelques autres endroits, on remplace par une lampe le calignaou. On place cette lampe dans une crèche, entre deux soucoupes garnies de blé de sainte Barbe, et elle n'est consumée que la veille du jour de l'an. On emploie pour ce placement la même cérémonie que pour la bûche; mais l'usage de la lampe ne dispense pas de mettre une grosse bûche au feu.

Lorsqu'on a mis la table des calenos, le même enfant qui a béni la bûche bénit aussi cette table. Le jour même de Noël, la famille se réunit une seconde fois en banquet, et la dinde est un mets obligé dont la fondation remonte, dit-on, au roi Réné.

Cette fête de la calène, vraiment patriarcale, a surtout ce remarquable avantage, c'est qu'elle fait ordinairement cesser les brouilles qui ont pu avoir lieu pendant l'année entre parents, et si l'un des brouillés résistait à un raccommodement, il aurait contre lui tous les membres de la réunion.

Dans quelques communes, pendant la messe de minuit, des enfants parcourent les rues en secouant des brandons de lavande auxquels ils ont mis le feu. Dans d'autres lieux, au moment de l'offrande, on voit arriver, au son du tambourin, un corps de bergers qui portent de grandes corbeilles remplies de fruits et de gâteaux, et qui ont à leur suite un petit char décoré de verdure et traîné par une brebis dont la toison est ornée de rubans; d'autres bergers, mêlés à des bergères, marchent derrière ce char et chantent des Noëls.

A Mirabeau, le jour de la seconde fête de Noël et après la grand'messe, les jeunes gens, qui s'étaient rendus à l'église au son du tambourin, présentaient un roitelet vivant au curé, et celui-ci leur donnait une somme de 3 livres tournois.

La Crèche. — C'est un cadre au-dedans duquel

on représente avec le plus ou moins de profondeur l'étable où sont groupés l'Enfant-Jésus, entre le bœuf et l'âne, la Vierge et saint Joseph. On apporte quelquefois beaucoup de soin et d'élégance dans la construction de ces crèches, et, à Marseille, huit jours avant la Noël, il s'établit sur le Cours une foire où l'on en vend de toute grandeur et de tout prix.

LA BELLE ÉTOILE. — Dans la ville de Pertuis, département de Vaucluse, on célèbre tous les ans, le soir de l'Épiphanie, la fête de la belle Étoile, qui consiste à promener dans les rues principales et aux sons de la musique un chariot rempli de combustibles enflammés et derrière lequel marchent trois jeunes gens richement costumés et représentant les trois mages. Ils sont accompagnés des autorités de la commune et d'une foule considérable.

LA FÊTE-DIEU. — A Marseille, anciennement, la procession de la Fête-Dieu était ouverte par une troupe de diables très-laids et portant des cornes. Ces diables furent supprimés au XVIIe siècle. Aujourd'hui, dans la semaine qui précède cette fête, on fait parcourir la ville par un cortége qui accompagne un bœuf de forte taille, aux cornes dorées, ayant sur la tête une espèce de bouclier composé de fleurs, et qui porte sur le dos un jeune enfant assis sur un riche tapis. Le cortége est précédé par des musiciens et se compose principalement des corporations des métiers. Le lendemain de la procession, ce cortége reconduit au fort de la Garde, sans le bœuf, la Vierge de ce nom, qui en était descendue la veille et avait été déposée à la chapelle de l'hôtel de ville.

A Salon, les membres de la confrérie des Paysans, qu'on désignait sous le nom de *Diou lou Payre* (Dieu le Père), élisaient chaque année un des leurs qui prenait le titre de *Rey de l'Eysado* (Roi de la Pioche) et qui paraissait à la Fête-Dieu, portant une pioche en guise de sceptre et précédé par une troupe de laboureurs portant des épées nues. Il choisissait une paysanne qui partageait avec lui les honneurs de la royauté, et les dames qui accompagnaient cette reine se paraient de bouquets énormes. Au-devant de ces majestés marchaient, à quelque distance les uns des autres, un paysan jouant du drapeau, un gros tambour de guerre, un berger portant un ruban en sautoir et s'escrimant du bâton, et enfin quatre danseurs suivis de plusieurs tambourins.

Le roi de la *Badache,* dont nous avons déjà parlé, paraissait à la procession de la Fête-Dieu, vêtu

d'un habit français, d'un manteau parsemé d'é-
toiles d'or et portant à la main un chapeau à la
Henri IV. Il était précédé d'un courrier, d'un
porte-drapeau, d'un joueur de pique, de trois
princes d'amour avec leurs bouquets, de huit danseurs et de deux pages. Derrière le roi était un second courrier qui marchait en avant de la reine et
de ses dames d'honneur.

La Fête-Dieu d'Aix, instituée par Réné, se célébrait avec une grande pompe et jouissait de beaucoup de célébrité. Plusieurs dignitaires présidaient
à cette cérémonie : c'était d'abord le *prince d'a-
mour* qui était choisi dans le corps de la noblesse,
puis le *roi de la Bazoche* que fournissait le barreau,
et *l'abbé de la jeunesse*, qu'on élisait dans le corps
des métiers. Dans l'origine, le prince d'amour
siégeait en cette qualité au conseil de ville et y
avait voix délibérative ; mais comme cette charge
était fort onéreuse, elle fut supprimée par le roi,
le 28 juin 1668, sur des remontrances de la noblesse, et on la remplaça par un *lieutenant de
prince d'amour*, à qui il fut accordé une indemnité
avec un droit de pelote et une entrée gratuite au
spectacle, privilége dont jouissaient également ses
bâtonniers. Ce lieutenant était nommé par le conseil de la ville, le mardi de la Pentecôte, et son

porte-drapeau, pris parmi les marchands, était choisi le dimanche suivant, sur trois candidats présentés par le syndic du corps.

Le lieutenant et son porte-drapeau composaient eux-mêmes leur cortége : celui-ci, pour le lieutenant, était de quatre bâtonniers, de tambours, de violons, de trompettes et d'une garde commandée par le capitaine du quartier; et, pour le porte-drapeau, c'étaient deux bâtonniers et des tambours. Le costume se composait d'un justaucorps et d'une culotte à la romaine, de moire blanche et argent tout unie, d'un manteau de glace d'argent, de bas de soie, de souliers ornés de rubans, d'un chapeau avec plumes et plumets, de rhingraves de rubans autour de la culotte, d'une cocarde au chapeau, d'un nœud à l'épée et d'un bouquet avec des rubans. Le lieutenant et son guidon portaient ce bouquet à la main et en saluaient les dames.

Les syndics des procureurs au parlement, les notaires et les procureurs du siége, assemblés sous la présidence de deux commissaires du parlement, choisissaient le roi de la Bazoche, le jour de la seconde fête de la Pentecôte. Cet officier, costumé comme le lieutenant du prince d'amour, portait de plus le cordon bleu et la plaque de l'ordre du

Saint-Esprit. Le cortége de la Bazoche était le plus nombreux et le plus magnifique. Le premier bâtonnier ouvrait la marche, suivi d'une compagnie de mousquetaires, portant en bandoulière une écharpe de taffetas bleu de ciel, et le porte-enseigne et sa compagnie de mousquetaires étaient décorés d'écharpes roses. Venaient ensuite le deuxième bâtonnier et le capitaine des gardes, portant une lance ornée de rubans, puis le connétable, l'amiral, le grand maître et le chevalier d'honneur, suivis de vingt-quatre gardes en casaques avec mousquets et épées. Les casaques étaient en taffetas bleu de ciel, doublées de blanc avec des croix en dentelles d'argent devant et derrière. Le troisième bâtonnier paraissait avec sa compagnie de mousquetaires en écharpe bleu de ciel, le guidon du roi, le lieutenant de roi, la symphonie et les pages. Enfin se montrait le roi de la Bazoche, entre deux gardes du parlement et suivi d'une troupe nombreuse de jeunes gens, C'était avec cette escorte brillante que, le jour de la Fête-Dieu, ce souverain faisait une apparition au palais où il siégeait quelques instants à la place du vrai monarque.

Par un arrêt du 3 mai 1638, l'abbé de la jeunesse, qui, plus tard, fut nommé l'abbé de la ville, était désigné par le titulaire; mais, en 1729, les consuls s'arrogèrent ce droit d'élection. Cet empiètement fut l'objet, de la part des syndics généraux des arts et métiers, d'une requête au parlement, et celui-ci décida que les consuls continueraient à nommer, mais seulement sur une liste de candidats présentés par le syndicat. Cette nomination avait lieu à la suite de celle du lieutenant du prince d'amour, et l'abbé de la jeunesse se rendait à l'hôtel de ville, le dimanche de la Trinité, pour y faire agréer ses officiers au conseil. Ceux-ci étaient au nombre de dix : un porte-enseigne, un guidon, un lieutenant d'abbé, un chef de gardes et six bâtonniers; ces derniers commandaient les compagnies de fusiliers attachées à l'Abbadie, pour exécuter les décharges désignées dans le pays sous le nom de *bravades*. Le guidon et le lieutenant portaient l'habit noir, le plumet et la cocarde au chapeau, l'épée et le hausse-col. L'abbé était en pourpoint et en manteau de soie noire avec un grand rabat; il tenait aussi un bouquet à la main et en faisait le même usage que le lieutenant du prince d'amour. Il était accompagné des deux précédents abbés en costume, et il avait une suite nombreuse de parents et d'amis auxquels il donnait des gants blancs, un cierge et un ruban qu'ils portaient à la boutonnière. Durant son année d'exercice, cet abbé avait voix délibérative au conseil de ville, et il y jouissait, comme le lieutenant du prince d'amour, d'un droit de pelote.

La veille de la Fête–Dieu, à l'entrée de la nuit, le bâtonnier de l'Abbadie et de la Bazoche parcouraient la ville, accompagnés de fifres et de tambours qui jouaient un air de la composition du roi Réné. A diverses stations, les quatre bâtonniers de chaque division simulaient des combats à la lance, et saluaient les dames en finissant chaque pas d'armes. On appelait cela la passade, ou *la passado*. Vers les dix heures du soir, le grand cortége du guet se mettait en marche, précédé par une renommée à cheval, qui sonnait de la trompette. Plusieurs groupes se succédaient dans l'ordre suivant : D'abord, deux personnages grotesques, drapés d'un manteau rouge à rubans jaunes, coiffés d'un casque ombragé de plumes, montés sur des ânes, entourés d'animaux, et escortés d'enfants qui les accablaient de huées. On dit que le roi Réné avait voulu représenter par ces deux caricatures le duc et la duchesse d'Urbin, dont il avait à se plaindre. Venaient après cela : Momus avec ses grelots ; Mercure, portant les ailes et le caducée ; la Nuit, en robe parsemée d'étoiles, et tenant des pavots à la main ; et quatre lépreux (*rascassetos*), qui avaient pour tout ornement deux poitrails de mulets. Une têtière couvrait la tête de trois d'entre eux, armés, l'un d'un peigne, l'autre d'une brosse, et le dernier de ciseaux à tondre, et ils entouraient le quatrième lépreux, qui était affublé d'une perruque, faisant semblant de le peigner, de le brosser et de le tondre. Un israélite tenait une perche surmontée du veau d'or en bois doré; trois autres juifs, dont l'un tenait un chat à la main, faisaient de grandes salutations à l'idole; Moïse arrivait, portant les tables de la loi; et Aaron, revêtu de ses habits pontificaux, cherchait à calmer son courroux.

Pluton et Proserpine, à cheval, précédaient le groupe des petits diables, qui étaient au nombre de quatre, vêtus de noir, avec une bandoulière de grelots, portant un masque surmonté de deux cornes, ayant un trident à la main, et cherchant à s'emparer d'une âme (*armetto*), figurée par un jeune enfant habillé de blanc et à demi nu. Mais cet enfant se tenait fortement à une croix qu'un ange lui présentait; et les diables, ne pouvant enlever l'âme, s'en prenaient à l'ange, qui recevait des coups sur un coussin placé entre ses ailes. De grands diables, au nombre de douze, et dont le chef se distinguait par des cornes plus nombreuses et plus longues, entouraient Hérode, qui portait une casaque cramoisie et jaune, la couronne et le sceptre; et un homme, vêtu en femme, se tenait à côté du prince et le brossait. Neptune et Amphitrite se montraient accompagnés d'une foule de faunes et de dryades, dansant au son du tambourin. Pan, paraissait à cheval, poursuivant la nymphe Syrinx, qui portait un roseau; Bacchus était assis sur un tonneau, la coupe d'une main et le thyrse de l'autre; Mars et Minerve, Apollon et Diane venaient ensuite. La reine de Saba (*reyno Sabo*) était escortée de trois dames d'honneur, d'un danseur et d'un tambourin; chaque fois que cette princesse s'arrêtait, le danseur, tenant en main une épée nue, dont la pointe supportait un petit château avec cinq girouettes, exécutait une danse composée par le roi Réné, à l'imitation des Hindoux; et la reine, les mains sur la hanche, suivait les mouvements du danseur, et lui rendait ses saluts avec gravité. Après la reine de Saba, venaient Saturne et Cybèle, à cheval, suivis de deux troupes de danseurs; puis le grand char de l'Olympe, portant le roi des dieux, Junon, Vénus et Cupidon; et la marche était fermée par les trois Parques. Cette procession du guet ne se terminait que bien avant dans la nuit.

Le lendemain, jour de la Fête-Dieu, la procession des jeux défilait à dix heures du matin, précédée des groupes religieux qui avaient paru la veille, et auxquels s'étaient réunis les suivants : Les innocents (*tirrassouns*), étaient représentés par des enfants vêtus de chemises et qui se roulaient à terre au moment où un arquebusier faisait une décharge. Hérode présidait en personne à ce massacre simulé ; il était accompagné d'un tambourin et d'un porte-enseigne ; et, durant l'exécution, Moïse montrait au roi les tables de la loi. Après ce groupe était celui des trois mages, précédés d'un enfant vêtu en lévite, et portant une étoile (*bello estella*) au bout d'un long bâton ; puis les apôtres venaient, costumés à l'orientale et accompagnant Jésus, qui marchait comme accablé sous le poids de la croix ; enfin, saint Christophe était représenté par un squelette énorme, de dix pieds de hauteur, fait avec des cercles de bois léger, et dans lequel un homme était renfermé pour le faire mouvoir. Ce squelette était recouvert d'une aube en toile blanche, surmonté d'un grand masque portant une longue barbe blanche et une auréole, et ses deux bras étaient étendus en croix. Sur la main droite était fixé un enfant Jésus en carton.

Cette fête renommée, subit de temps à autre quelques modifications ou quelques augmentations dans les personnages qui composaient le cortége, et les auteurs provençaux ne sont pas tous d'accord dans la description qu'ils en donnent; mais nous reproduisons la version la plus accréditée, et celle qui est la plus conforme aux statuts du roi Réné.

FÊTE DES INNOCENTS. — Elle se célébrait à Antibes, dans l'église des religieux franciscains. Les pères ne se rendaient point au chœur ce jour-là; mais des frères laïques et des valets, vêtus d'habits sacerdotaux, sales et déchirés, ou tournés à l'envers, y allaient à leur place et y hurlaient des chants insignifiants qu'ils affectaient de lire dans des missels et des antiphonaires qu'ils tenaient renversés de haut en bas. Ils portaient des lunettes qui avaient pour verres des écorces d'orange, et tenaient aussi à la main une écorce d'orange en guise de calice. Le même jour, dans plusieurs couvents de femmes, les religieuses, habillées en pensionnaires, obéissaient aux pensionnaires travesties en professes.

LE BRANLE DE SAINT ELME. — Cette fête se célébrait à Marseille la veille de saint Lazare. On choisissait les plus beaux garçons et les filles les mieux

faites, qu'on habillait avec une grande magnificence, et cette troupe, qui représentait les dieux
de la mythologie et les différentes nations, parcourait toute la ville au son des instruments.

LE CARAMANTRAN. — Ce divertissement, qui est
toujours en usage en Provence, et dont le nom
signifie *carême entrant*, a lieu le mercredi des
Cendres, et clôture le carnaval personnifié. Caramantran est un mannequin bizarrement costumé,
que l'on traîne sur un chariot ou que l'on porte
sur un brancard, et qu'accompagnent toujours
des gens du peuple grotesquement vêtus, et portant des gourdes remplies de vin, qu'ils vident en
contrefaisant les ivrognes, s'ils ne le sont pas déjà
sérieusement. En tête du cortége sont des individus travestis en juges et en avocats, et un personnage grand et maigre qui représente le carême ;
puis des jeunes gens, montés sur des rossinantes,
en costume de deuil et en cheveux épars, affectent
de pleurer sur le sort réservé à Caramantran. Le
cortége fait halte sur la place principale, le tribunal se constitue, et Caramantran, placé sur la
sellette, est accusé dans les formes. Son défenseur
répond, le ministère public conclut à la peine de
mort, et le président, après avoir consulté le tribunal, se lève gravement, et prononce la sentence

capitale. Des gémissements retentissent alors de
toutes parts dans la tumultueuse assemblée; mais
l'arrêt doit recevoir immédiatement son exécution,
et les alguazils saisissent le condamné, que son
défenseur embrasse pour la dernière fois. Caramantran, placé contre un mur, est lapidé, et la
rivière ou la mer lui servent ensuite de tombeau.

LE PAILLADO. — Le premier jour du carême
est ainsi appelé aux Saintes-Maries. Pour le solen-
niser, on improvise un tribunal, qui doit prononcer
sur la plainte d'un mari qui a été battu par sa
femme. Celle-ci, dans un long discours, cherche
à justifier sa conduite; et toute la séance est accompagnée de scènes comiques et de couplets
qui se terminent par des danses.

LE GUET DE SAINT-MAXIME. — C'est à Riez, dans
les Basses-Alpes, que cette fête se célèbre, durant
les trois jours de la Pentecôte. Elle consiste en
un combat simulé entre des chrétiens et des Sarrasins, combat auquel on donne, dans le pays, le
nom de *bravade*. Les habitants aisés, vêtus à la
hussarde, composent un corps de cavalerie, et les
personnes moins riches se forment en compagnies
de fantassins. Les infidèles ont des cocardes vertes
et des enseignes de la même couleur. Un fort,
construit en planches et orné de verdure, est atta-

qué le dimanche et le lundi par les chrétiens, qui font une ample consommation de poudre. Ce fort est pris d'assaut le troisième jour, on le saccage, et l'on emmène les Sarrasins prisonniers jusqu'aux portes de la ville. Ce brillant fait d'armes se termine par un festin; et, le lendemain, tous les combattants vont à Saint-Maxime pour remercier le patron de la ville de ce que personne n'a été blessé. Dans l'église, le commandant de la bravade désigne son successeur pour l'année suivante, en lui plaçant son chapeau sur la tête, et celui-ci tire un coup de fusil dans l'église, en signe d'acceptation.

LA STATUE DE SAINT GEN. — A Monteux, département de Vaucluse, le jour de la fête de saint Gen, la statue du saint est portée à un ermitage distant de deux lieues et demie de la ville et situé dans la montagne, par des jeunes gens qui s'imposent l'obligation d'accomplir ce trajet à la course. Ils se relèvent de distance en distance, mais ne doivent jamais s'arrêter. Une foule considérable de personnes de tout âge et de tout sexe, montées sur des chevaux, des mulets ou des ânes, accompagnent cette singulière procession.

DANSE DES BRANDONS. — Elle avait lieu le premier dimanche du carême; les jeunes gens fai-

saient une procession, armés de torches allumées,
et terminaient cette cérémonie par des danses.

LA FALANDOULO. — Cette danse, qui est usitée
dans tout le midi de la France, consiste dans une
longue chaîne, formée spontanément dans les lieux
publics, par des personnes de tout âge, hommes
et femmes. Un conducteur, placé en tête de cette
chaîne, s'applique à lui faire exécuter un grand
nombre de détours et à la faire rompre, tandis
que ceux qui la composent, au contraire, s'attachent à ne point se désunir. Cette danse est
d'origine grecque et fut apportée en Provence
par les Phocéens.

LA REYNO SABO. — A Vitrolles, où l'on fait remonter cette danse jusqu'à l'invasion des Sarrasins,
les jeunes gens sont vêtus d'un costume oriental;
l'un d'eux, couvert d'un drap, tient élevée, au-
dessus de sa tête, une poêle noircie, et ses compagnons dansent autour de lui, armés d'un bâton
dont ils frappent la poêle chaque fois qu'ils passent
devant la reine, qui est un homme travesti.

A Tarascon, cette danse a quelques variantes
qui sont dues, dit-on, au roi Réné. La reine est
toujours un homme de haute stature qui porte un
bonnet et des manchettes de papier, donne le
bras à deux princes, tandis qu'un page élève

un parasol sur sa tête et est précédé de musiciens et de danseurs. Ceux-ci, après l'exécution de chaque danse, viennent saluer profondément la reine qui leur répond par trois révérences.

LES OLIVETTES. — Seize jeunes gens, vêtus à la romaine et ayant à leur tête des chefs qui portent les noms de roi, de prince, de colonel et de capitaine, défilent au son d'une musique guerrière; ils marchent sur deux rangs, précédés d'un arlequin et d'un héraut, et, tout en avançant, ils exécutent diverses figures, telles que la chaîne simple, la chaîne anglaise, tandis que le héraut bat des entrechats en faisant des tours de canne, et que l'arlequin le contrefait d'une manière burlesque, comme le paillasse avec le saltimbanque. Le roi et le prince engagent ensemble une joute, et les olivettes poussent des cris de joie qu'ils accompagnent de leurs danses. On se sépare ensuite en deux bandes qui placent arlequin au milieu d'elles, et qui, en formant le cercle quelquefois autour de lui, croisent leurs épées sur lesquelles il monte comme sur un pavois, et où il chante, en français, le couplet suivant :

> Je suis Arlequin
> Monté sur les épées,
> Comme un second Pompée,

Avec mon sabre en main :
Mettez bas Arlequin.

La danse se termine par une imitation de la cavalerie, en chevauchant les épées et par une passe au cercle.

On fait remonter l'origine des olivettes jusqu'à Jules-César, et l'on croit que c'était une allégorie de ses différends avec Pompée. Quant au nom, il viendrait de ce que ce divertissement avait lieu durant la récolte des olives. Jadis, le roi de la fête s'appelait *le général*, et le prince, *le consul*. Cette danse fut exécutée à Aubagne, en 1777, devant le comte de Provence, devenu Louis XVIII, et, en 1814, en présence de son frère, le comte d'Artois.

Les jarretières. — Les danseurs sont vêtus de tuniques ornées de rubans, et les danseuses, costumées avec élégance, sont parées de guirlandes et de bouquets. Les uns et les autres sont rangés sur deux files et tiennent de chaque main le bout d'une jarretière qu'ils enlacent et dégagent tour à tour de diverses manières, de même qu'on le voit quelquefois exécuter par des danseurs sur le théâtre.

Les Mauresques. — Cette danse, qui subsiste depuis le séjour des Sarrasins en Provence, est en usage à Fréjus, à Grasse, à Istres et dans quelques autres communes. Elle a lieu ordinairement le soir, et chaque danseur, vêtu d'une tunique blanche, porte une lanterne élégante placée au haut d'un bâton. Les femmes et les hommes sont placés sur deux files qui se croisent, et le premier de chaque file fait des gestes très-animés et très-variés qui sont répétés successivement par ceux qui viennent après.

A Istres, les danseurs ont un diadème de grelots et une orange à la main, et le danseur, placé entre deux danseuses, figure alternativement avec elles en leur présentant l'orange.

LES BERGÈRES. — Les hommes, en corps de chemise, portent un petit jupon blanc fort court, garni de rubans et de nœuds, et une calotte d'enfant, bordée d'une petite dentelle, orne leur tête. Les danseuses n'ont rien de particulier dans leurs atours, mais sont mises avec élégance. Tout en dansant aux sons du tambour et du fifre, les hommes dévident des fuseaux et les femmes filent à la quenouille.

LES BOUFFETS. — Des jeunes gens portant une serviette au cou et un soufflet à la main sautent l'un derrière l'autre, en faisant manœuvrer leur soufflet et en chantant des couplets qu'ils improvisent.

LES FIELONÉS. — De jeunes garçons habillés, les uns en femmes, les autres en camisoles ornées de rubans, portent de grandes quenouilles enveloppées de papier de différentes couleurs et au milieu desquelles est une chandelle allumée. Ainsi attifés, ils parcourent les rues en chantant des couplets plaisants sur les quenouilles et les lanternes.

LES CHEVAUX FRUX. — Ce sont des chevaux en carton sur le dos desquels on pratique un trou qui permet au cavalier de s'y introduire et de fixer le cheval à sa ceinture au moyen de courroies. Ce cheval est couvert d'un caparaçon et d'ornements qui cachent entièrement les jambes du cavalier qui le fait manœuvrer comme il l'entend et semble être porté par lui. Ce cavalier est en corps de chemise blanche et gaufrée; il est décoré de dentelles et de nœuds de rubans, porte deux larges rubans en sautoir; sa tête est couverte d'un casque orné d'un cimier et de plumes, et il tient de la main gauche la bride du cheval et de la droite une épée. L'escadron se compose d'une vingtaine de cavaliers ayant à leur tête un coureur, un héraut d'armes et un arlequin, qui s'évertuent à qui mieux mieux à faire des gambades, au son des tambourins et d'airs composés par le roi Réné. Les cavaliers feignent d'avoir à dompter des chevaux extrêmoment fougueux et exécutent diverses manœuvres d'équitation. Cet exercice fait généralement partie du programme dans toutes fêtes des Provençaux, où il a été introduit fort anciennement. Il était en usage du temps des comtes de Barcelone, et l'on fait remonter son origine jusqu'aux Phocéens, qui représentaient par ce jeu le combat des Centaures et des Lapithes.

Le retour du soleil. — Dans le village des Andrieux, commune de Guillaume–Pérouse (Basses-Alpes), on est privé pendant cent jours de la vue du soleil. Celui-ci ne reparaît que le 10 février, et ce jour est célébré par une fête qui s'annonce dès l'aube au son des fifres et des trompettes dont jouent des bergers. Chacun des habitants prépare une omelette, et le plus âgé d'entre eux, qui a ce jour-là le titre de vénérable, les réunit sur la place, où, leur plat d'omelette à la main, ils forment une chaîne et exécutent une farandole autour du doyen. Après cela, précédés de la musique, tous se rendent en cortége sur un pont de pierre situé à l'entrée du village, où chacun dépose son omelette sur les parapets et se rend dans un pré voisin où les farandoles recommencent jusqu'à l'instant où le premier rayon du soleil vient éclairer la prairie. Alors les danses cessent; chacun reprend

son omelette et l'offre à l'astre du jour. Le vénérable, tête nue, tient la sienne haussée entre ses
deux mains. Dès que le soleil a brillé sur tout le
village, on retourne en cortége sur la place ; on
reconduit le vénérable chez lui, et chacun rentre
dans sa maison pour y manger l'omelette en famille.

VOGUES DE LA VALLÉE DE CHAMPSAUR, — On élit
ce jour-là un *abbé* qui dirige les plaisirs de la fête,
et l'on va planter un mai dans le champ destiné
à la danse. L'abbé a les cheveux poudrés et porte
une canne. De grand matin, il se rend avec un
cortége et de la musique dans toutes les maisons
où il y a des filles à marier et, avec la permission
des parents, il les invite à venir au bal. Chacune
d'elles accepte en attachant un ruban à la canne
de l'abbé. Lorsque celui-ci a fini sa tournée, il
se rend au lieu de la danse où il est accueilli par
de joyeuses acclamations, et aussitôt les plaisirs
commencent.

LE BACCHUBER. — C'est une espèce de danse
pyrique qui est en usage au hameau du Pont-de-
Cervières. Les danseurs, en nombre impair,
comme neuf, onze ou treize, sont armés d'épées
courtes et sans pointes comme celles des Allobroges,
et ils décrivent, en dansant, une douzaine de
figures exécutées avec gravité.

LA TARASQUE. — Cette fête, qui prenait son nom de Tarascon, ville où on la célébrait, avait encore été fondée, dit-on, par le roi René. Elle fut, d'après ce que l'on ajoute, célébrée pour la première fois, le 14 août 1474, en présence de ce prince et de sa deuxième femme, Jeanne de Laval. Cette fête avait une grande célébrité et attirait beaucoup d'étrangers. Elle se reproduit fort rarement aujourd'hui. Elle avait lieu aux solennités de la Pentecôte, et les honneurs en étaient faits par des chevaliers pris dans les premières familles du pays, et qui tenaient table ouverte pour recevoir les visiteurs. Leur costume consistait en une culotte de serge rouge, un justaucorps de batiste avec manches plissées et ornées de dentelles, des bas de soie et des souliers blancs avec talons et houppes rouges, chapeau monté avec cocarde rouge, ruban de même couleur en guise de collier et un autre ruban en sautoir au bas duquel pendait une petite tarasque en argent.

Le jour de la Pentecôte, ces chevaliers assistaient aux vêpres, mais en bourgeois, puis ils parcouraient la ville avec des tambours et des trompettes et distribuaient des cocardes rouges que les hommes portaient à la boutonnière et les femmes sur le sein. Le corps des mariniers du Rhône suivait les chevaliers et distribuait des cocardes bleues,

attachées avec du chanvre, et venaient ensuite
tous les corps de métiers, chacun au rang qui lui
était assigné par le cérémonial. La même procession était répétée le lendemain à l'issue de la
messe ; mais alors les chevaliers étaient en costume, et des hommes désignés à cet effet et habillés uniformément allaient, vers midi, chercher
la tarasque pour la conduire hors de la porte
Jarnègues.

La tarasque est la représentation d'un dragon
monstrueux, dont le corps est un assemblage de
cerceaux recouverts d'une toile peinte. Le dos est
formé d'un énorme bouclier qui imite la carapace
d'une tortue ; les pattes sont armées de griffes ; la
queue est écailleuse et plusieurs fois recourbée ; la
tête tient du taureau et du lion ; et une gueule
béante laisse apercevoir plusieurs rangs de dents
menaçantes. Cette monstrueuse figure était portée
par une douzaine d'hommes, au moyen de poi-
gnées qui saillent des deux côtés du corps, et un
homme s'introduisait dans la cavité pour en faciliter les mouvements. Au moment où la course
allait commencer, l'un des chevaliers mettait le
feu à des fusées qu'on avait introduites dans les na-
rines de la tarasque. Cette machine était agitée
en tous sens, comme si elle avait été animée par

la fureur, et souvent des spectateurs, heurtés par elle, étaient renversés et meurtris, ce qui, du reste, causait la risée et les huées publiques. Le nombre des courses était réglé, et lorsqu'elles étaient achevées, on portait la tarasque à l'église de Sainte-Marthe, où on lui faisait faire trois sauts en l'honneur de la sainte. Dans l'intervalle d'une course à l'autre, les chevaliers jouaient de la pique et les corporations exécutaient aussi leurs jeux. Celles-ci se faisaient suffisamment reconnaître par des attributs particuliers.

Ainsi, les *portefaix* chargeaient l'un d'eux de représenter saint Christophe, leur patron, et celui-là portait un enfant richement vêtu, tandis que six autres transportaient un tonneau sur un brancard, en imitant les ivrognes, et que plusieurs de leurs compagnons présentaient à tout le monde des gourdes remplies de vin. Les *vignerons* étaient désignés par deux individus qui tenaient un cordeau, et qui s'efforçaient de le faire passer entre les jambes des spectateurs pour les faire tomber. Les *bergers* escortaient trois jeunes filles richement parées et montées sur des ânesses, et l'un d'eux contrefaisant le niais, barbouillait d'huile de genièvre la figure des curieux qui s'approchaient de trop près. Les *mariniers* escortaient une grosse charrette, traînée par six chevaux, et sur laquelle était une chaloupe remplie d'eau, dont on aspergeait les assistants, enfin les *jardiniers* jetaient des graines d'épinards aux jeunes filles; les *meuniers* barbouillaient de farine le visage de leurs voisins; les *arbalétriers* décochaient de petites flèches sans pointes; et les *agriculteurs*, montés sur de belles mules et précédés de tambours, de trompettes et de timbales, distribuaient du pain bénit.

Les bourgeois, formant la confrérie de Saint-Sébastien, portaient de petits bâtons blancs surmontés de pain bénit et ils étaient précédés de musiques et de tambours; puis le clergé de la ville, y compris le chapitre, marchait en procession, suivi du corps municipal. Tous entraient dans l'église Sainte-Marthe, où les prieurs de chaque corporation déposaient le pain bénit aux pieds de la sainte, et des aumônes dans le tronc des pauvres. En sortant de l'église on formait la falandoule.

Ces jeux de la tarasque étaient fondés sur l'ancienne tradition relative à l'histoire de sainte Marthe, et la tarasque se remontrait aussi au jour de la fête de la sainte; mais alors le burlesque disparaissait, et c'était simplement une jeune fille, représentant sainte Marthe qui, d'une main, conduisait le monstre avec un ruban, et de l'autre tenait un bénitier et une aspersoir.

LES DÉCALES.—C'est à Arles, et au xiiie siècle, que l'on célébrait ces fêtes au mois d'août. Elles consistaient en des combats sur le Rhône, des courses de taureaux et des mariages d'artisans, contractés aux dépens du public. Quelques-uns pensent que ces fêtes avaient pour origine les décennales, instituées par Constantin, à la mémoire de la naissance du fils qu'il eut de Fausta, fille de Maximilien.

LA CORDELO. — C'est une longue perche, du pommeau de laquelle pendent des cordons ou tresses de diverses couleurs, appelées *cordelos* en provençal, et que l'on place au milieu d'un cercle formé par des danseurs. Chacun d'eux s'empare d'un cordon et tous s'écartent de manière que tous les cordons tendus forment un cône parfait. Alors ces danseurs sautent en cadence et forment la chaîne simple, dont l'effet est d'entrelacer régulièrement les cordons, de sorte que la perche se trouve recouverte d'une natte à carreaux diversement colorés. On défait cette natte en revenant en sens contraire.

LE SAUT DES OUTRES. — Cet amusement, qui était en usage chez les Romains, fait aussi partie de toutes les réjouissances publiques qui ont lieu en Provence.

LA TARGO. — Cette espèce de naumachie grecque, avait lieu au port d'Ostie, en l'honneur de Castor et de Pollux, et les Gaulois l'appelaient *tarjan* (bouclier). Elle est très-usitée en Provence, dans les communes maritimes. Les jouteurs, debout sur des barques, cherchent avec de longues piques sans fer à se renverser mutuellement dans la mer.

LA BIGUE. — Sur une barque pontée, on établit en avant un mât penché presque horizontalement, qui est d'une longueur de 8 à 10 mètres, que l'on graisse avec du suif, et sur lequel les concurrents doivent marcher en gardant l'équilibre.

JEUX DIVERS. — En outre des jeux que nous venons d'indiquer, il y en a encore d'autres secondaires, dont nous n'indiquerons que les principaux.

On s'y livre à des courses en bateaux, à cheval et à pied. Dans cette dernière, les concurrents sont nus jusqu'à la ceinture et parcourent ordinairement un sol rocailleux. On joue aussi à qui franchira l'espace le plus grand, au moyen de trois sauts, dont les deux premiers se font sur un pied et le troisième sur les talons. Pour les garçons, on fait choix d'un terrain en pente et nouvellement labouré, et pour les filles d'une prairie. La lutte se pratique comme chez les anciens : les lutteurs sont nus jusqu'à la ceinture et frottés d'huile, du moins c'est ainsi dans quelques localités. On joute également à qui lancera le plus loin un disque ou une barre de fer. Enfin, on suspend un canard ou une poule à une corde tendue horizontalement, et l'on cherche, les yeux bandés, à lui trancher la tête d'un coup de sabre.

COUTUMES ET SUPERSTITIONS.

Dans le département des Basses-Alpes, chaque mère de famille va, le premier jour de l'an, puiser de l'eau à la fontaine. Celle qui arrive la première y dépose, sur une pierre, des prémices de son travail (soit du pain, du beurre, du fromage, etc.), qu'emporte celle qui vient ensuite, en les remplaçant par une offrande destinée à celle qui la suivra.

Le jour de la Chandeleur, chacun, en Provence, se munit d'une bougie pour la présenter à la bénédiction générale qui se fait à la messe ; on la porte allumée à la maison, et l'on regarde comme un mauvais pronostic, si elle vient à s'éteindre pendant le trajet. Lorsqu'elle arrive à bon port, la mère de famille parcourt tout son logis, accompagnée de ses enfants et de ses domestiques, et marque toutes les portes et les fenêtres d'une croix, tracée avec cette bougie. On considère ce cierge comme un préservatif contre la foudre : on le suspend près du lit, on l'allume pendant l'orage, aux accouchements et dans toutes les circonstances critiques.

Le samedi saint, on chausse les enfants qui sont d'âge de quitter le maillot; la marraine fournit les nouveaux habillements, et ensemble, avec la mère, elle va présenter l'enfant au prêtre. Au moment où l'on entonne le *gloria in excelsis*, toutes les femmes qui ont des enfants nouvellement chaussés les font marcher dans l'église.

Le jour des rameaux, dans le département du Var, les enfants attachent des fruits à des palmes ou à des branches de laurier. Thésée, à son retour de Crète, institua une semblable cérémonie en l'honneur de Bacchus et d'Ariane.

Les aboiements des chiens, pendant la nuit, sont pour les Provençaux, comme chez les anciens, un présage sinistre.

Le 3 février, jour de saint Blaise, on bénit du pain, du sel et des raisins, qui sont regardés comme un spécifique pour le mal de gorge.

Les biscotins de Saint-Denis sont un remède contre la rage.

Des pêches bénites le jour de saint Césaire sont bonnes contre les fièvres d'accès.

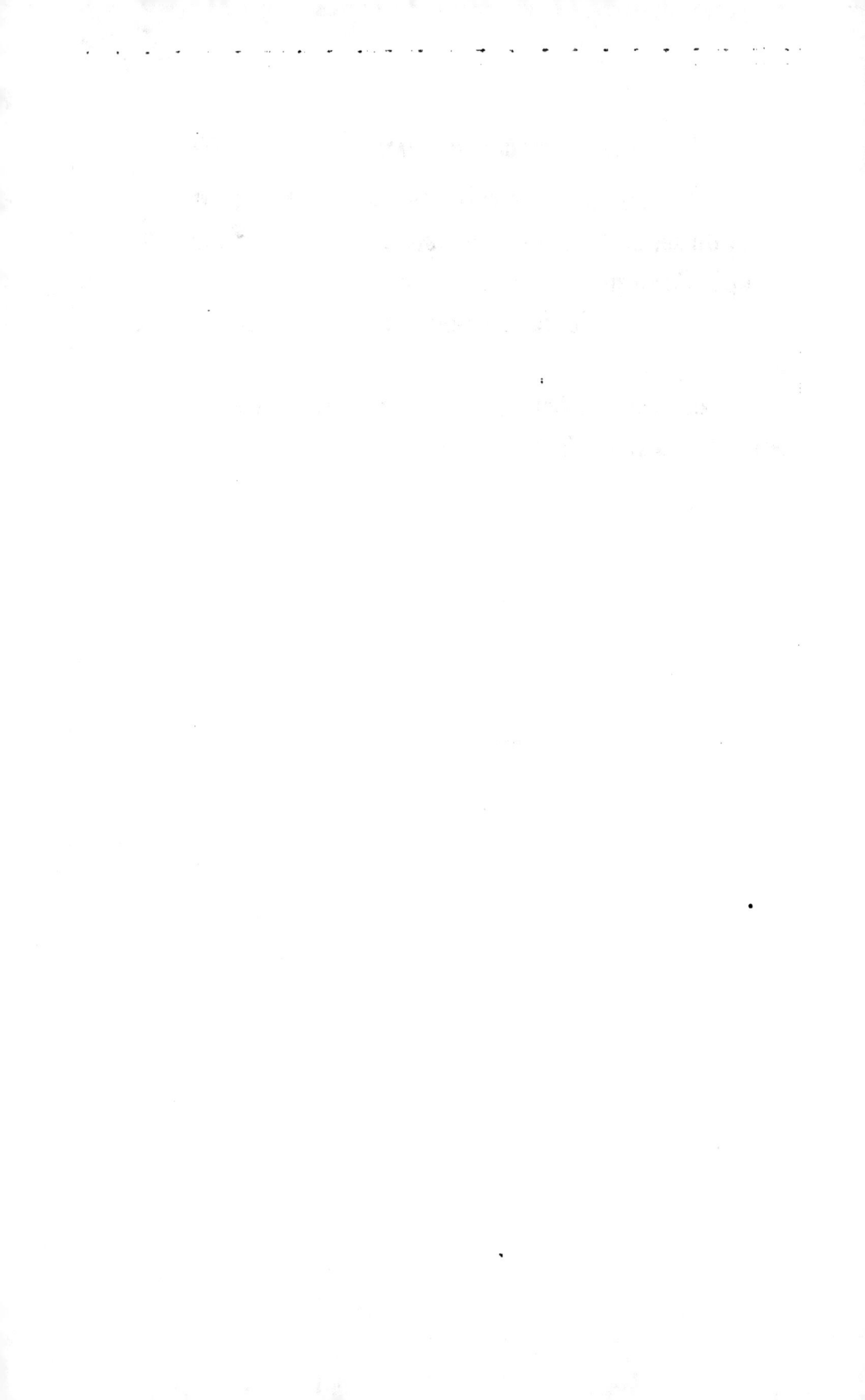

II

LANGUEDOC. — ROUERGUE.

ARDÈCHE, LOZÈRE, GARD, HÉRAULT, TARN, HAUTE-GARONNE, AUDE. AVEYRON.

L'histoire du Languedoc, *occitania,* est fertile en événements, en drames, en révolutions, aussi offret-elle à l'historien de nombreuses et d'intéressantes pages à produire; mais nous n'avons pas mission ici de faire connaître cette histoire, et nous n'en exposerons que quelques traits.

Cette province était occupée, dans les temps anciens, par les *volces tectosages* et *arécomiques*, excepté cependant les portions littorales que possédaient les Phocéens. Elle avait pour capitale *Tolosa*, ou Toulouse, et faisait partie de la *Gaule celtique*, appelée aussi *braccata*, à cause des *braies* que portaient ses habitants. Conquise l'an 121 avant J. C., par le proconsul M. Domitius, elle devint province romaine, en conservant toutefois ses institutions et ses libertés. Les vainqueurs fondèrent alors une colonie à Narbonne, qui leur servait à la fois de poste militaire pour s'opposer aux entreprises des vaincus, et de station pour les légions qui se rendaient en Espagne. Cette colonie, la première que les Romains établirent dans les Gaules, fut consolidée avec soin par Jules-César, aussi prit-elle alors le nom de *Colonia Julia paterna*. On l'appelait encore *Narbo ducumanorum*, en l'honneur des *décumans*, soldats de la dixième légion, qui vinrent l'habiter. Elle fut bientôt ornée d'édifices publics, à l'exemple de la métropole de l'empire; et on y érigea un capitole, un amphithéâtre, des temples, des cirques et des basiliques. Sous Auguste, cette contrée reçut le nom de *Gaule narbonnaise*, et après la mort de cet empereur, qui avait témoigné de la sollicitude pour ce pays, on lui éleva un autel sur la place du marché de Narbonne; puis on lui consacra une fête qui se célébrait tous les ans, et pendant laquelle un collége de *sevirs augustales* immolait des victimes, durant cinq jours, et distribuait au peuple de l'encens et du vin pour les libations. Ce corps sacerdotal était composé de trois chevaliers romains et de trois affranchis, qui représentaient les juges des sénateurs et des plébéiens de la cité. On avait aussi érigé, à Narbonne, un autel au vent de bise ou *mistral*, qui désole souvent cette région.

Une nouvelle organisation de l'empire ayant eu lieu sous Constantin, la *narbonnaise*, dont Probus avait déjà détaché la *viennoise*, devint, sous le nom de *première narbonnaise* ou de *Septimanie*, l'une des sept provinces du vicariat d'Aquitaine. L'invasion des barbares du nord mît cette province dans l'état le plus déplorable, et le faible Honorius la céda bientôt au prince visigoth Wallia, à condition qu'il défendrait le pays contre les Vandales. Le siége de ce nouveau gouvernement fut établi à Toulouse, et les Visigoths, continuant leurs conquêtes, envahirent non-seulement l'Espagne, mais s'emparèrent aussi de la Gaule jusqu'à la Loire. La victoire remportée par Clovis à Vouillé, mit un terme à leur irruption; mais ils conservèrent la Septimanie jusqu'à la venue des Sarrasins, qui l'occupèrent en 712. Ceux-ci furent défaits, à leur tour, dans les plaines de Poitiers, où Abdhérame, leur chef, périt de la propre main de Charles Martel; puis, vers 793, ces Sarrasins pénétrèrent encore dans la Septimanie qui portait aussi le nom de *Gothie*. Partagé, plus tard, en un certain nombre de vicomtés, ce pays devint, en 887, la propriété du comte Eudes de Toulouse, qui rendait alors un simple hommage à la suzeraineté des rois Carlovingiens. Ces contrées furent encore ravagées successivement par les Normands, les Sarrasins et les Hongrois.

Le succès des croisades y ramena enfin un peu de prospérité, et les ports de Maguelonne, d'Aigues-Mortes, de Cette et d'Agde, furent des points où le commerce se montra florissant. En 1174, la ville de Montpellier fut témoin du mariage de son seigneur, Guillaume VIII, avec Eudoxie Comnène, fille de l'empereur de Constantinople. Cette cité fut aussi le centre d'opérations commerciales assez importantes. Les guerres civiles vinrent encore compromettre cet état de bien-être durant un certain temps; puis, le comté de Toulouse ayant été réuni à la couronne de France, sous Philippe le hardi, le Languedoc put jouir de quelque repos jusqu'à la guerre de cent ans, avec les

Anglais. Pendant cette guerre, il eut à supporter, non-seulement les exactions de ces étrangers, mais encore celles de la noblesse du pays, qui était toujours en querelle. Délivré des premiers par Charles VIII, et des seconds par Louis XI, il fut écrasé de nouveau par les troubles qu'apportèrent les opinions de Calvin ; et ce ne fut qu'à partir du règne de Louis XIII, et après la mort du connétable de Montmorency, qu'il put commencer à se débarrasser du poids de ces perpétuelles commotions. Néanmoins, le pays n'oubliera ni les ravages de Simon de Montfort, ni les dragonnades, ni les camisards. Aujourd'hui, le Languedoc est l'une des provinces les plus prospères du royaume, comme elle est aussi l'une des plus remarquables par son beau climat et ses riches produits. Cette province se divisait jadis en haut et bas Languedoc, dont Toulouse et Montpellier étaient les capitales.

NAISSANCE.

Dans la Haute-Garonne, lorsqu'un nouveau-né est porté à l'église pour y recevoir le baptême,

les souhaits les plus touchants sont adressés à sa
mère : — *Bet nobi te le béjos!* — *Bera nobio te la
béjas!* c'est-à-dire : — « Puisses-tu le voir bel et
jeune époux! — Puisses-tu la voir belle et jeune
épouse! »

MARIAGE.

Dans quelques communes, on conduit la jeune
mariée près du foyer de la maison de son époux,
et le père ou la mère de celui-ci dit alors à sa bru :
— *Ad pé d'aquet, ma hillo quét caou biouré et
mouri!* ce qui veut dire : — « C'est près de ce
foyer, mon enfant, que tu dois vivre et mourir. »

Dans le département de l'Aude, au retour de
la messe, la mariée, suivie des gens de la noce,
se rend chez son époux ; et là, assise sur une chaise,
et ayant une assiette sur les genoux, elle reçoit
deux baisers de chacun des assistants qui, en
même temps, déposent dans l'assiette, suivant sa
fortune ou sa générosité, une offrande d'argent.

Il est d'usage, dans plusieurs localités, de décorer de guirlandes de myrthe et de laurier, et d'une couronne de fleurs, la porte de l'habitation des époux, et, lorsque la mariée y arrive, elle s'applique à franchir avec légèreté le seuil de la porte, convaincue que, par cette pratique, elle sera bien mieux maîtresse dans le ménage.

Dans quelques villages, on jette des fleurs et des épis sur les nouveaux mariés, pour appeler sur eux la prospérité.

MORT.

Aux funérailles, dans les campagnes, il est de la plus stricte étiquette, de pousser des cris lamentables.

Si l'on éteignait la lumière qui a été placée auprès d'un cadavre, on s'exposerait à mourir dans l'année.

FÊTES ET DANSES.

Jeux floraux. — Toulouse eut, de tout temps,
une grande réputation littéraire, et l'on a été jusqu'à dire que Virgile y était venu ouvrir une école
de poésie, sur une colline nommée Pech-David,
colline dont la Garonne baigne le pied. Cette ville
vit fleurir le rhétoricien Sédalus, le grammairien
Marcellus, puis Sertorius, l'illustre Numantius, et
enfin plusieurs troubadours, parmi lesquels il faut
distinguer Pierre Cardinal, Pierre Vidal, Figueira
et Uat de Mons. Au commencement du XIVᵉ siècle,
sept conservateurs de la poésie, et poëtes eux-
mêmes, messires Guilhargii de Montaut, Camo,
Panassac, Lobra, saint Plancat, Méjanassera et Oth,
eurent l'idée de s'assembler dans un jardin du faubourg des Augustins, qui leur appartenait, et dont
ils avaient fait un verger délicieux, pour se communiquer réciproquement leurs ouvrages; puis,
par une lettre circulaire en vers, datée du mois
de novembre 1323, et écrite dans leur verger, au
pied d'un laurier, qu'ils adressèrent à tous les souverains, et aux amis et enfants de la gaie science,

ils firent connaître que l'année suivante, au premier mai, ils se réuniraient à leur verger, pour
entendre la lecture des ouvrages qui leur auraient
été adressés et soumis à leur jugement, promet-
tant au vainqueur une violette de fin or. « Nous
vous requérons et supplions, disaient-ils dans cette
circulaire, de venir au jour assigné, si bien four-
nir des vers harmonieux, que le siècle en devienne
plus gai, que nous soyons plus disposés à nous ré-
jouir, et que le mérite soit plus honoré. » Ces
sept troubadours avaient pour chancelier, maître
Guillaume Molinier, le législateur du Parnasse
au moyen âge. Armand Vidal, de Castelnaudary,
obtint le prix au premier concours. Vers l'an 1498,
Clémence Isaure donna du développement à cette
institution, et créa les jeux floraux tels à peu près
qu'ils sont actuellement. Durant tout le xviᵉ siècle,
les prix furent constamment distribués; et, en 1694,
des lettres patentes érigèrent en académie l'ancien corps des jeux floraux.

Aujourd'hui, cette académie, qui est composée
de quarante mainteneurs, se réunit le 3 mai de
chaque année, pour distribuer les fleurs aux lauréats. La solennité a lieu dans l'une des salles du
capitole. Les fleurs, qui ont été déposées, dès le
matin, sur le maître-autel de l'église de la Daurade,

où reposent les cendres d'Isaure, sont rapportées avec pompe au lieu de la séance. Pendant l'absence des commissaires, on lit ordinairement un éloge de Clémence Isaure, et le secrétaire perpétuel fait un rapport sur le concours. Au retour des commissaires, on proclame les vainqueurs. Cinq fleurs sont décernées : L'*églantine*, d'une valeur de 450 fr., est accordée au discours; l'*amarante*, de 400 fr., à l'ode; la *violette*, de 250 fr., à l'épître; le *souci*, de 200 fr., à l'élégie; et le *lis*, de 150 fr., au sonnet. Le lauréat qui a obtenu trois fleurs, autres que le lis, reçoit de l'académie, des lettres de *maître ès-jeux floraux*, ce qui lui donne le privilége de siéger avec les mainteneurs.

LE FÉRÉTRA. — Ce mot qui vient du latin *feretrum*, signifie bière, cercueil. Pendant les cinq derniers dimanches du carême, à Toulouse, on célèbre une sorte de fête dans les cinq faubourgs où existaient les plus anciens champs de repos. Le jour de chaque férétra, le Saint-Sacrement est exposé dans l'église du quartier où il a lieu; il y a sermon et bénédiction; et ce quartier est transformé en une sorte de foire qui attire toute la ville. Cette fête est d'origine romaine. Le 9 des calendes de mars, on avait institué à Rome une fête en l'honneur des mânes, qui avait reçu le nom de *feralia*. Les parents et les amis allaient visiter alors les sépulcres de ceux qu'ils avaient perdus, ils couvraient ces tombes de fleurs, ils y récitaient des prières et y offraient un festin, appelé *silicernium*, où l'on ne servait d'ordinaire que du miel, des gâteaux, du lait et du vin. Cette coutume fut conservée dans la Gaule.

LE RAMELET. — Cette fête fut fondée en l'honneur de Constance, fille de Louis le jeune, qui fut unie, en 1154, à Raymond V, comte de Toulouse. Ce souverain jouissait d'une aussi bonne réputation que celle qu'a laissée en Provence le roi Réné, et une phrase encore proverbiale chez les Toulousains, pour exprimer qu'une chose est juste, est celle-ci : *acoscoumté Ramoun*, c'est comte Raymond. Le peuple accueillit donc avec enthousiasme l'épouse de son *bon comte*, et comme cette épouse était jeune et jolie, les habitants de la célèbre cité imaginèrent de lui offrir un *bouquet* ou en d'autres termes, un *ramelet*. On réunit toutes les belles personnes que la ville renfermait, on leur donna un costume des plus gracieux, et plaçant dans leurs mains des cerceaux recouverts de violettes et de roses, on leur enseigna à faire des pas et des passes chorégraphiques, selon toute la perfection que la danse du moyen

âge avait acquise. Cette danse du ramelet obtint
bientôt une grande vogue dans tout le Languedoc,
et depuis lors elle fit partie des fêtes publiques.

FÊTE DE SAINT CAPRAIS. — Elle a lieu aussi à
Toulouse, peu après les vendanges. Le peuple se
porte alors dans une prairie voisine de la ville, pour
y goûter le vin nouveau. Naguère, on faisait paraître dans cette réunion, un Silène qu'accompagnaient des buveurs armés de bouteilles, et l'on
portait près de lui la barbe et les cornes d'un
bouc, sur lesquels on jetait du vin. L'origine de
cette assemblée remonte, pense-t-on, aux fêtes *vi-
nalia* et *brumalia*, instituées par Romulus en l'honneur de Bacchus.

LA COURSE DE L'ANE. — A Verfeil, le mardi
gras, chaque nouveau marié était soumis à monter
sur un âne, et n'aurait pu se soustraire à cette
obligation sans de graves désordres. Le matin de
ce jour, on décorait de choux la porte de la maison du marié, et on affublait celui-ci d'un bonnet à cornes, de rubans et d'un sac en sautoir,
dans lequel on renfermait du son. L'âne aussi
était tout chamarré. La procession se composait de
gens habillés d'une manière grotesque et d'une
foule de curieux. Partout où cette procession passait, on jetait des fleurs sur le chemin, mais sur-

tout des feuilles de chou, et le marié, ainsi que sa monture, recevaient des nuages de son. Avant le départ du cortége, on avait le soin de faire manger au patient, à l'âne et aux assistants, des gâteaux trempés dans du vin. Un arrêt du parlement, de l'année 1779, ayant défendu cette course, il en résulta des émeutes qui obligèrent à la tolérer derechef.

LAS TRÉÏAS. — On appelle ainsi cette danse, c'est-à-dire danse des treilles, parce que les danseurs tiennent des cerceaux décorés de guirlandes, dont les courbes imitent les treilles. Le ballet est composé, soit de garçons costumés en bergers, soit de jeunes filles également parées, soit enfin de garçons et de filles qui exécutent entre eux des passes semblables à celles du ramelet, dont nous avons parlé plus haut. Cette danse est aussi l'un des divertissements obligés dans les grandes fêtes publiques du Languedoc, elle est particulièrement usitée à Montpellier. Lorsque le roi d'Aragon, seigneur de cette ville, venait la visiter, on ne manquait pas de lui donner une représentation des treilles. On le fit également, en 1503, pour l'archiduc Philippe, gendre de Ferdinand le catholique; et en 1564, pour le roi Charles IX qui visitait le Languedoc.

Lou chivalet. — C'est encore à Montpellier que cette danse est en faveur, et on lui donne une origine intéressante. Pierre II, roi d'Aragon, avait épousé, en 1204, Marie, fille de Guillaume, dernier seigneur de Montpellier. Cette Marie avait le plus heureux caractère dont une femme puisse être douée; son cœur était susceptible de payer avec usure tout l'amour que l'époux lui aurait témoigné; mais ces précieuses qualités étaient renfermées sous une écorce si peu gracieuse, que Pierre, malgré tous ses efforts pour remplir dignement les devoirs d'un mari, s'oubliait à chaque instant au sein de plaisirs que n'avait point préparés l'hymen. Ce prince, d'ailleurs, était jeune et beau, et les vives Languedociennes encourageaient beaucoup sa légèreté. Les habitants de Montpellier, qui avaient une grande affection pour leur Marie, et souhaitaient ardemment de lui voir un rejeton, maudissaient de tout leur cœur la solitude dans laquelle vivait la pauvre princesse; ils se creusaient la tête pour inventer des stratagèmes propres à rapprocher les deux époux, mais le ciel n'avait pas exaucé leurs vœux.

Semblable à toutes les amantes délaissées, Marie fuyait le tumulte du monde, et la retraite de Mirval était son séjour habituel. Là, elle ne pouvait, il est vrai, aller gémir sous les ombrages, attendu que le pays est aride comme le sentiment qu'elle inspirait à Pierre; mais du moins ses regards se promenaient au loin sur des flots dont l'agitation imitait le désordre de son âme, et, quelquefois assise sur la roche dépouillée de verdure, elle comparait la dureté de son siége au destin qui présidait à ses jours. Que de soupirs s'exhalèrent du sein de la sensible Marie! Que de larmes coulèrent de ses yeux!... Dieu la prit enfin en pitié, et l'ingrat, cause des cruels tourments qu'elle avait endurés, vint s'humilier avec des formes qui ne laissaient rien à désirer.

Pierre avait un château et des haras à Lattes, village peu éloigné de Mirval. Un jour qu'il chassait de ce côté, il fut vivement sollicité par un de ses favoris d'aller visiter la reine. Le prince y consentit et, contre sa coutume, sans se faire beaucoup prier. Marie lui apparut alors avec des charmes qu'il n'avait jamais remarqués en elle; la journée se passa dans le tête-à-tête, et cependant Pierre ne se plaignit point de sa durée. La nuit s'écoula. Le lendemain matin, le prince jura de ne plus se séparer de sa femme. Ils revinrent ensemble à Montpellier, Marie étant juchée sur la croupe du destrier de Pierre : la figure du prince exprimait le bonheur.

Le favori dont les instances avaient produit un si heureux résultat [1] avait sans doute pris les devants pour répandre la nouvelle dans la ville, car, à l'arrivée des souverains, tout le peuple s'attroupa autour du cheval et témoigna sa joie par les plus vives acclamations. C'est, dit-on, pour perpétuer le souvenir de cette scène que la danse du chivalet fut instituée.

Le principal personnage de cette danse est un homme qui fait mouvoir un cheval de carton attaché à sa ceinture et dont le caparaçon cache les jambes du danseur ; il suit la mesure des instruments. Un autre danseur voltige sans cesse autour de lui et fait consister son adresse à se trouver constamment à la tête du cheval pour lui présenter de l'avoine, tandis que l'homme du cheval, au contraire, s'attache à opposer constamment sa croupe au donneur d'avoine et à lui lancer des ruades. Ces deux principaux acteurs sont environnés d'une troupe considérable de danseurs vêtus de blanc et ornés de fleurs et de rubans.

Le chivalet se danse rarement à Montpellier : on a toujours réservé ce spectacle pour les grandes

---

[1] Mademoiselle de Lafayette avait rempli pareil office auprès de Louis XIII, et c'est à son éloquence que nous devons Louis XIV.

occasions. Cette danse et celle des treilles furent exécutées, en 1389, devant le roi Charles VI; en 1503, devant l'archiduc Philippe, et en 1564, en présence de Charles IX, comme nous l'avons déjà dit plus haut en parlant des Treilles. Durant les réjouissances qui eurent lieu à Paris pour la convalescence de Louis XV, le chivalet fut dansé dans une des salles du Louvre.

Nous venons de faire connaître l'origine la plus accréditée et la plus décente qu'on donne à la danse du chivalet; mais une autre version, moins honorable pour l'enthousiasme des anciens habitants de Montpellier, ne doit pas être passée sous silence. Selon cette chronique, Pierre serait devenu éperdument amoureux d'une grisette, nommée Catherine Rebuffi, et aurait abandonné pour elle sa légitime épouse. Cependant cette Catherine était bonne diablesse, et afin que son amant eût un successeur qu'il pût avouer, elle substitua la reine à sa place une fois que le prince devait la venir trouver. C'est dans cette nuit, dit toujours le même livre, que fut conçu Jacques Ier, roi d'Aragon. La petite complaisance de cette Catherine augmenta tellement la passion que Pierre avait pour elle, qu'il en vint jusqu'à entrer publiquement dans la ville sur une haquenée blanche, portant sa maîtresse en croupe. Les habitants de Montpellier, plus flattés de l'amour de leur souverain pour une fille de basse extraction que blessés de l'effronterie avec laquelle il affichait des mœurs scandaleuses, lui demandèrent cette même haquenée que la ville s'imposa l'obligation de nourrir magnifiquement. On assure que cette bienheureuse bête vécut vingt-trois ans après cet événement, ne paraissant chaque année qu'au même jour où le roi avait fait son entrée avec Catherine Rebuffi. On la promenait processionnellement dans Montpellier, au milieu des chants et des danses et sur un chemin jonché de fleurs. Lorsqu'elle mourut, on imagina de remplir sa peau de foin et de continuer la fête.

PROMENADE DU CHAMEAU. — Vers l'an 250, saint Aphrodise arriva à Béziers, monté sur un chameau. Le culte rendu à ce saint fut si grand, que non-seulement on le choisit pour le patron de la ville, mais encore on constitua un fief pour l'entretien de son chameau et de ses successeurs. Cet usage dura jusqu'en 1793. Aujourd'hui, le chameau qu'on promène dans les fêtes publiques est en carton et se porte sur les épaules de gens qui sont cachés dans sa carcasse comme cela se pratique sur les théâtres.

LA CARITACH. — Cette fête, qui veut dire la charité, se célèbre aussi à Béziers et remonte à une haute antiquité. Quelques-uns pensent qu'elle est un débris de celle de Bacchus, qui avait lieu dans la même ville sous la domination romaine. Le cortége de caritach consiste dans une longue file de chariots attelés de mules couronnées de fleurs et de sonnettes. Chacun de ces chariots est monté par des corps de métiers, choisis principalement parmi ceux qui peuvent faire la charité. Ainsi, les laboureurs jettent des haricots et des pois aux spectateurs qui tendent leurs chapeaux, les boulangers envoient de petits pains, etc.

De nombreuses voitures suivent ce cortége : elles sont occupées par des jeunes gens qui ont fait provision de dragées pour les jeter aux dames qui garnissent les croisées ; et, à cet effet, les châssis de ces croisées sont enlevés, pour qu'il n'y ait pas de vitres cassées. Beaucoup de dames jettent à leur tour des dragées sur les personnes qui sont dans les voitures, en sorte que c'est comme un combat qui s'engage avec des armes qui ne sont que des friandises.

PEPEZUC. — C'est encore à Béziers que cette fête a lieu. Selon la tradition, un nommé Pierre Pehuc aurait défendu seul le passage de la rue Française, contre un parti d'Anglais. En mémoire de cet acte de courage, on lui aurait élevé une statue, et ce serait par corruption que de Pierre Pehuc on aurait fait Pepezuc. Les antiquaires n'acceptent pas cette origine, et ils prétendent que la statue est romaine et représente sans doute un empereur. Quoi qu'il en soit, chaque année, le jour de l'Ascension, on chamarre cette statue de banderoles de papier doré, on place sur sa tête un chapeau également doré, on lui fait des moustaches avec du charbon, puis une procession défile devant elle, et dans cette procession se montre de nouveau le chameau consacré à saint Aphrodise, et un vaisseau rempli de gens habillés en Turcs, lesquels simulent un combat. Le cortège est fermé par un grand nombre de chariots et de cavaliers.

LE POULIN. — C'est une machine en bois, qui représente un gros cheval, que l'on recouvre d'un caparaçon couleur d'azur, parsemé de fleurs de lis d'or, et sur les deux côtés duquel sont peintes les armes de la ville de Pézenas, armes qui lui furent concédées, en 1419, par Charles, dauphin, pour la récompenser de sa fidélité et des secours qu'elle avait fournis durant la guerre avec les Anglais. On place sur le dos du poulin les figures d'un cavalier et d'une femme, richement costumés; et cinq hommes, renfermés dans la machine, la font agir : quatre la portent, et le cinquième fait remuer la mâchoire. La tête de ce poulin est recouverte d'une peau de cheval, et on l'orne de rubans et de grelots. Cette machine fut inventée, dit-on, sous le règne de Louis VIII, lorsqu'il vint à Pézenas, au mois de septembre 1226, pendant la croisade contre les Albigeois. Raymond de Cahors était alors seigneur de cette ville, que Louis IX ne racheta qu'en 1211. Ce poulin, et les cérémonies qui accompagnaient son apparition, excitaient la curiosité des étrangers, et les ducs de Bourgogne et de Berri entre autres, le voulurent voir lorsqu'ils passèrent à Pézenas en 1700.

Le sénibelet. — C'est dans le bourg de Gignac que cette fête se célèbre, le jour de l'Ascension. Les jeunes gens se réunissent sur la place nommée le Planeau, deux ou trois d'entre eux couvrent leur tête de casques de fer, et se mettent ensuite à courir dans les rues ; puis leurs compagnons les poursuivent en leur jetant à la tête des racines de la lancéole garou (*Daphne gnidium*). Quelques-uns font remonter ce simulacre de guerre à l'époque des Sarrasins.

Le roitelet. — Chaque année, à Carcassone, le premier dimanche du mois de décembre, les

jeunes gens de la rue Saint-Jean se rendaient
processionnellement hors de la ville; et, armés
de gaules, battaient les buissons pour y chasser
le petit oiseau qu'on nomme *roitelet*. Celui qui,
le premier, en abattait un, était proclamé *roi*;
et le soir du dernier jour du mois, ce roi, précédé de la musique, et suivi d'un nombreux cortége, parcourait la ville à la clarté des torches.
Il s'arrêtait devant la porte de chaque maison,
et un de ceux qui l'accompagnaient inscrivait sur
cette porte, avec de la craie, les mots : *Vive le
roi!* et le millésime de l'année qui allait commencer.

Le jour de l'Épiphanie à neuf heures du matin,
ce roi sortait en grande pompe, le front ceint
d'une couronne, les épaules couvertes d'un manteau bleu, et portant un sceptre à la main. Il
marchait entouré d'officiers nommés par lui, et
escorté d'une garde d'honneur. On portait devant lui l'oiseau qu'il avait tué, et que l'on avait
attaché à un bâton orné d'une guirlande d'olivier, de chêne et de gui. Il se rendait ainsi à
l'église paroissiale de Saint-Vincent, où il entendait une grand'messe, assis dans le chœur et au
milieu de son cortége. On lui accordait les honneurs de l'église; et, après la messe, il allait

rendre visite à l'évêque, aux magistrats, au maire, et leur faisait présenter un bassin destiné à recevoir leurs offrandes; celles-ci servaient aux frais du festin royal, qui se terminait par des danses.

COURRÉ LA RAMADO. — C'est une course qui a lieu à Coursan, dans le département de l'Aude, le premier dimanche de la Pentecôte, et qui attire la population des communes voisines.

LES MEUNIERS. — On donne ce nom à une cavalcade qui a lieu à Limoux. Elle est composée des jeunes gens les plus riches du pays qui, montés sur de beaux chevaux, parcourent la ville, et portent, en place de sacs de farine, des sacs de dragées qu'ils vident en jetant ces sucreries aux dames qui garnissent les croisées soigneusement ouvertes. C'est une imitation de la caritach de Béziers.

COUTUMES ET SUPERSTITIONS.

On attribue au démon la formation des orages, et en général tout ce qui est nuisible. Lorsque des pertes de récoltes ont lieu, c'est que l'*homme noir*, placé sur le sommet d'une montagne voisine, a étendu ses immenses ailes pour en faire tomber des grêlons.

Ceux qui se vouent au service de Satan, sont nommés *Poudouès* et *Hantaoums*, par les habitants de la Haute-Garonne. Les femmes qui fréquentent le sabbat sont appelées *Poudouéros*, *Hantaumos*, *Brouchos* et *Mahoumos*.

Les devins, pour guérir les personnes qui ont été ensorcelées, allument d'abord un cierge bénit le jour de la Chandeleur, pùis ils font diverses figures avec de la terre prise dans le cimetière et mêlée avec de l'eau bénite, et ils se servent de préparations faites avec du fenouil, du sénevé, du pavot et du mil, le tout accompagné de prières.

Les fées se retirent dans le sein des forêts et au fond des cavernes; mais on les voit souvent au bord des fontaines et des ruisseaux.

Près de Saint-Bertrand, il y a la fontaine des Fées (*la hount de las hados*), au bord de laquelle il apparaît de belles femmes, vêtues de blanc, et qui se promènent à de certaines heures de la nuit, en chantant des romances douces et plaintives.

Si l'on insulte le lac de Tabe, en jetant quelque chose dans ses eaux, on excite des tempêtes, on est consumé par le feu, brisé par la foudre, ou voué à tout autre malheur aussi grand.

A Toulouse, on jette des pièces d'argent dans la fontaine de Sainte-Marie, pour la rendre propice.

Le bouillonnement des eaux, le croassement d'une pie et les hurlements des chiens pendant la nuit, sont toujours des présages funestes.

LA MONTAGNE NOIRE.

Cette montagne, sorte de chaînon des Pyrénées, qui lie celles-ci avec les Cévennes et le Gévaudan, et sépare le département de l'Aude de celui du Tarn, est une contrée fort pittoresque, peu connue, et qui est empreinte plus que toute autre, en raison même de son délaissement, du type de ses anciens habitants. Là, le montagnard des forêts de Lacaune ou des environs d'Angles, revêtu de son *brisaout*, espèce de dalmatique ou de *lacerna*, et racontant avec gravité les hauts faits des

6

Fassilières et des *Armaciès*, rappelle le Gaulois qui plaçait sur sa poitrine quelques feuilles de gui pour se préserver des maléfices, ou le Tascon tirant des présages du vol d'un corbeau ou du cri d'une chouette.

On sait que des tribus de Tectosages qui occupaient le pays situé entre les Cévennes et les Pyrénées, émigrèrent à diverses époques, et allèrent, sous la conduite d'un chef conquérant, former un établissement en Asie. Après avoir parcouru et ravagé la Grèce, ils s'arrêtèrent sur les bords de l'Hellespont, en Eolide et en Ionie; et dans l'Asie-Mineure ils fondèrent Angora, aujourd'hui Ancyre. Les descendants de ces Tectosages éprouvèrent le besoin de connaître leur mère-patrie, ils revinrent peu à peu dans les contrées qui avaient été le berceau de leurs ancêtres, et y apportèrent les usages des peuples qu'ils abandonnaient. Alors la religion de ces peuples offrit le mélange du culte primitif des Celtes et du paganisme des Grecs, mélange qui se compliqua encore, dans la suite, du polythéisme des Romains et des mystères des croyances chrétiennes. Dans la montagne Noire, ce bizarre assemblage d'idées et d'actes offre un tableau des plus piquants.

Les mauvais génies jouent, cela va sans dire, le

principal rôle dans les superstitions de ce peuple
pasteur. Les *Dusiens* des Gaulois, les *Palamnéens* des
Romains ou les *Prostropéens* des Grecs se trouvent
continués chez lui par les *Fassilières*, phalange de
génies qui exerce sa puissance, amicale ou des-
tructive, dans toutes les positions de la vie du
montagnard.

Ces Fassilières ont pour chef un être renommé,
appelé *Tambourinet*; après lui vient le *Drac*, qui est
exactement le *Kelpie* des Écossais; puis la *Saurimonde*, connue en Écosse sous les noms de *Senshie*
et de *Prownie*. Tous suivent, dans chaque lieu,
l'hôte qu'ils se sont donné; ils s'introduisent dans
les recoins les plus cachés de son habitation, et ils
affectionnent particulièrement les étables où ils
sucent le lait des vaches.

Le *Drac* est le plus drôle, le plus bouffon des Fassilières; jamais il ne nuit d'une manière grave, et ses
espiègleries sont tout à fait celles d'un écolier ou
d'un page. Si un soigneux garçon d'écurie a tressé
les crins d'une mule, le Drac embrouille aussitôt ce
qui a été fait; si l'on a mis du foin dans la crèche,
il l'éparpille à terre et le remplace par du fumier;
si l'on a sellé le cheval qui doit se mettre en voyage,
il retourne malignement la selle, en sorte que la
croupière renferme les oreilles et la bride enlace

la queue. Après cela, il se métamorphose en ruban, en peloton, pour tourmenter les jeunes filles, qui ne peuvent alors parvenir à nouer ce ruban sur leur tête ou à faire un seul point sans que le fil ne casse. C'est un terrible persécuteur que ce Drac! Toutefois, on peut aussi l'attraper à son tour. Ainsi, par exemple, on place du petit millet sur une planche de l'étable; le démon ne manque jamais de renverser cette graine, et toujours aussi il cherche à la ramasser; mais comme ses mains sont percées à jour de même qu'un crible, il ne peut réussir à prendre le millet à poignée, ce qui le met dans une fureur telle, qu'il s'enfuit de l'étable et n'y revient plus de longtemps.

La *Saurimonde* est, au contraire, le modèle de la perfidie la plus atroce. Qu'on se représente un bel enfant aux cheveux blonds et bouclés, aux yeux bleus et à la bouche rosée, abandonné au bord d'une fontaine ou dans le carrefour d'une forêt, et appelant de sa douce voix et de ses sanglots une âme charitable qui veuille l'adopter. Une âme charitable! Où n'en trouve-t-on pas! L'espèce humaine est si compatissante! Les cœurs expansifs ne manquent pas, surtout parmi les bergers et les pastourelles. Tantôt c'est un brave garçon qui emporte l'enfant sous sa cape, et qui va le déposer sur les genoux de sa vieille mère, en la priant d'élever le pauvre orphelin ; d'autres fois, c'est une bonne jeune fille qui jure sur la petite croix qui pend à son cou qu'elle ne se séparera jamais du gentil frère que la Providence lui a donné. De part et d'autre, religieuse observation de la promesse. L'enfant grandit. Alors, presque toujours, il devient la femme du berger, qui se trouve avoir contracté mariage avec le diable, ou il endoctrine si bien la vierge qui l'a adopté, qu'il l'oblige également à vouer son avenir à l'enfer.

Les fantômes nocturnes, que les Romains nommaient *Lémures* ou *Larves*, et que les Écossais appellent aujourd'hui *Gobelins*, sont aussi le sujet d'une vive appréhension dans la montagne Noire où l'on cherche à se débarrasser par une foule de moyens de leur prétendue poursuite. Dans le canton de Labruguière, par exemple, la veille des Rois, les habitants parcourent les rues avec des sonnettes, des chaudrons, tous les ustensiles enfin qui constituent l'harmonie d'un charivari ; puis, à la lueur des torches et des tisons enflammés, ils se livrent à un vacarme infernal et à des huées de toute espèce, espérant par là chasser les revenants et les malins esprits. Cette coutume est absolument celle que pratiquaient les Romains dans les *Lémuries*, fêtes qu'ils célébraient le neuvième jour de mai, et qui avaient de même pour objet d'expulser les ombres et les fantômes qui apparaissaient la nuit. Cette fête durait trois nuits avec l'intervalle d'une nuit entre deux. On jetait des fèves dans le feu qui brûlait sur l'autel, et celui qui sacrifiait, mettant d'abord des fèves dans sa bouche, les jetait ensuite derrière lui en disant : *Je me délivre, moi et les miens.* Cette cérémonie était accompagnée d'un charivari avec des poêles et d'autres vaisseaux de fer qu'on battait, priant les lutins de se retirer, et leur répétant par neuf fois qu'ils s'en allassent en paix sans troubler davantage le repos des vivants. Durant les lémuries, les temples étaient fermés, et l'on ne faisait aucune noce.

On conçoit aisément que les esprits sur lequels agissent les fassilières doivent aussi subir l'influence des sorciers. Dans la montagne Noire, on nomme *Armaciés* celui qui est né le lendemain de la Toussaint, et que l'on suppose être doué alors de la faculté de seconde vue : c'est le *Taishar* des Écossais. Chez ce dernier peuple, on célèbre, dans la nuit qui précède la Toussaint, une fête nommée *Halloween*, durant laquelle il y a, disent les croyants, une sorte de trève entre l'homme et les génies, ce qui donne aux intelligences les plus vulgaires le moyen de connaître l'avenir.

Dans les environs d'Angles, le sorcier s'appelle *Pary*. On le consulte surtout pour écarter le renard des métairies; ce qu'il obtient en faisant des conjurations aux quatre angles de la maison. Les poules sont alors en sûreté. Toutefois, il faut que le maître du logis se garde bien de donner des œufs aux gens qui quêtent après avoir tué un renard; car, dans ce cas, la conjuration perdrait tout son effet.

Les vieilles femmes jouent un grand rôle dans la sorcellerie; mais, lorsqu'on les trouve dans une étable, opérant un maléfice, on peut, à l'aide de quelques coups de bâton, les obliger à remédier elles-mêmes au mal qu'elles ont commis. Ainsi, lorsque ces méchantes créatures font rendre du sang à une vache, au lieu de lait, il est facile, si on les surprend en flagrant délit, de rétablir les choses dans leur état normal. On force les sorcières à prononcer quelques paroles de leur grimoire, et aussitôt on voit entrer par la porte de l'étable, de petits ruisseaux de lait qui vont reprendre leur place dans le ventre de la vache.

Afin que les sorcières demeurent sans puissance sur les vaches, il faut attacher du vif argent au cou de celles-ci, ou bien enfermer un crapaud dans une cruche que l'on tient constamment dans l'étable.

Il faut bien se garder de toucher la main d'un sorcier mourant; car on deviendrait sorcier comme lui. Malheur aussi aux enfants qui naissent le jour d'un fait d'armes : leur âme sortira ou rentrera à volonté dans leur corps; ils tourmenteront force gens durant le sommeil, et deviendront enfin sorciers eux-mêmes sous le nom de *masques*.

Une sorcière de cette classe se trouvait un jour parmi des moissonneurs où elle s'endormit vers le midi. Comme elle était soupçonnée depuis long-temps d'avoir des intelligences avec le diable, on se douta que son âme avait choisi ce moment pour aller en promenade. Pour s'en assurer, on trans-porta le corps à une certaine distance, et l'on mit une grande cruche à sa place. Quand l'âme revint de son excursion, elle alla en effet se loger dans la cruche, et fit rouler celle-ci de côté et d'autre, jusqu'à ce que se rapprochant du corps, elle s'y rétablit.

Ce qu'il y a de remarquable ici, c'est que cette légende, très-accréditée dans la montagne Noire, semble aussi avoir été empruntée aux anciens. Her-motine, citoyen de Clazomène, ville d'Ionie, dans l'Asie-Mineure, avait une âme qui se séparait souvent de son corps pour aller se promener en divers lieux. Un jour, qu'il avait prescrit à sa femme qu'on ne touchât point à son corps quand on le verrait immobile, et qu'elle n'en avait tenu compte, elle en parla à ses voisins qui vinrent aussitôt brûler le corps, ce qui empêcha l'âme d'y entrer, et l'obligea d'aller se réfugier dans un vase qu'elle faisait rouler çà et là.

NAISSANCE.

Dans la commune de Dourgue, on ne porte jamais à l'église le nouveau-né par le chemin qu'on suivrait s'il fallait y conduire un mort.

On ne coupe pas les ongles aux petits enfants qui sont encore allaités, parce qu'on pense que cette opération ferait naître en eux un penchant décidé pour le vol.

MARIAGE.

Les Romains considéraient le mois de mai comme un temps funeste pour le mariage : *malum mense maio nubere*. Ils évitaient donc de marier leurs filles durant ce mois, seulement ils n'apportaient pas le même scrupule pour les veuves, et Plutarque en donne pour motif que les secondes noces étant peu estimées parmi les Latins, on choisissait précisément pour les contracter, une époque à laquelle peu de monde était attiré dans les temples par cette cérémonie.

Le mois de mai est aussi dans la montagne Noire un mois tout à fait réprouvé par les jeunes filles qui sont fiancées, et elles disent ingénument à ce sujet, qu'il n'est pas convenable de se marier à une époque où les ânes sont amoureux.

Si l'on veut avoir des enfants, il ne faut pas non plus se marier un vendredi.

La cérémonie antique de placer un joug sur le cou de ceux qui se fiançaient, et d'où le mariage a pris le nom latin de *conjugium*, se perpétue dans quelques communes du Castrais, le jour des noces.

A Angles, le même jour, et lorsque l'on conduit la femme au logis de son mari, la mère de celui-ci remet à sa bru un balai et une cruche. Cela tient lieu de l'invocation que les Latins faisaient au dieu *Domicius*, pour que la nouvelle épouse prît soin du ménage. Alors la mariée se met à arroser et à balayer la chambre, puis elle sort avec le balai et la cruche, et se place assise devant la maison, ayant attaché à sa ceinture, d'un côté, une pelotte couverte d'épingles, de l'autre une bourse vide, les convives déposent une offrande dans la bourse, cela s'appelle *payer les épingles de la mariée.*

Le marié, chez les Romains, jetait des noix aux enfants : *sparge, marite, nuces,* dit Virgile. C'était pour marquer qu'il renonçait aux jeux de l'enfance. A Gaillac, les noix figurent aussi, durant la cérémonie du mariage. Lorsque les époux sont agenouillés au pied de l'autel, les assistants leur en font pleuvoir une grêle sur le dos, et le premier qui se retourne vers les agresseurs, sera celui qui, selon le dire des bonnes femmes, apportera le plus de jalousie dans le ménage.

Dans le Castrais, le jour d'une noce, les jeunes gens volent des choux pour en faire une soupe qui est servie aux mariés dans le courant de la nuit. Si ces choux n'étaient pas volés, ce serait manquer à l'obligation imposée par l'usage.

Lorsqu'un garçon prend une fille dans une autre commune que celle qu'il habite, les jeunes gens du village de la fille se rassemblent devant l'église, et empêchent les mariés d'y entrer, jusqu'à ce que l'époux ait payé une certaine somme.

Quand un veuf se remarie, non-seulement il a à subir dans la montagne Noire un charivari, comme cela se pratique dans d'autres pays, mais encore on le fait courir sur un âne, et on le force à entrer ensuite dans une cage à poules, où on lui fait boire du vin dans une corne, vase qui, passant de main en main, ne lui arrive qu'après avoir été grandement souillé.

MORT.

A Dourgue, les morts ne sont jamais portés au cimetière par des chevaux ou des bœufs, car on est convaincu que ces animaux ne seraient point

en vie le lendemain d'une semblable tâche. Quant
aux hommes qui font l'office de porteurs, ils sont,
suivant la croyance, tantôt soulagés de leur far-
deau, tantôt plus accablés de son poids, selon
qu'une puissance invisible qui les accompagne, se
mêle de les aider ou de les tourmenter.

Lorsque, dans les environs de Sorèze, il faut
aller annoncer un décès au presbytère, deux
hommes se réunissent à cet effet et marchent à
à pas lents, portant leurs bâtons en l'air, comme
s'ils tenaient des cierges. Ils conservent leur gravité et la direction du bâton jusqu'à leur retour
à la maison du défunt.

Les Grecs et les Romains avaient des pleureuses
qui marchaient en avant des convois, conduites
par une autre femme qui réglait le ton sur lequel
il était convenable de pleurer. Les Romains les
appelaient *præficæ*, *reputatrices* et *lamentatrices*.
Elles portaient une robe noire, nommée *pulla*, et
leurs chants étaient appelés *nœniæ* et *ululatus*.
C'est le chant que les montagnards d'Écosse nomment *coronach* et les catholiques irlandais *ululos*.
Ces regrets publics et chantés sont aussi en usage
dans quelques parties de la montagne Noire ; mais
les femmes suivent le cercueil au lieu de le pré-
céder.

Sur le plateau de la Prade, les invités s'arrêtent au retour d'un enterrement, devant la maison du défunt ; alors les deux plus proches parents de celui-ci prennent, l'un une cruche d'eau, l'autre une serviette, et chaque assistant, en commençant par la parenté, vient se laver les mains et les essuyer. Lorsque cette cérémonie est achevée, on jette au loin la serviette dont on s'est servi, et c'est presque toujours sur le toit qu'elle est délaissée.

A Escoussens, des femmes couvrent leur tête d'une grande nappe, et placent dessus une corbeille renfermant un pain et une bouteille de vin ; arrivés à l'église, elles déposent ce pain et ce vin sur l'autel ; et, après la cérémonie funèbre, le clerc va porter cette offrande à la personne la plus pauvre de la paroisse.

Le repas des funérailles, qu'on trouve plus ou moins consacré dans tous les temps et chez tous les peuples, a lieu généralement dans la montagne Noire. A Escoussens, il est de rigueur de servir un plat de haricots à ce repas. Dans d'autres communes, on ne doit pas trinquer à un pareil festin.

A Labruguière, lorsqu'il meurt quelqu'un dans une maison, on attache un morceau d'étoffe noire aux ruches du domaine. A Lacaune, si c'est le chef de la famille qui meurt, et s'il laisse des abeilles, on enterre un de ses vieux habits dans le jardin où sont ces abeilles, afin de les faire participer aux funérailles du maître.

A Berlatz, lorsqu'une famille vient de perdre un de ses membres, on coupe immédiatement toutes les fleurs qui se trouvent dans le jardin, et on n'en laisse plus épanouir aucune tant que dure le deuil. Cette coutume touchante existait chez les Grecs.

COUTUMES ET SUPERSTITIONS.

Les petits marais qu'on rencontre sur les plateaux, les fontaines qui surgissent au milieu des pâturages ou sur la lisière des bois, possèdent tous des propriétés plus ou moins merveilleuses pour combattre les infirmités ou les enchantements.

La fontaine de Moniès, près de Dourgue, guérit les douleurs au moyen des ablutions que l'on fait avec son eau sur la partie du corps qui est affectée. C'est principalement le jour de la saint Jean que les eaux sortent à plus gros bouillons de la source et ont une efficacité plus infaillible, parce que, le matin de ce même jour, le soleil levant danse en éclairant la fontaine.

Dans un pré situé à peu de distance du château de Ramondens, dans la forêt de ce nom, on trouve une petite source, appelée la *Sagne canine*. Cette fontaine a la réputation de rendre les femmes fécondes. Aussi voit-on fréquemment des pèlerines, agenouillées dévotement au bord de la source et puisant force verres de l'eau limpide du miraculeux bassin.

Les habitants de Sorèze se rendent, le jour de la saint Jean, à la fontaine de *La Mandre*, et là, munis de verres noircis, ils attendent le lever du soleil, parce que, dans ce jour solennel, l'astre doit danser en l'honneur du saint.

Lorsque la procession des Rogations passe auprès de la métairie de Latour, commune de Labruguière, les bonnes femmes se détachent du cortége et vont se laver les yeux à la fontaine de Saint-Thyrses, située dans un pré voisin de la métairie. Le saint ayant été roulé jusqu'à cette source, dans un tonneau garni d'instruments tranchants, la doua de la propriété de guérir ou de préserver des ophthalmies.

Sur la montagne de Candiel, près de Lacaune, la fontaine dite de *la Reine* guérit de la lèpre ceux qui se plongent dans son eau. La reine ou la nymphe qui préside à cette source ne s'en éloigne jamais, à ce qu'assurent les fervents. C'est encore *la Mermaid* des Écossais.

Les montagnards disent que lorsque la grêle ne tombe point sur une paroisse, c'est que le curé a jeté son chausson en l'air dans la direction de la nuée.

Ils croient que si l'on jetait une chauve-souris dans le feu, celle-ci ferait entendre très-distinctement de grosses injures.

On s'attirerait la malédiction du ciel si l'on détruisait le nid de l'hirondelle et ses petits.

A Labruguière, on ne vend jamais les ruches parce que cela porterait malheur : on les donne ou on les échange pour autre chose.

Lorsque les habitants d'Escoussens confectionnent des lacets pour prendre des oiseaux, ils ont le plus grand soin de ne point les approcher du feu, parce qu'il en résulterait qu'au lieu d'allouettes, on ne trouverait que des crapauds pris à ces lacets.

Si l'on brûle du bois de figuier dans une maison où se trouve une nourrice, le lait de celle-ci se tarira ou prendra une qualité délétère.

Lorsqu'on va visiter un agonisant, il faut faire une prière au pied de son lit, puis jeter une poignée de sel dans le feu, afin que le diable ne s'empare point de son âme.

Mettre une bûche au feu par le bout le plus petit, fait devenir pauvre.

Il ne faut pas brûler du bois de sureau, autrement la poule cesse de faire des œufs.

On ne doit pas faire cuire du pain durant la semaine des Rogations, autrement tout celui que l'on cuirait pendant l'année se moisirait.

Il ne faut filer ni chanvre ni coton durant la semaine de Noël, parce que cela porte malheur.

Quand on sait où est un nid, il ne faut pas le dire près d'un ruisseau, parce que les fourmis y iraient.

Si l'on tuait une belette qui a des petits, toute la nichée viendrait manger le linge jusque dans les armoires de la maison.

Il ne faut pas compter les boudins quand on les met dans la chaudière, ni jurer, ni dire qu'ils crèveront, car on serait assuré de les avoir mauvais.

Pour chasser les souris d'un lieu quelconque, il faut y enfermer un crapaud dans une cruche.

On ne doit pas se couper les ongles un des jours

de la semaine où il faut une R pour écrire le nom de ce jour.

Il ne faut pas laisser bouillir la marmite sans y mettre du sel, autrement tout ce qu'on a dans la maison dépérit en proportion de l'eau qui s'évapore.

Il faut écraser les coques d'œufs quand on les a vidées, dans la crainte qu'un malveillant ne se serve de ces coques pour composer quelque charme contre celui qui a mangé les œufs.

Dans la commune d'Escoussens, on croit que le jour de Noël, à la messe de minuit, la dernière femme qui vient à l'offrande est celle qui aura la première des petits poulets.

L'être fantastique qu'on nomme le *loup-garou* ou le *lycanthrope*, et qui était connu des Grecs, des Romains, des Celtes, des Francs et autres peuples, apparaît aussi dans tous les coins et recoins de la montagne Noire. L'habitant de cette contrée affirme que la destinée a voué certains hommes à cette transformation, qui a lieu durant la pleine-lune. C'est la nuit que le mal les prend; alors, ils sortent de leur lit, sautent par les fenêtres, et vont se précipiter dans une fontaine. Après l'immersion, ils se trouvent revêtus d'une peau à longs poils, et, marchant à quatre pattes, ils courent de côté et d'autre, dans les champs, dans les bois, dans les villages, mordre gens et bêtes qu'ils rencontrent. A l'approche de l'aube, ils retournent se plonger dans la fontaine, et ils y déposent leur enveloppe poilue, pour aller ensuite se replacer dans le lit qu'ils avaient quitté.

PRÉSAGES. — Si l'on se trouve à jeun lorsqu'on entend chanter le coucou pour la première fois de l'année, c'est un avertissement qu'on aura peu de travail durant cette même année.

Lorsqu'une chouette se fait entendre sur le toit d'une maison, pendant la nuit, c'est un signe de maladie ou de mort de l'un de ses habitants. Si le chant de cet oiseau a lieu durant le jour, c'est qu'il y a une femme enceinte dans le voisinage.

Quand une pie traverse le chemin sous vos yeux, c'est un malheur qui vous attend.

Si le même oiseau tourne autour d'une maison, quelqu'un doit y mourir dans l'année.

Les cris du pic-vert annoncent la pluie.

Si l'on se tient bien droit la première fois qu'on regarde la nouvelle lune, il arrive malheur.

Lorsque l'année est fertile en noisettes, il y a beaucoup de naissances illégitimes.

Si des oiseaux passent au dessus d'une femme occupée à laver les langes de son enfant, c'est qu'il sera atteint prochainement de quelque maladie.

Lorsqu'une étoile file, c'est qu'une âme vient d'abandonner la terre sans absolution.

Le feu follet annonce la mort d'un parent.

Lorsqu'on médite un projet, s'il vient à passer près de soi des oiseaux en nombre pair, c'est une preuve qu'on réussira. Si le nombre est impair, c'est une marque de non succès.

Quand on sort de bonne heure le matin, si l'on entend le croassement des corbeaux ou des pies, il est immanquable qu'un des actes de la journée sera malheureux.

Dans les environs d'Angles, les servantes n'essuient point les casseroles avec un morceau de pain, parce que cet acte leur attirerait de la pluie le jour de leur mariage.

MÉDECINE.—Il n'est pas nécessaire de dire combien l'empirisme a de pouvoir sur l'esprit des habitants de la montagne Noire, et avec quelle confiance ils emploient les remèdes indiqués par les sorciers et les sorcières, ou par les charlatans qui exploitent les foires. Chez eux les gens qui font métier de guérir sont appelés *rhabilleurs*. La plupart sont des misérables qui captent leurs dupes au moyen de pratiques superstitieuses; mais l'expérience a cependant donné à quelques-uns d'entre eux une habileté remarquable pour les opérations que réclament les fractures.

Lorsque les habitants du canton de Labruguière ont un animal malade de quelque plaie envahie par les vers, ils se rendent dans la campagne auprès d'un pied de yèble, *Sambucus ebulus,* et tordant une poignée de cette plante dans leurs mains, ils lui font un grand salut, et lui adressent les paroles suivantes en patois : — « *Adiù sies, mousu l'aoùssier, sé né trases pas lous bers de moun berbenier, vous coupi la cambo, maï lou pey.* » Ce qui veut dire : — « Bonjour, monsieur le yèble, si vous ne sortez pas les vers de l'endroit où ils sont, je vous coupe la jambe et le pied. » Cette menace effectuée, la guérison est assurée ou peu s'en faut.

Les montagnards sont tellement convaincus que la joubarbe, *Sempervivum tectorum,* est un préservatif contre les maladies qui tentent de s'introduire dans leurs maisons, que c'est un véritable sacrilége de leur enlever cette plante lorsqu'elle croît sur leurs murailles ou leurs toits. Lorsqu'elle est en fleur, ils en coupent les tiges, pour les disposer en croix sur la porte des étables.

A Lacaune, le gui s'appelle *besq* en patois, et les habitants croient encore, ainsi que le croyaient les Druides et les Gaulois, que cette plante parasite, prise en breuvage ou appliquée sur l'estomac, est un remède efficace contre le venin, de quelque espèce qu'il soit.

Dans la commune d'Escoussens, on se persuade que le gonflement de la rate peut se guérir, en s'appliquant, sur le côté, une branche de genêt que l'on a contourné.

Dans les environs d'Angles, les paysans se procurent avec soin un couteau à manche blanc, parce qu'ils ne doutent pas que ce ne soit un préservatif infaillible contre la colique.

On peut se guérir de la fièvre, en déposant une pièce de monnaie dans un endroit du bois où plusieurs chemins se croisent, et en récitant un *Pater*. Le premier passant qui ramasse la pièce, emporte aussi la fièvre.

Les haches celtiques, *Celtæ*, portent dans la montagne Noire le nom de *Peyros dé picoto*, c'est-à-dire pierre de variole; on les suspend dans les bergeries, afin de préserver les troupeaux de la clavelée.

Les Spartiates avaient institué une fête nommée *Nudipedales*, *Nudipedalia*, qui, après s'être propagée dans toute la Grèce et chez les Romains, s'est aussi perpétuée chez les peuples modernes. Elle consistait, anciennement, en des sacrifices que l'on faisait nu-pieds, pour être délivré de quelque afflic-

tion. Aujourd'hui, on pratique des pèlerinages à
des lieux sanctifiés. Personne n'ignore combien ces
pèlerinages sont nombreux, combien quelques endroits où ils s'accomplissent ont acquis de célébrité,
et combien est considérable la quantité d'*ex-voto*
appendus dans les chapelles consacrées à cet acte
religieux. La montagne Noire a aussi ses pèlerinages, et parmi le plus en vogue, est celui de
Dourgue.

Il est souvent question, dans le pays castrais,
de saint *Stapin* ou *Estapin*, dont nous n'avons
pas trouvé le nom dans les légendes ecclésias-
tiques, ni dans le calendrier, ni dans l'histoire
du pays, mais qui a opéré dans la contrée,
suivant la tradition, un grand nombre de miracles. C'est principalement à Dourgue qu'on lui a
voué le culte le plus fidèle, et le petit temple qui
lui a été érigé sur un plateau qui domine le bourg,
attire chaque année, le 6 août, un peuple immense qui accourt de tous les départements voisins. La chapelle est environnée de petits groupes de
rochers parsemés de trous plus ou moins profonds.
On dit que ces trous ont été creusés par les membres sur lesquels le saint s'appuyait lorsqu'il se
prosternait pour la prière ou se livrait à de pieuses
méditations. Aujourd'hui, les gens estropiés ou

atteints de rhumatismes placent à leur tour leurs membres invalides dans ces divers trous, et, après avoir entendu la messe, ils s'en retournent guéris, ou du moins avec l'espoir qu'ils ne tarderont pas de l'être.

Saint Stapin est aussi l'un des personnages le plus fréquemment mis en scène dans les légendes de la montagne, et dans le nombre de celles qui se débitent durant les veillées, la suivante n'est pas une des moins piquantes.

Un pauvre marchand de cages, cheminant un jour à travers une vaste fougeraie, y rencontre saint Stapin et lui demande l'aumône.

— Comment se fait-il, mon ami, lui dit le saint, que vous alliez quêtant ainsi puisque vous avez un état?

— Hélas ! quelquefois je ne vends pas une seule cage dans le mois.

— Eh bien ! je vais faire entrer dans l'une de vos petites prisons un hôte qui vous dispensera désormais d'implorer la charité publique. Lorsque vous voudrez garnir votre table, vous n'aurez qu'à ouvrir la porte de la cage et dire : — *Petit bleu d'azur, fais ton service.*

Saint Stapin donne alors un coup de sifflet très-doux, et un charmant oiseau, à plumes bleues et à reflets argentés vient s'installer dans le réseau d'osier. Le marchand baise les pieds de son bienfaiteur et s'empresse de rentrer au logis, où il a bientôt mis à l'épreuve le savoir-faire de son joli esclave. *Petit bleu d'azur, fais ton service*, et voilà un dîner splendide dressé en moins d'une seconde. On doit penser si notre homme s'en donne à cœur joie! Il traite successivement tous ses voisins, toutes ses connaissances, à dix lieues à la ronde.

Le bruit de cet événement parvient jusqu'au seigneur de l'endroit. Il se fait amener son vassal et lui fait raconter comment il se trouve possesseur d'un oiseau aussi merveilleux. Alors désir irrésistible chez le châtelain de s'approprier ce trésor gastronomique. Il le témoigne avec impatience au marchand de cages, à qui il offre une métairie en échange de l'oiseau. Le vassal accepte en partie le traité; c'est-à-dire qu'il met une clause particulière à la ratification, clause qu'il explique tout bas à l'oreille de son Seigneur. La bonne chair l'avait rendu fort osé, le rustre! et il réclame de l'orgueilleux gentilhomme une concession si extraordinaire, un sacrifice tellement en dehors de ce qu'un être de bon sens peut songer à transformer en requête, que nous n'osons pas en reproduire la teneur. Mais à quoi n'est-on pas capable de se résigner pour obtenir un oiseau qui opère des prodiges !... On capitule donc, le notaire passe l'acte, et le lendemain matin, en sortant d'une longue conférence avec la châtelaine, le marchand livre loyalement la cage et l'oiseau à son seigneur.

Ce dernier ne manque pas de convier avec pompe les barons de la contrée, pour les faire assister à l'inauguration de son nouveau maître d'hôtel. On place, dans la salle à manger, la plus grande table qu'il y ait dans le château : on la couvre de linge magnifique, d'argenterie, de cristaux de porcelaine ; il n'y a plus que les plats à dresser. Lorsque tous les invités sont présents, l'amphytrion, prenant la cage d'un air radieux, en ouvre la porte et dit : — *Petit bleu d'azur, fais ton service.* Petit bleu d'azur s'élance dans la salle ; mais, au lieu d'aller et venir comme de coutume, en voltigeant, il se pose tout d'abord sur l'épaule du châtelain, où il se métamorphose en un gros vilain oiseau de couleur grisâtre ; puis après avoir répété sept fois, un bien vilain cri, il s'envole par la fenêtre, et disparaît dans les airs, laissant toute la compagnie dans la plus grande stupéfaction.

PRÉJUGÉS AGRICOLES. — Il faut semer les choux durant la semaine sainte.

Il naît des bosses aux choux, quand on les plante en mai.

Il ne faut pas semer le chanvre durant la semaine des Rogations.

Il est imprudent de mettre une poêle sur le feu, le jour qu'on sème du froment, parce que le grain qui doit en provenir sera charbonné.

Pour fertiliser un champ, il ne s'agit que d'écrire sur le soc de la charrue, lorsqu'on laboure pour la seconde fois, le nom de Raphaël.

Il faut se cacher d'une femme quand on sème des melons, sans cela ils ne seraient pas mangeables.

La veille de la Saint-Jean, il faut aller dans un champ de blé et en couper une poignée du plus beau avant le lever du soleil. Si quelque malveillant vous devance, il emporte le bonheur de la récolte.

Pour détourner la grêle d'un champ, il faut présenter un miroir à la nuée : en se regardant et se voyant si noire et si laide, elle s'enfuit épouvantée.

Dans les environs d'Angles, lorsque le grain est en fleurs et que l'on appréhende pour lui l'action de la rosée, on sonne les cloches afin d'éloigner cette rosée.

Les habitants d'Escoussens sont persuadés qu'en plaçant des fleurs de la vigne, dans l'auge où boivent les poules, celles-ci n'iront pas plus tard manger le raisin.

Dans la même commune, et dans celle de Labruguière, les femmes ont l'habitude, le Jeudi-Saint, de mettre dans leurs poches des graines de violier mêlées avec de la terre, et durant le chant du *Stabat*, elles agitent vivement ce mélange, elles sont convaincues que ce moyen leur procurera des fleurs doubles.

Si on laisse tomber du lait à terre et qu'on mette le pied dessus, la vache n'en donnera plus.

Si l'on renverse dans le feu le lait d'une vache, celle-ci aura bientôt ses mamelles taries.

Il faut mettre un peu d'eau, de poivre et de sel dans le lait avant qu'il sorte de la maison, sans quoi on éprouverait quelque malheur.

Dans les environs de Lacaune, les bergers ne comptent jamais leurs agneaux parce qu'ils pensent que ce serait faire la part du loup.

III

ROUSSILLON. — COMTÉ DE FOIX.

PYRÉNÉES—ORIENTALES. — ARIÉGE.

Le nom de Roussillon vient de *Ruscino, Rosciliona*, l'une des principales cités de la première Narbonnaise, et qui est la ville actuelle de Perpignan. Les anciens habitants étaient les *Sardones*. Subjugué tour à tour par les Alains, les Vandales, les Suèves, les Visigoths et les Maurès, le Roussillon subit toutes

les vicissitudes qu'entraîne la conquête et la ty-
rannie de souverains qui n'ont pas l'espoir de
conserver. Le pays fut enfin délivré par Pépin le
bref. Longtemps le Roussillon, qui se composait
des comtés de Roussillon et de Cerdagne, fut gou-
verné par des comtes qui étaient amovibles; mais
ils parvinrent à se rendre indépendants sous le règne
de Charles le Simple, et, en 1178, le dernier de
ces petits potentats légua son domaine à Alphonse,
roi d'Aragon. Louis XI réunit cette province à la
couronne de France; puis, au bout de trente ans,
elle fut livrée de nouveau, par Charles VIII, à Ferdinand d'Aragon. Enfin, après des perturbations
diverses, elle revint à la France, sous Louis XIII,
qui s'en empara en 1640; et cette possession fut
garantie, en 1659, par le traité des Pyrénées. La
cour de Rome exerçait une très-grande influence
dans cette contrée, et l'évêque de Perpignan avait
le titre de grand inquisiteur.

Malgré son ancienne réunion à la France, le
Roussillon a conservé les habitudes et les inclina-
tions des Espagnols, et lorsque l'on est à Perpignan,
on se croirait au milieu du peuple catalan. Les
Perpignanais, du reste, ne paraissent pas vouloir
décliner cette ressemblance et leurs penchants, et
lorsqu'ils quittent leur ville pour se diriger sur

Narbonne, par exemple, ils disent communément qu'ils vont *en France*. En 1349, Pierre III, d'Aragon, établit une université à Perpignan. La place fut fortifiée par Charles-Quint, en 1536. Avant les événements de 1789, les habitants de cette ville étaient partagés en trois sections : la première comprenait le *bras militar* ou *nobles*, les *bourgeois honorés* et les *docteurs* ; la seconde se composait des *mercadiers* ou marchands, des *bourgeois vivant noblement*, et des *notaires* ; la troisième renfermait les *chirurgiens*, les *apothicaires*, les *artistes* et les *ménestrals* ou artisans.

MARIAGE.

Dans le canton de Massat, département de l'Ariége, la nouvelle mariée se dérobe à l'empressement de son époux, et va se réfugier dans une maison où de jeunes filles, armées d'épées, se chargent de la défendre. Ces filles reçoivent le nom d'*espaséros*, pris de l'arme qu'elles tiennent en main dans cette circonstance. Les garçons, compagnons du mari, ne tardent pas, cela va sans dire, à venir assiéger la forteresse où s'est réfugiée la mariée, et comme ils portent aussi des épées, on les appelle *espassés*. Après une longue résistance, les *espaséros* cèdent, et les *espassés* victorieux emmènent l'épouse en triomphe.

Dans la vallée de Biros, lorsqu'un jeune homme veut épouser une fille, il va faire une visite aux parents de celle-ci, et se fait accompagner par un ami, qui porte une outre de vin, et qu'on nomme, à cause de cela, le compagnon de l'outre, *ech compagnoun d'éra bouta*. Si la famille consent à boire de ce vin, le prétendant peut faire avec confiance la demande de la jeune fille ; car on ne peut plus l'éconduire, *attendu qu'on a bu son vin* ; mais si on ne le boit pas, c'est la marque d'un refus.

MORT.

Dans plusieurs parties du midi, et surtout à Perpignan, les hommes dévots se forment en congrégations de pénitents, qui diffèrent par la couleur de leur robe ou de leur ceinture ; il y a des pénitents gris, des pénitents blancs et des pénitents noirs. Ces derniers figurent presque toujours aux enterrements, et s'imposent même d'aller chercher le corps des suppliciés.

❦

FÊTES ET DANSES.

LAS BAILLAS. — Ce sont des danses en usage dans le Roussillon, et particulièrement à Perpignan, où elles ont lieu à des époques fixes dans chaque quartier. Alors on établit une sorte de foire dans le voisinage de l'église, et l'on construit une vaste tente, décorée de guirlandes et garnie de bancs, dans l'intérieur de laquelle le *ball* se donne. Les ordonnateurs de la fête ont le soin de se rendre avec leur musique chez toutes les personnes aisées du quartier, dont l'offrande leur sert à payer les frais de cette fête. Le corps de musique, qu'on appelle *lous joncglas* (les jongleurs) est ordinairement composé de cinq à six hautbois, parmi lesquels il y a le prime et le ténor, puis d'un galoubet et d'un tambourin. Ces deux derniers instruments sont joués par le même homme, qui tient le premier de la main gauche et frappe le second de la droite. Chaque danseur paie tant par chaque ball qu'il danse, et l'on en admet à la fois

autant que l'intérieur de la tente peut en contenir
et leur laisser assez d'espace pour exécuter leurs
figures; mais il y a tel ou tel amateur, qui, par galanterie pour une dame, ou par vanité personnelle,
réclame de danser seul avec sa danseuse, et alors
il s'établit une sorte d'enchère qui porte souvent
au prix de 150 ou 200 francs, le plaisir de fixer
sur soi, pendant un quart d'heure ou vingt mi-
nutes au plus, tous les regards de l'assemblée. Les
jeunes gens des meilleures familles, et même quelquefois les dames de la société, figurent dans cette
danse : les premiers, en veste et en bonnet catalans;
les secondes, en grisettes du pays.

Le ball est une danse extrêmement gracieuse,
qu'il faut voir pour la bien juger, qu'il est difficile de décrire, et qui n'est exécutée, avec perfection, que par les gens du peuple, surtout les
femmes, qui y déploient une légèreté et une dé-
sinvolture ravissantes.

Les cavaliers font d'abord quelques pas en avant
avec leurs danseuses, puis, se tournant subitement
face à face, la dame se recule en décrivant une
sorte de cercle, et le cavalier la suit en formant
quelques pas, et en s'accompagnant des casta-
gnettes, s'il est danseur par excellence. Dans le
nombre des pas qu'il exécute, il en est un fort sin-

gulier qu'on appelle la *camada rodona*, et qui réclame autant d'adresse que de légèreté, puisqu'il ne
s'agit rien moins que de passer le pied droit par-
dessus la tête de la danseuse. Celle-ci, au bout de
quelques instants, poursuit son cavalier qui recule
à son tour, et l'un et l'autre changent deux ou trois
fois de danseur et de danseuse ; puis, deux ou plusieurs couples se réunissent, forment un cercle ; les
danseuses placent à droite et à gauche la main sur
l'épaule des cavaliers, s'élèvent en l'air, et ces cavaliers, les jarrets tendus, la poitrine en avant, et
les bras soulevés, les soutiennent de leurs mains,
placées sous leurs aisselles. Tous restent dans cette
position, pendant un point d'orgue des musiciens ;
et comme les têtes des danseuses se trouvent rap-
prochées les unes des autres, presque toujours,
quand ces danseuses se connaissent, elles s'embras-
sent avant d'être déposées à terre. Lorsque ceci a
eu lieu, elles répètent la même figure qui se reproduit tant que dure chaque ball. En outre de la
camada rodona, il y a un autre saut, tout aussi original, qui demande de la part du cavalier la même
adresse et quelque force. La danseuse s'avance
vers lui, elle place sa main gauche dans la droite
qu'il lui tend, un triple élan est alors donné à ces
deux mains réunies, et la danseuse, roidissant son

bras gauche et s'appuyant de la droite sur l'épaule
de son danseur, s'élance pendant que celui-ci la
soulève et l'assied sur sa main. Avant de la remettre
à terre, il fait deux ou trois pirouettes en la tenant
ainsi. Nous pouvons affirmer qu'on trouve un
charme à cette danse, même après avoir assisté
aux passes gracieuses d'une bayadère, à la ca-
chucha d'une Andalouse, et à la mazowrka d'une
Polonaise.

LOU CONTRAPAS.—Cette danse roussillonnaise est
plus généralement répandue que le ball, et on
peut la considérer tout à fait comme nationale.
Dans les villes, il n'y a guère que les hommes qui
y prennent part; mais, à la campagne, hommes et
femmes, vieux et jeunes, tout le monde y accourt.
C'est une espèce de farandole, et les danseurs, disposés en rond, se tiennent par la main, excepté
ceux de l'extrémité qui conduisent la danse, et
font aller la file, tantôt à droite, tantôt à gauche.
Les hommes exécutent, pendant cette danse, un
pas appelé *l'espardanyeta*, qui consiste dans un
battement rapide du talon contre le cou-de-pied.

LES MYSTÈRES. — Dans les fêtes publiques d'une
certaine importance, les Roussillonnais ajoutent
presque toujours à leurs divertissements une représentation théâtrale, et c'est presque toujours aussi

un sujet religieux dont ils font choix. Le théâtre est alors élevé en plein vent, sur une grande place; l'orchestre se compose des artistes que nous avons déjà indiqués ; les rôles de femmes sont fréquemment remplis par des garçons aux formes athlétiques et la barbe épaisse et noire; et rien n'est plus comique, certainement, que le costume et la pantomime de ces acteurs improvisés au cabaret. Dans le nombre des mystères en faveur est celui qui a pour titre : *la presa del horta.*

LES FLAGELLANTS. — Ces pénitents, qui constituaient en fête un véritable martyre, portaient une belle robe de toile blanche, garnie de falbalas, de rubans noirs; des souliers blancs, bordés de noir ; un énorme capuchon soutenu par du carton, et s'élevant à plus d'un mètre de hauteur ; et ils avaient, au dos de leur robe, une large ouverture ornée de rubans. Chacun d'eux tenait à la main droite, un fouet composé de petites cordes terminées par des pointes aiguës de fer ou d'argent, et dont ils se lacéraient impitoyablement en se frappant à l'ouverture dont nous venons de parler. Pour attirer plus de sang vers l'épiderme, ils avaient le soin de frotter d'avance, avec des serviettes chaudes, la partie qui devait être maculée, et de faire de légères mouchetures avec la pointe d'une lancette, pour mieux faciliter l'émission quand cette partie serait frappée.

◆◆◆

COUTUMES ET SUPERSTITIONS.

Dans l'arrondissement de Saint-Girons, Ariége, les bergers, avant de conduire les troupeaux aux pâturages qui leur sont assignés dans les montagnes, s'engagent à révérer les fontaines. Le jour où ils doivent se mettre en route, ils s'assemblent aux premières lueurs de l'étoile du matin ; dès que le soleil paraît, le plus ancien de la réunion dit tout haut une prière ; et après cela, on se divise par troupes qui se choisissent chacune un chef, sur le front duquel on place une couronne. Ce chef fait le serment de montrer la route aux voyageurs égarés, de leur offrir du lait, du feu et de l'eau, de mettre à leur disposition son manteau et sa cabane, et de poser une pierre sur les malheureux que la *tourb* (tourmente) ferait périr.

La fontaine de Saurat, ou fontaine sainte (*hount sancto*), est révérée dans toutes les contrées voisines.

IV

LE BIGORRE. — LE BÉARN.

HAUTES-PYRÉNÉES. — BASSES-PYRÉNÉES.

Le Béarn, *Bearnia*, tire son nom de l'ancienne ville de *Beneharnum*, dont on ignore aujourd'hui quelle était la véritable situation. Une portion de cette province faisait partie de la Basse-Navarre. Du temps de César, elle était habitée par les *Benearni*; et, sous Honorius, elle fut comprise dans la Novempopulanie, ou troisième Aquitaine. De la domination des Romains, elle passa sous celle des Goths, puis des Francs, qui la possédèrent jusque vers l'an 600, époque à laquelle les Vascons, peuple originaire de la Cantabrie, vinrent s'y établir. En 820, Louis le débonnaire s'empara du Béarn, et le donna, avec titre de vicomté, à Centule Ier, de la maison des ducs de Gascogne. Après avoir passé successivement dans les maisons de Gavaret, de Moncade, de Foix et d'Albret, ce pays fut réuni à la couronne de France, par l'avénement de Henri IV.

NAISSANCE.

Dans quelques communes, lorsqu'un enfant vient au monde, on jette par la croisée du froment et des pièces de monnaie, dans l'espoir que cette sorte d'offrande sera favorable à son existence.

Quand on apporte un enfant aux fonts baptismaux, on place sur lui un morceau de pain, qu'on donne à la première personne que l'on rencontre.

Les nourrices qui voyagent avec leurs nourrissons, choisissent toujours les sentiers les moins

fréquentés, parce que les enfants sont les plus exposés aux maléfices des sorciers.

MARIAGE.

Dans le Béarn, lors d'un mariage, les compagnons
du futur se nomment *donzelons*, et les amies de la
fiancée *donzelles*. Il y a deux convois à la noce;
celui de l'épouse se dirige avec pompe vers l'habitation du mari, en y conduisant un agneau orné
de bandelettes, et au bruit des chants nuptiaux.
A peu de distance de la maison, on envoie des
parlementaires pour traiter avec le beau-père,
puis on se remet en marche et l'on arrive. Les
chants recommencent, et chacun dit à son tour:
Amant alterna camenæ. On jette alors par la croisée
du froment et d'autres fruits, signes d'abondance;
les portes s'ouvrent, la joie éclate bruyamment,
et le gâteau nuptial, apporté par les parents de
l'épouse, est partagé entre les parents et les amis
de l'époux.

MORT.

L'usage des pleureuses, dans les cérémonies fu-
nèbres, existe dans la vallée d'Aspe et quelques
autres lieux, et lorsqu'un parent n'a pas le courage
de célébrer les vertus du défunt, ce soin est confié
à des femmes qui font ce métier.

FÊTES ET DANSES.

LE SAUT BASQUE. — Dans les Basses-Pyrénées,
les hommes se mettent en rond et dansent sur
place, faisant de temps à autre volte-face, et poussant le cri qu'on nomme en basque *kikissaï*. Cette
danse est absolument celle qu'exécutaient les Sa-
liens, prêtres chargés de la garde du bouclier *an-
cilé*, à la conservation duquel Numa prétendait
qu'était attachée la destinée de l'empire romain.

LES TRAGÉDIES. — Les Béarnais élèvent aussi des
théâtres en plein vent, et c'est ordinairement au
milieu d'une vaste plaine qu'ils le construisent,
afin que plusieurs milliers de personnes puissent

assister au spectacle. *La mort de César* est la tra-
gédie qu'ils affectionnent le plus, et il n'est pas rare
de les voir représenter des Romains sous le costume
d'un garde national ou d'un postillon de Lonju-
meau. Les garçons sont aussi chargés des rôles de
femmes, et ils portent alors des perruques de jo-
crisse, des chapeaux garnis de fleurs, puis des
robes de serge avec des tabliers de cuisine. Lorsque l'un des acteurs fait un geste, tous les autres le
répètent exactement, et s'il marche en avant ou
en arrière, tous ses compagnons imitent la même
manœuvre.

COUTUMES ET SUPERSTITIONS.

Les montagnards sont persuadés qu'ils ont vu
danser maintes fois, au clair de la lune, les fées
qu'ils nomment *hados* ou *las blanquettes*. Tantôt
c'est au bord d'une prairie qu'ils les ont aperçues,
d'autres fois, c'est au sommet d'une tour. Ces fées
font croître des fleurs sur leurs pas et elles excitent
ou apaisent les tempêtes à leur gré. Elles viennent
dans les maisons durant la nuit qui précède le
jour de l'an, apportant dans leur main droite un

enfant couronné de fleurs qui représente le bonheur, et, dans la gauche, un autre enfant qui verse des larmes et qui signifie le malheur. Comme on s'attend à cette visite, on a soin de préparer, dans une chambre reculée, le repas qui doit leur être offert et que l'on dépose sur une table couverte d'une nappe bien blanche. Ce repas consiste en un pain, un couteau, un vase plein d'eau ou de vin, et une coupe. Une bougie allumée est placée au milieu de la table. Lorsqu'on a l'attention de préparer cet accueil, on ne peut manquer d'être comblé de biens, tandis qu'on s'exposerait à de grandes peines si on l'avait négligé : le feu consumerait la maison, les loups dévoreraient les troupeaux et la grêle détruirait les moissons. Le lendemain, c'est-à-dire le jour du nouvel an, le plus ancien de la maison prend le pain qui a été offert aux fées, le rompt après l'avoir trempé dans l'eau ou dans le vin que contenait le vase mis sur la table, et il le distribue à toute sa famille, ainsi qu'aux domestiques. On se souhaite alors une bonne année et l'on déjeune avec ce pain.

Les sorciers ont des lieux particuliers dans lesquels ils se rendent, et là, à la clarté d'une torche et au son d'un tambour, ils dansent autour du démon, qui est vêtu d'habits d'un rouge éclatant.

On a vu des sorciers partir à minuit, et parcourir les airs montés sur des dragons. Ces sorciers se nomment des *bronches*.

Le loup-garou se montre tantôt sous la forme d'un chien blanc, à l'endroit où quatre chemins se rencontrent; d'autres fois, il traîne des chaînes dont le bruit retentit au loin.

Les Basques croient au pouvoir de l'esprit des ténèbres, qu'ils nomment *Debrua*, et ils appellent leurs fées *Labina*. Ils ont un talisman que les femmes portent sur elles et que l'on nomme le *Higo*, c'est une main fermée dont le pouce sort entre deux doigts. Le diable, ne pouvant souffrir cette image, s'éloigne de tous ceux qui la portent.

Les fontaines, les lacs et les ruisseaux sont en grande vénération chez les habitants des Pyrénées. On jette dans leurs eaux des pièces d'argent, des aliments et des étoffes; et pendant la nuit qui précède la fête de la saint Jean, on y lave ses yeux ou les parties du corps affaiblies par des infirmités.

Ceux qui sont atteints de quelque maladie de la peau, se roulent sur des champs d'avoine humectés d'une abondante rosée.

On appelle le feu de la Saint-Jean, le *Haille*, et il faut le franchir neuf fois pour s'assurer de la prospérité.

Toutes les grosses pierres isolées ou monuments druidiques sont un objet de vénération : on jette dessus , en passant, une branche d'arbre en forme d'offrande et l'on accompagne cette cérémonie d'une prière.

Il y a, à l'entrée de la vallée d'Aspe, un rocher de forme conique, contre lequel les femmes vont se frotter le ventre lorsqu'elles sont stériles.

Dans cette contrée, le fenouil est la plante salutaire qui préserve de l'influence maligne des sorciers.

Plouradou est un saint imaginaire auquel on porte les enfants qui pleurent, et *saint Sequayre* est un autre saint de même origine, qui reçoit les prières de ceux qui veulent faire sécher les personnes à qui ils en veulent.

Si une pie, en gazouillant, vous regarde ou se retourne vers votre habitation, vous devez espérer quelque chose d'heureux ; mais si elle traverse devant vous le chemin que vous suivez, ou qu'elle vole à votre gauche, vous êtes menacé d'un malheur.

Quand on entend le cri de la chouette, on doit craindre un événement fâcheux, et alors les gens de la campagne jettent du sel dans le feu, pour éviter l'accomplissement de ce sinistre présage.

Quand une fleur s'épanouit seule dans un lieu stérile, c'est le présage d'une moisson abondante.

Lorsqu'un arbre étend ses rameaux sur une maison, c'est un signe de revers pour ses habitants.

Les chiens hurlant dans la nuit d'un ton plaintif, annoncent la mort d'un habitant de la contrée.

Le nombre treize est malheureux : si l'on est treize à table, l'un des convives ne tarde pas à mourir. Les nombres trois et neuf sont, au contraire, des nombres heureux.

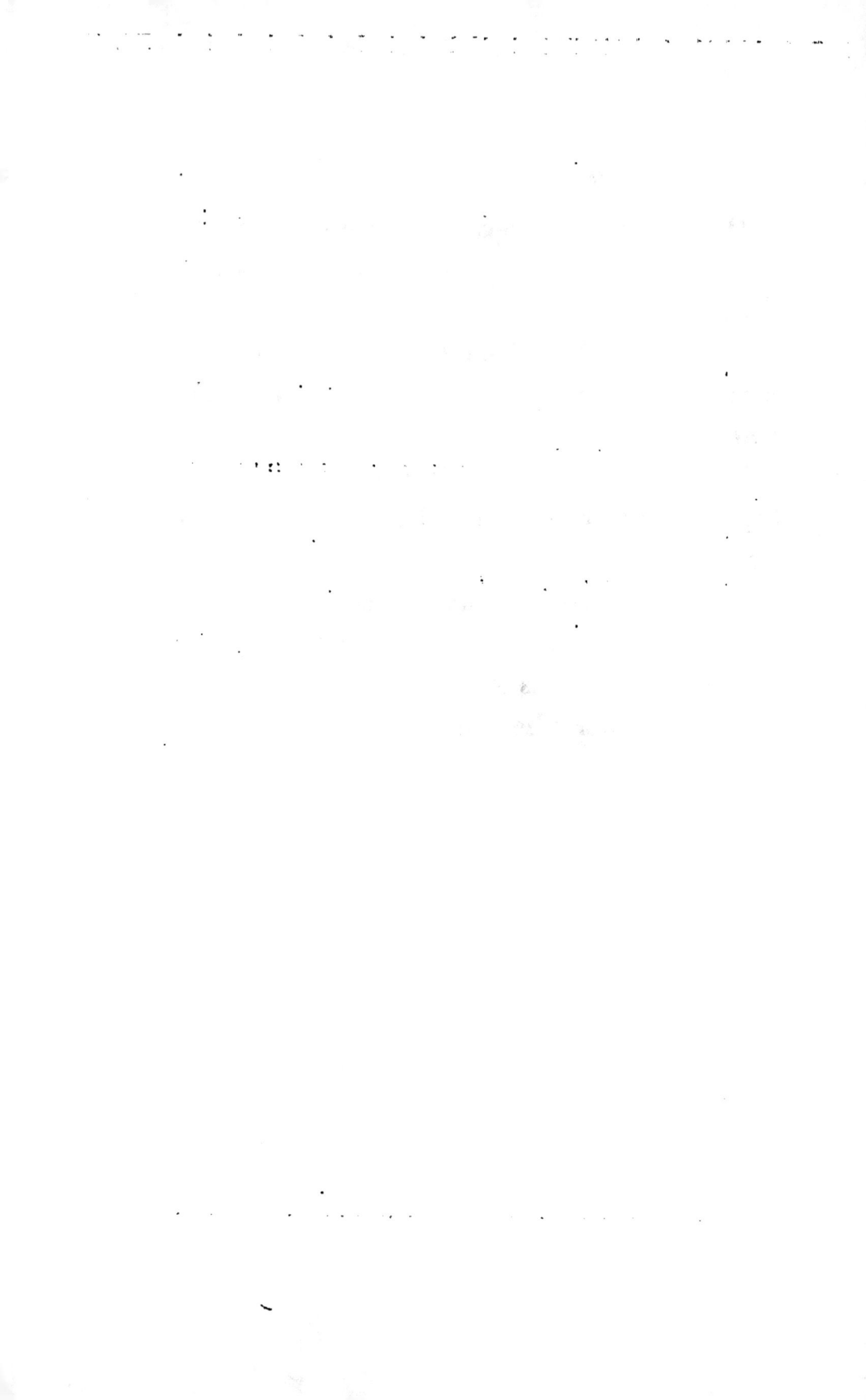

V

LA GUIENNE. — LE QUERCI.

GIRONDE, LANDES, GERS, LOT-ET-GARONNE. — LOT, TARN-ET-GARONNE.

La guienne était habitée anciennement par les *Bituriges vivisques*, les *Petrocorii*, les *Nitiobriges*, les *Cadurci*, les *Ruteni*, etc. ; mais César ne dit rien de sa ville principale, *Burdigala*, ni des habitants du pays. Sous Honorius, cette province fut répartie dans la *première* et *deuxième Aquitaine*. La troisième

Aquitaine, ou *Novempopulanie* était divisée en plusieurs peuples, tels que les *Auscii*, les *Elusates*,
les *Consoranni*, les *Bigerriones*, les *Vasates*, les
Tarbelli, les *Tarusates*, etc. Durant la domination
romaine, la cité bordelaise fut embellie de plusieurs monuments. Après la chute de l'empire
d'Occident, la Guienne passa sous le gouvernement
des Visigoths, puis sous celui des Francs après la
bataille de Vouillé, en 507. Elle eut ensuite pour
souverains les ducs d'Aquitaine; et après avoir été
envahie par les *Vascons* ou *Gascons*, vers l'an 600,
elle demeura sous leur joug, jusqu'à ce que Charlemagne les eût forcés à reconnaître son autorité. Ce monarque ayant constitué l'Aquitaine en
royaume, l'an 778, en faveur de son fils, Louis le
débonnaire, la Gascogne fut érigée en duché et
confiée à des seigneurs amovibles; puis, en 1071,
ce duché fut réuni à l'Aquitaine, et les deux gou-
vernements formèrent le duché de Guienne. Alié-
nor ayant porté, par son mariage, ce duché dans
la maison d'Angleterre, fit naître cette rivalité et
cette longue lutte qui coûtèrent tant d'hommes aux
deux pays et qui ne se terminèrent qu'en 1453,
sous Charles VII, après la bataille de Castillon,
c'est-à-dire après l'expulsion des Anglais, qui
avaient occupé le pays l'espace de 300 ans. En

1469, Louis XI donna le duché de Guienne en apanage à Charles de France, duc de Berri, son frère, à la mort duquel il retourna à la couronne, pour n'en plus être séparé.

MARIAGE.

Dans le Lot-et-Garonne, on a conservé un antique chant nuptial, dont chaque couplet renferme une leçon morale pour l'épouse. Dans ce département, la mariée porte une ceinture que l'époux seul peut détacher, lorsqu'il entre dans la chambre de sa femme ; quelquefois ce sont les amies de la mariée qui la lui ôtent ; souvent encore, celles-ci feignent des efforts pour enlever cette ceinture, et ne pouvant réussir, elles appellent en aide le mari, qui y parvient sans peine. Cette ceinture rappelle celle des Romains, qui était attachée par un nœud d'Hercule, *Herculaneo nodo*. Junon, qu'on honorait dans les mariages sous le nom de *Pronuba*, était appelée aussi *Cinxia* à Cingulo, parce que, selon Sextus Pompée, dénouer le nœud d'Hercule était le premier droit dont jouissait le nouvel époux.

Dans le même département, et dans celui de Tarn-et-Garonne, on porte, avec appareil, la quenouille et le fuseau de la mariée à sa nouvelle demeure, et ce symbole domestique sert à décorer d'une manière remarquable la voiture qui transporte les meubles et le trousseau de l'épouse. Si elle est encore fille, sa tête est ornée d'une petite couronne, qui est de fleurs artificielles dans les villes, et de paillettes et de fils d'argent dans les campagnes. En place du voile, ou *Flammeum*, elle tient, abattus sur ses yeux, les deux pendants de sa coiffure.

Dans les Landes, les accords ont lieu fréquemment en sortant de la messe, un jour de fête. Les hommes ont l'habitude de se placer d'un côté devant l'église, et les femmes de l'autre, assises sur leurs talons et formant un cercle. Les jeunes gens des deux sexes se mettent alors à danser à la voix d'un pâtre huché sur une pierre. Pendant ce bal improvisé, les couples qui se conviennent sortent de la danse, se disent quelques mots à l'oreille, et vont, sans plus tarder, déclarer à leurs parents qu'ils *s'agréent*. La famille fixe alors le jour des noces.

D'autres fois, le Landais qui recherche une fille en mariage, se rend chez elle au milieu de la nuit, en la compagnie de deux amis qui portent chacun une cruche de vin, et demande aux parents une entrevue qu'il est d'usage de ne point refuser. Toute la famille se lève, se met à table, et devise sur toutes choses. Au point du jour, la fille qui est recherchée apporte sur la table un dessert, et c'est là le moment fatal pour le galant; car si des noix viennent à paraître, elles expriment un refus positif de la part de la demoiselle.

La veille de la noce, le futur, ou *Nobi*, rassemble ses amis, et marche à leur tête vers la maison de sa fiancée. Lorsqu'on lui ouvre, au lieu de la jeune fille qu'il vient chercher, on lui présente une vieille femme qu'il repousse en réclamant *celle qui lui fut promise*. Après quelques difficultés, elle se montre, les yeux baissés et la contenance timide, puis elle donne une fleur à son fiancé qui, en échange, lui attache une ceinture. Si l'épouse vient habiter la maison de son mari, elle trouve à la porte un balai qui lui donne l'investiture de ses fonctions domestiques; si, au contraire, c'est le mari qui va s'installer chez sa femme, c'est un joug de charrue qu'on place à l'entrée du logis. Pendant tout le temps de la noce, la quenouille de la mariée est portée par une vieille femme qui se place souvent entre les deux époux : c'est la *Pronuba* des Romains.

Dans quelques communes des Landes bordelaises, un parent de la mariée tient, le jour de la noce, un balai de houx (*ruscus aculeatus*), qu'il emploie à déblayer le chemin où passe le cortége de tous les embarras qui peuvent s'y rencontrer. Le lendemain du mariage, vers midi, le même individu allume tout à coup le balai, tombe avec cette torche enflammée sur tous les convives, les chasse de la maison, et les poursuit en leur disant : — « Retirez-vous, gens de la noce, chacun chez vous, la mariée n'a plus besoin de vous. »

MORT.

Dans les Landes, les femmes portent, aux enterrements, un morceau d'étoffe noire sur la tête qui leur cache en partie le visage, et les hommes se couvrent d'un manteau. Pendant l'année qui suit le décès du père ou de la mère, les vases de cuisine sont voilés, et la vaisselle est placée dans un ordre opposé à celui qu'ils avaient établi de leur vivant.

Dans le département de Lot-et-Garonne, ceux qui reviennent au logis du défunt pour le repas des funérailles se lavent les mains avant d'entrer dans la maison. Les Romains se purifiaient ainsi dans la même circonstance.

On renouvelle un service pour le mort, au bout de la neuvaine. Les Romains avaient également leurs fêtes commémoratives, qu'ils nommaient *Novendalia*, *Vicennalia* et *Tricennalia*.

FÊTES ET DANSES.

LE MAI. — A Bordeaux, le 1er jour de mai, les garçons de chaque rue y plantent un mai qu'ils ornent de guirlandes et d'une grande couronne, et chaque soir, pendant toute la durée du mois, les jeunes gens des deux sexes se livrent à des danses autour de ce mât. C'est presque toujours aux sons de la voix qu'elles ont lieu, et l'on fait entendre, dans cette occasion, une foule de chansons, soit en patois, soit en français, dont quelques-unes ont autant de piquant que de grâce.

LE SIÉGE DU FORT. — A Dax, on célébrait autrefois une fête militaire imitée des anciens. On élevait, au milieu de l'Adour, une espèce de forteresse en charpente, où se renfermaient deux hommes

cuirassés, le casque en tête et la rondache au bras;
puis huit guerriers, armés de toutes pièces et montés
sur un bateau, venaient les attaquer. Les assiégés
se défendaient en jetant des pots de terre sur les
assaillants, qui se garantissaient au moyen de leurs
boucliers, et tiraient eux-mêmes sur le fort des
coups de mousquets chargés de grenades de terre
cuite. Cette joute durait environ deux heures, et se
renouvelait trois fois dans la journée, en présence
de nombreux spectateurs accourus pour en être
témoins, et de la garde bourgeoise qui, sur la rive,
était rangée sous les armes.

⚜

COUTUMES ET SUPERSTITIONS.

Les jours de fête, durant tout le mois de mai,
les habitants des Landes font, chacun devant sa
porte, des jonchées de genêts et de bruyères; puis,
tous les soirs, la famille se réunit sur cette espèce
de lit, et le plus ancien raconte alors, ainsi que
cela se pratiquait chez les Celtes, toutes les histoires
et les légendes dont il a conservé le souvenir.

Les Landais sont convaincus qu'ils ont souvent
entendu dans l'air, soit le jour, soit la nuit, les

jappements d'une meute de chiens, le son du cor et la voix des chasseurs. D'après leur croyance, c'est le roi Arthus qui est en chasse. Ce prince ayant été averti, un jour de fête solennelle, qu'un sanglier monstrueux s'était rencontré dans le voisinage, ne fut point retenu par la sainteté de la cérémonie, et ayant saisi un épieu, il sortit de l'église pour courir vers la bête féroce. Le ciel, irrité du sacrilège qu'il avait commis, le condamna à chasser éternellement et en vain, dans les plaines de l'air.

Les morts, selon l'opinion, dans cette contrée, abandonnent leur tombe pendant la nuit, et on les voit, couverts d'un linceul, se promener dans les villages, et même pénétrer dans l'intérieur des maisons. Ils ne disparaissent qu'autant que les personnes du logis ont calmé, par des prières et des aumônes, les souffrances de ces ombres qui sont, tantôt menaçantes, tantôt plaintives.

Les loups-garoux, ou lycanthropes, ont un air triste et méiancolique; ils ne se montrent point dans les églises et se tiennent à l'écart. On fuit les familles où l'on suppose que se trouvent de ces êtres réprouvés, et elles sont obligées de s'unir entre elles; car personne n'accepterait leur alliance.

On connaît les lieux où les sorciers se réunissent, l'arbre sous lequel ils se livrent à leurs maléfices et où le prince des ténèbres leur distribue des poisons pour se venger de leurs ennemis, et leur commande de faire périr les petits enfants et les troupeaux.

Si l'effraie, le chat-huant ou le hibou s'arrêtent sur une habitation, c'est un signe de mort pour l'un des membres de la famille.

Dans les Landes, on donne le nom de *Veyrines* à des ouvertures pratiquées dans l'épaisseur des piliers de l'église, et ces ouvertures sont un objet de vénération. Les personnes affligées de rhumatisme ou de paralysie, s'y introduisent en répétant quelques prières.

VI

PÉRIGORD. — POITOU. — SAINTONGE.

DORDOGNE. — VIENNE, DEUX-SÈVRES, VENDÉE. — CHARENTE, CHARENTE-INFÉRIEURE.

Le Périgord, *ager Petrocoriensis*, tire son nom des *Petrocorii*, ses anciens habitants, qui avaient pour cité principale *Vesunna* ou *civitas Petrocoriorum*, aujourd'hui Périgueux. César en fait mention, et les Romains se plurent à embellir ce lieu dont ils firent le centre d'un vaste territoire. Cinq voies romaines, qui se dirigeaient vers Limoges, Caen, Agen, Bordeaux et Saintes, se réunissaient dans Périgueux. Cette ville avait une citadelle construite, dit-on, par la famille de Pompée, et la tradition lui donne aussi un capitole. Elle avait un amphithéâtre dont les ruines subsistent encore, et des temples dédiés à Jupiter, à Bacchus, à Neptune et à Vénus. On y voit aussi une vaste rotonde de 60 mètres de haut sur 65 environ de circonférence, qui porte le nom de Tour de Vésonne ; mais dont les archéologues ne savent pas au juste assigner la destination. Les habitants de Périgueux se distinguèrent dans la lutte avec les Anglais. Prise et reprise par les deux partis, cette province fut cédée à l'Angleterre, en 1360, par le traité de Brétigny ; puis elle revint définitivement au royaume de France, sous Charles V.

Du temps de César, le Poitou, *Pictavia*, était habité par les *Pictones* ou les *Pictavii*, et, sous Honorius, il faisait partie de l'Aquitaine seconde.

La Saintonge était habitée par les *Santones*, et fut comprise aussi, plus tard, dans la seconde Aquitaine.

MARIAGE.

Dans le Périgord, lorsqu'une jeune fille va recevoir la bénédiction nuptiale, elle ne manque pas de remplir sa poche droite de millet, pour n'éprouver aucun mauvais sort la première nuit de ses noces, parce que le vilain génie qui voudrait lui nuire, serait obligé de dire autant de paroles mystiques qu'elle a mis de grains de millet dans sa poche, et qu'il ne peut en connaître le nombre.

Pour écarter tout maléfice, les époux doivent avoir grand soin de mettre une pièce de monnaie dans leurs souliers au moment de la célébration de leur mariage.

Comme les sorciers ne nuisent point aux nouveaux épousés, lorsqu'ils ont été conviés à la noce, on ne manque jamais de les inviter des premiers.

Une recette infaillible pour l'union d'un jeune ménage, c'est de placer, lors de la bénédiction nuptiale, le genou sur le vêtement de l'un des conjoints, aussi chacun y travaille de son mieux.

MORT.

Dans plusieurs cantons du Périgord, lorsqu'on va visiter un agonisant, on fait une prière au pied de son lit, puis on jette du sel dans le feu, pour que le diable ne s'empare point de son âme.

A la campagne, on place un joug sous la tête des agonisants, et l'on donne pour raison que cela adoucit ses souffrances et lui donne la force de les supporter.

Lorsque le malade a rendu l'âme, on vide tous les vases où l'on avait exprès mis de l'eau, parce que l'âme du défunt, avant de monter au ciel, a dû s'y être baignée.

FÊTES ET DANSES.

Les ballades. — Dans le département de la Vienne, on désigne ainsi les bals champêtres, et c'est à ces réunions qu'on voit des domestiques qui s'y rendent parés d'épis, s'ils se destinent à l'agriculture, et de fleurs s'ils veulent servir aux travaux du ménage.

LA BACHELETTE DE CHATILLON. — Dans les Deux-Sèvres, on nomme bachelettes ou bacheleries, les fêtes populaires, et celle de Châtillon était renommée. Elle commençait le dernier vendredi du mois d'avril, à midi. Les jeunes gens de la ville et ceux de la paroisse de Saint-Jouin, qui est une sorte de faubourg de Châtillon, distingués alors en bacheliers de la ville et en bacheliers de Saint-Jouin, et vêtus les uns et les autres avec élégance, l'épée au côté et la cocarde au chapeau, se rendaient, musique en tête, chez toutes les mariées de l'année, offrant à chacune d'elles un bouquet d'oranger et les priant à danser. Le samedi au soir, ces bacheliers et les nouvelles mariées *fessaient le mouton.* Voici en quoi consistait cet usage. On plaçait un tonneau debout pour servir de table, et on le couvrait d'une nappe, sur laquelle on servait un pain et du vin, pour le repas d'un mouton qu'on amenait là. Quand l'animal avait mangé et bu, la dernière mariée de l'année, armée d'une baguette, lui faisait faire trois fois le *tour du tonneau,* et ensuite chaque bachelier le mettait sur son dos et le faisait tourner également trois fois autour de sa tête. La journée se terminait par des danses. Le dimanche, après la messe, les bacheliers prenaient, à la porte des deux églises paroissiales, les deux premières paysannes qui sortaient, et leur faisaient danser la *danse de la bergère*. Ensuite, ils s'habillaient en blanc et montaient à cheval ; et les deux premiers et les deux derniers mariés de l'année, vêtus de leurs habits de noces, et portant deux drapeaux et deux épées nues, ayant chacune une orange à la pointe, montaient aussi à cheval et les accompagnaient. Après avoir fait plusieurs fois le tour de la ville, le cortége se rendait dans une prairie voisine, où il mettait pied à terre pour danser ; puis il se replaçait en selle, buvait un coup, jetait les verres en l'air, et parcourant la campagne à bride abattue, rentrait en ville pour se réunir devant le château. Les deux premiers arrivés étaient proclamés rois de la fête, et couronnés par la main des filles qu'ils aimaient ; car les jeunes personnes avaient le plus grand soin de se trouver à cette cérémonie, afin d'y décerner les couronnes. On dansait toute la soirée, et le reste du mois se passait aussi en visites et en danses. Enfin, le dernier jour d'avril, pendant la nuit, les bacheliers plantaient le mai, tant à Châtillon qu'à Saint-Jouin, et ornaient les portes de toutes les maisons, de rameaux de verdure et de guirlandes de fleurs.

L'ABBÉ DE MAUGOUVERNE. — Cette fête burlesque, qui se célébrait à Poitiers, avait eu pour objet dans l'origine, à ce qu'il paraît, de censurer quelque abbé du pays qui avait apporté de la négligence dans l'administration de son monastère. Le principal personnage de la mascarade, c'est-à-dire celui qui représentait l'abbé, se dépouillait, en dansant, de chacune des pièces qui composaient son vêtement; puis il se rhabillait, et renouvelait plusieurs fois la même bouffonnerie durant le trajet qu'accomplissait son nombreux cortége. Après que cette farce eut été interdite, comme fête publique, elle devint un des jeux favoris des enfants qui la continuèrent sous le même nom.

COUTUMES ET SUPERSTITIONS.

La veille du jour des Morts, le peuple est dans l'usage, en Périgord, de souper en famille. Son entretien, pendant le repas, roule sur les bonnes qualités, sur les vertus et même sur les défauts des parents défunts. On boit à leur *santé*, puis on se retire en laissant la nappe mise, avec les viandes et autres mets qui restent du souper, et l'on rapporte même du pain et du vin. Le tout est destiné au repas des parents morts, et les convives ne se quittent point, ne vont pas se coucher, sans avoir dit plusieurs prières pour eux. Ce repas est composé de neuf portions, et on laisse sur la table une partie de chacune.

Quand une fille veut congédier son amant, elle met les tisons du feu debout dans la cheminée, et le jeune homme se retire aussitôt. On agit de même aux veillées, si tout le monde y reste trop longtemps.

Les voyages nocturnes sont préférés en Périgord, et lorsque les bouviers sont libres de choisir le temps et l'heure des charrois, ils aiment mieux le faire de nuit que de jour. C'est ordinairement vers la sixième révolution de chaque nouvelle lune qu'ils les commencent.

Le jour de la Toussaint, dans les lieux où il y a des châtaigniers, on se rassemble dans les champs ou dans les bois, on allume de grands feux, on danse autour, et l'on y fait cuire des châtaignes. Cela s'appelle, dans la Vienne, faire le *Brasillet*.

Dans la Charente-Inférieure, les enfants saluent encore le premier jour de l'année, en criant dans les rues : *Au gui l'an neu.*

A Périgueux, le premier jour de l'an, la servante de la maison jette un morceau de pain dans le puits, et elle est convaincue que, sensible à cette attention, ce puits ne tarira pas, quelque grande que soit la sécheresse.

La fête du solstice d'été est annoncée et préparée par la plantation solennelle d'un mai ; mais, avant cette cérémonie, il faut se nettoyer les dents avec de l'ail, et y passer une pièce d'or. Le déjeuner obligé de ce jour est du pain frais, frotté d'ail et de lard nouveau ; et la boisson, du vin blanc sorti d'une barrique percée pour la circonstance. C'est à cette solennité qu'on chante la chanson : *O mai ! ô mai ! ô le joli mois de mai !*

La veille de la saint Jean, il faut aller dans un champ de blé, et en couper une poignée du plus beau, avant le lever du soleil. Si quelque malveillant vous devance, il emporte le bonheur de la récolte.

On doit aussi, la veille de ce jour, et également avant le lever du soleil, couper des rameaux verdoyants pour décorer les portes des maisons et des étables ; cueillir des herbes pour les maladies et sortiléges ; et enfin jeter dehors toute poule qui couverait dans la maison.

Dans le département de la Vienne, la veille de la saint Jean, chacun porte, après le coucher du soleil, son fagot sur la place ; on en forme une pyramide, et le plus âgé de l'endroit y met le feu.

Quand la flamme s'élève en pétillant, on danse autour du foyer; mais on a eu le soin de commencer par faire passer dans cette flamme un gros bouquet de bouillon blanc et de branche de noyer, qui, le lendemain, avant l'aurore, est attaché au-dessus de la porte de la principale étable.

Dans le Périgord, chaque voisin fournit aussi son contingent de bois, de fagots et de sarments, et l'on couronne tout l'échafaudage de fleurs, et surtout de lis et de roses. On allume ce feu avec toutes les cérémonies religieuses et civiles; et, lorsqu'il a tout consumé, l'on en recueille précieusement les cendres, les charbons et les petits tisons, parce qu'ils préservent de la foudre et de tous autres accidents.

Dans cette contrée, c'est le jour même de la saint Jean, que ceux qui sont attaqués de maladies de peau vont se rouler, nus, dans la rosée des champs, et surtout dans les chenevières. Ils se frottent ensuite avec les plantes qu'ils ont foulées, en mettent sur le poignet gauche, et le mal sèche en même temps que le topique.

La récolte des herbes de la saint Jean, qui se fait aussi avant le lever du soleil, doit avoir lieu à reculons, avec choix et en y ajoutant des paroles mystiques et plusieurs cérémonies. Ces herbes sont soigneusement gardées, elles guérissent infailliblement les fièvres les r'us invétérées, et l'on en place à la porte des étables, pour préserver les animaux de toutes les maladies et de tous les maléfices. En les mettant au ciel du lit, en dedans des portes, etc., elles garantissent de tout sortilége et autres accidents.

Dans la Charente, on croit que celui qui, le jour de la saint Jean, arrache un brin de chanvre mâle dans la chenevière de son voisin, et le porte dans la sienne, aura l'avantage de voir naître en son étable autant de veaux qu'il a de vaches, tandis que le voisin n'aura que des génisses.

Une poignée de fumier, dérobée pendant l'un des jours qui s'écoulent entre la saint Jean et la saint Pierre, prive le volé de la récolte, et double celle du voleur.

La souche de Noël joue dans le Périgord un grand rôle à la fête du solstice d'hiver. L'habitant de la campagne croit qu'elle doit être principalement de prunier, de cerisier ou de chêne, et que plus elle est grosse mieux elle vaut. Si elle brûle bien c'est d'un bon augure, le ciel la bénit. Les charbons et les cendres, qu'on recueille avec grand soin, sont excellents pour guérir les glandes et—

gorgées; la partie du tronc que le feu n'a pas consumée sert aux bouviers pour faire le técoin ou
cale de leurs charrues, parce qu'ils prétendent
que cela fait mieux réussir leurs semences; et les
femmes en conservent quelques morceaux jusqu'au
jour des Rois, pour la prospérité des poulets. Cependant, si l'on s'assied sur cette souche, on devient sujet aux furoncles; et, pour s'en guérir, il
faut alors passer neuf fois sous une tige de ronce
que le hasard aura plantée par les deux bouts. Les
charbons guérissent les moutons d'un mal que l'on
nomme le goumon; et les cendres, pliées avec
soin dans un linge blanc, préservent tout le ménage d'accidents fâcheux. Quelques personnes
pensent aussi qu'elles auront des poulets, autant
qu'il sort d'étincelles des tisons de cette souche en
les secouant, et d'autres les placent, éteints, sous
le lit, pour chasser les insectes malfaisants.

Dans la Vienne, la veille de Noël, après le souper, le maître de la maison se fait apporter une
grosse bûche, *tison de Noël*, et, entouré de tous les
spectateurs recueillis dans un profond silence, il
répand du sel et de l'eau sur cette bûche. Elle est
ensuite mise au feu pour brûler pendant les trois
fêtes; mais on a bien soin d'en conserver un morceau pour l'allumer toutes les fois qu'il tonne.

Le feu donné depuis Noël jusqu'au premier jour de l'an, porte malheur à celui qui le donne.

Dans la Charente, celui qui, le premier jour de mai, va de grand matin imbiber un linge de la rosée du pré de son voisin, doit avoir le double de foin, tandis qu'il ne restera rien au voisin.

Si lorsqu'on entend chanter le coucou pour la première fois de l'année, ce qui arrive vers l'équinoxe, on a le malheur de ne pas avoir déjeuné, on sera fainéant tout le reste de cette même année ; mais lorsqu'on l'entend, il faut s'arrêter tout court, et, sans détourner le corps, prendre en arrière un peu de la terre qui se trouve sous les pieds : elle garantit de toute piqûre d'insecte.

Dans le Périgord, chaque canton a son devin ou son sorcier, qui fait tourner le tamis pour découvrir le voleur des objets perdus ; qui guérit tous les maux ; et qui possède mille secrets pour obtenir de l'argent de ses dupes. Pour guérir les maux qui viennent aux lèvres, à la bouche, au visage, aux yeux, etc., il souffle trois fois sur le mal et prononce quelques paroles mystiques. Pour guérir du charbon, le malade présente sa plaie, et le sorcier, resté à une distance convenable, court sur lui, une hache à la main, en faisant des grimaces et des contorsions épouvantables. Lorsque ce singulier médecin est arrivé auprès du malade effrayé, il laisse tomber son arme, se met à genoux, nu-tête, récite quelques prières, profère quelques paroles mystérieuses, fait quelques signes au patient et disparaît. Le peuple ne doute pas que ces sorciers, à l'aide de la magie, ne puissent troubler les éléments et les saisons, faire la grêle en battant l'eau d'une fontaine, monter dans les nuages, jeter un sort sur les personnes et les animaux, les détruire à volonté, rendre les hommes languissants ou malades, et mettre la désunion dans les ménages. Ces idées sont si profondément enracinées, que la religion même ne peut les ôter. En Saintonge, les sorciers et les sorcières sont nommés *Ganipotes* et *Genopes,* et on leur attribue le pouvoir de se transformer en toutes sortes d'animaux.

Dans la même contrée, les paysans croient fermement à l'existence des fées, qu'ils appellent *Fades, Bonnes* et *Filandières,* parce qu'ils supposent qu'elles portent constamment un fuseau et une quenouille. Ils prétendent aussi qu'on les voit errer dans la nuit, au clair de la lune, sous la forme de vieilles femmes, et ordinairement au nombre de trois. Elles sont vêtues de robes blanches, assises près des fontaines solitaires et filent leurs quenouilles. C'est principalement sur les bords de la

Charente, près des grottes de la Roche-Courbon, de Saint-Savinien et des Arcivaux, qu'on les rencontre. Elles ont la faculté de prédire l'avenir et le pouvoir de jeter des sorts.

Les Périgourdins sont persuadés qu'ils peuvent faire pacte avec le diable pour acquérir des richesses, et qu'on le fait paraître à volonté sous la forme d'un chat, qu'ils croient être de sa race, puis sous celle d'une poule noire, du feu, d'une chèvre, et sous cent autres figures. Ils pensent même que ceux qui font bien leurs affaires, n'y parviennent qu'à l'aide du démon. Les évocations se font dans un lieu écarté, au milieu des bois ou des landes, et c'est toujours au point de réunion de plusieurs chemins, de quatre au moins. On préfère ceux qui se croisent dans des contrées incultes et élevées, et ces localités sont connues sous le nom de *Cosourchas,* c'est-à-dire de carrefours.

Il y a des gens qui portent malheur et que l'on appelle *Mau-Jaunens,* et comme ils sont connus pour tels, on ne leur achète rien ; car tout ce qui viendrait d'eux ne donnerait que du désagrément ou de la perte. Si, par exemple, ils ont vendu du bétail, celui-ci ne profite point : il maigrit, il périt dans l'étable, ou il est mangé par le loup. On n'aime pas non plus à leur vendre avant d'avoir

été étrenné par d'autres, surtout si c'est un lundi,
le premier jour du mois ou de l'année. La plupart
de ces *Mau-Jaunens* ont aussi *meychento vido*, mau-
vaise vue, c'est-à-dire que si vous avez le malheur
qu'ils vous rencontrent avant que vous ayez été vus
par d'autres, lorsque vous sortez pour vendre ou
pour acheter, vous réussissez mal ; et si vous plantez
ou semez, vous n'obtenez aucune récolte. Si la
première personne qu'un chasseur rencontre, en
sortant le matin, est un de ces sorciers, il s'en
retourne de suite, convaincu que quand bien même
il trouverait vingt lièvres, il n'en tuerait pas un.

Le Lutin ou *lou Luti*, qui est une espèce de démon, panse, pendant la nuit, les bœufs et les chevaux, et quelquefois aussi il se donne le plaisir
d'aller courir sous la forme d'un cheval ou sous
celle d'un cavalier. Cependant, quoiqu'il piaffe et
hennisse beaucoup, il ne fait de mal à personne.

On croit, dans le Périgord, à une chasse vo-
lante, qui se compose de chevaux ailés, montés par
des chasseurs et des chiens courants. Les animaux
poursuivis sont le cerf, la biche, le lièvre et des
oiseaux. Ceux qui prétendent avoir vu cette chasse,
disent qu'elle est très-bruyante et qu'on y distingue parfaitement le hennissement des chevaux, le
glapissement des chiens, le claquement des fouets,

le son du cor et les cris des chasseurs. C'est une dame blanche qui est à la tête de la chasse : elle donne elle-même de la trompe, commande tout le monde, et armée d'une pique, elle se fait remarquer par la couleur de son cheval qui est blanc aussi. L'apparition de cette chasse est un signe certain qu'il doit avoir lieu de grands événements, tels qu'une guerre ou une peste. On ne manque pas d'ajouter que cette chasse parut en 1792, avant le régime de la terreur.

Le loup-garou est nommé dans ce pays *lou-léerou*. Certains hommes, et notamment les fils illégitimes, sont forcés, à chaque pleine lune, de se transformer en cette bête diabolique. C'est la nuit que le mal les prend, et lorsqu'ils en sentent les approches ils s'agitent, sortent du lit, sautent par la fenêtre, et vont se précipiter dans une fontaine, où après avoir battu l'eau pendant quelques moments ils sortent du côté opposé à celui par lequel ils sont entrés, et se trouvent revêtus d'une peau de chèvre que le diable leur a donnée. Dans cet état, ils marchent à quatre pattes, passent le reste de la nuit à courir les champs, les villages, et mordent ou mangent tous les chiens qu'ils rencontrent ; puis, à l'approche du jour ils déposent leur peau de chèvre et rentrent chez eux. Souvent ils sont malades et ont des indigestions, surtout lorsqu'ils ont mangé des chiens très-vieux, dont on leur voit même rendre des pattes entières. Ce qu'il y a de plus fâcheux pour eux, pour leur réputation, c'est que pendant qu'ils courent après les chiens, ils peuvent recevoir des coups de fusil; que s'ils viennent à être tués, l'enveloppe du démon disparaît, et qu'alors ils sont reconnus, ce qui est une très-grande honte pour leur famille. Au reste, pour peu qu'on prenne la peine d'y faire attention, on distingue très-bien le loup-garou, lors même qu'il n'a pas d'enveloppe, car ses doigts sont un peu plats, et il a quelques poils dans le creux de la main.

Dans la Charente, on est persuadé que qui fait la lessive dans la Semaine-Sainte doit mourir dans l'année, et que le pain qui est cuit le jour des Morts ou des Rogations, nuit à la santé.

Le jour de la Purification, le laboureur ne manque jamais de faire des crêpes, afin que les blés ne soient pas cariés; le dimanche des Rameaux, il plante dans chacun de ses champs une branche de buis bénit; le Jeudi-Saint est employé en pratiques de dévotion et à chasser le lièvre de Pâques; le vendredi, après midi, on s'occupe exclusivement du verger, on greffe, on sème et on ne manque pas surtout de semer de la giroflée qui, semée ce jour-là, doit être double.

Les Périgourdins ont l'habitude, depuis un temps immémorial, de placer de la ferraille à portée du nid des couveuses, ce qui semblerait indiquer que les Gaulois avaient quelque connaissance de l'électricité.

A Marsaneix, lorsqu'une femme veut faire couver des poules, elle porte, avant le lever du soleil, un œuf à une fontaine sainte et le laisse sur ses bords. Cela porte bonheur à la poule et à ses petits.

Lorsqu'une femme est stérile, elle va en dévotion, soit à l'abbaye de Brantôme, soit à la chapelle Saint-Robert, ou à Saint-Léonard, près du village de Jouvens, et toutes les femmes qui sont dans le même cas s'invitent à assister à la messe. Après la cérémonie religieuse, elles prennent le verrou de la porte de l'église, et le font aller et venir jusqu'à ce que leurs maris les ramènent par la main.

Dans la Charente, pour découvrir le saint auquel il faut s'adresser quand on est malade, on coupe de l'étoffe par petits morceaux et on les met dans un vase plein d'eau, en prononçant pour chacun le nom d'une chapelle dont le saint est en réputation. Le morceau qui arrive le premier au fond indique le saint protecteur.

Le cauchemar est, pour le peuple périgourdin, une vieille sorcière, ou plutôt un esprit diabolique qui passe par le trou de la serrure et vient se jeter sur vous quand vous dormiez, si vous êtes couché sur le dos. Il est connu sous le nom de *chauco-vieillo*; il monte sur le lit par les pieds et se ferait un malin plaisir de vous étouffer. Si cependant vous avez la force et le courage de le saisir au corps, vous pourriez peut-être l'étrangler; mais, d'un autre côté, il est si doux et si moëlleux au toucher, qu'ordinairement il vous échappe et s'en va en vous disant des sottises.

Les paysans font le signe de la croix, lorsqu'ils aperçoivent ces météores connus sous le nom d'étoiles qui filent, parce qu'ils pensent que c'est l'âme d'un petit enfant non baptisé.

Si, lorsqu'ils marchent de nuit, ces paysans remarquent des feux follets, ils croient que c'est une âme en peine dans l'autre monde, ils lui jettent alors une monnaie de cuivre qui serait d'un effet bien supérieur si elle était percée, et l'âme satisfaite disparaît.

Pour se faire aimer de quelqu'un, il faut ramasser de l'herbe que le peuple nomme *Moto Goth* (myosotis), la mettre adroitement, sans que personne puisse s'en douter, sous le livre des Évangiles, et laisser dire la messe dessus.

Pour obtenir *lo mandogoro*, c'est-à-dire tout l'argent qu'on peut désirer, il faut sans regarder derrière soi, se rendre à minuit sonnant entre quatre chemins, portant sous le bras gauche une poule noire, et crier trois fois : *poule noire!* ou *poule noire à vendre!* ou bien encore, crier neuf fois : *Robert!* le diable paraît alors immédiatement ; mais il faut lui adresser la parole le premier, car autrement il vous emporte en faisant beaucoup de dégâts chez vous. Si, au contraire, vous avez eu assez d'assurance pour faire pacte avec lui, il vous comble de richesses.

Les aubergistes ne donneraient point de feu à leurs voisins, le matin des fêtes et des foires, parce que cela leur porterait malheur.

Si le ciel est enflammé après le coucher du soleil, c'est un signe de guerre.

Si des oiseaux passent au-dessus d'une femme occupée à laver les langes de son enfant, elle croit qu'il aura des éruptions de feu et d'autres maladies de peau, aussi ce mal s'appelle-t-il l'*Auselado*.

Lorsque les paysans sortent de bonne heure,

11

s'ils sont accompagnés par le croassement des corbeaux ou les cris des pies, c'est un mauvais pronostic et il leur arrivera malheur dans la semaine. Ils attachent aussi beaucoup d'attention à leur nombre pair ou impair et à la manière dont ils volent. Les oiseaux de mauvais augure sont le hibou et le chat-huant. La chouette cependant n'est pas toujours d'un présage défavorable, et lorsqu'elle fait entendre son chant sur une maison, c'est quelquefois parce qu'il s'y trouve une femme enceinte.

L'hirondelle est la messagère de la vie. Le peuple l'appelle la *Poule de Dieu*, il croirait commettre un sacrilége et s'attirer la malédiction du ciel, s'il détruisait son nid ou ses petits, et l'on a grand soin de défendre aux enfants d'y toucher, en leur répétant que cet oiseau et le grillon sont comme des membres de la famille.

Les serpents, lorsqu'ils se trouvent dans des étables, portent bonheur aux bestiaux et les font prospérer; on va même jusqu'à dire qu'ils pansent les bœufs, les chevaux et soignent leurs crinières; et il y a des superstitions sans nombre relativement aux œufs de ces serpents.

Le lézard, disent les gens de la campagne, est l'ami de l'homme, il le garde pendant le sommeil, il empêche qu'il ne lui arrive aucun mal, et l'on cite même à ce sujet des combats de lézards contre des serpents.

Un animal fort curieux, est celui que le peuple nomme la *Titre*, la *Biche*, la *Citre* ou la *Bélitre*, et qui a tantôt la forme d'une biche, tantôt celle d'une chèvre, etc., avec le poil blanc. Il est très-vorace, rôde autour des maisons, se tient au bord des chemins, et emporte les hommes, les femmes et les enfants dont il peut se saisir. On rencontre force gens qui soutiennent avoir été suivis par lui pendant un quart d'heure, et qui n'ont dû leur salut qu'à la vitesse de leur fuite. Enfin, souvent cet animal se transforme tout à coup en feu à vos yeux.

Il y a, dans le Périgord, un grand nombre de fontaines célèbres, où les habitants du voisinage, et même des cantons éloignés, se rendent vers le 21 septembre, pour en boire les eaux. Ils y passent plusieurs jours de suite en dévotion, puis en festins, en danses et en jeux de toute espèce.

Près du bourg de Saint-Jean-de-Côle et du village de Jouvens, il y a une jolie source, que l'on nomme la fontaine de l'Amour, et qui est si-tuée au bas d'un rocher appelé *Pey-Merlier*, dont le plateau est uni et couvert de mousse. Le jour de

Pâques, toute la jeunesse des deux sexes se rend en cérémonie à cette fontaine, puis va folâtrer et danser sur le plateau ; et les mères encouragent d'autant plus leurs filles à réaliser cette partie de plaisir, qu'elles sont persuadées que si ces jeunes personnes sont sages ce jour-là, elles le seront tout le reste de leur vie.

Au jour de l'Assomption, et avant le lever du soleil, on va cueillir à reculons neuf brins de petite gentiane qu'on attache au cou d'un fiévreux, et qui le guérissent radicalement. Il est vrai qu'on fait boire aussi de cette plante en infusion. On attribue la même vertu à un crapaud étouffé la veille de la saint Jean.

D'autres personnes atteintes de la fièvre se lèvent à la pointe du jour, et vont, encore à reculons, arracher dans un pré, sans se tourner ni la voir, une poignée d'herbes qu'elles jettent loin derrière elles, et elles prennent ensuite leur course, également sans se retourner. Cela emporte très-bien la fièvre et la donne au diable.

Les fiévreux se guérissent aussi en allant déposer, avec quelque cérémonie, une pièce de monnaie dans un carrefour ; car celui qui la ramasse est aussitôt saisie de la fièvre qu'avait le propriétaire de la pièce. Les œuf durs ont aussi la même propriété ; mais s'il advenait que des animaux les mangeassent, ils mourraient sur-le-champ.

En adressant des prières à sainte Anne, elle fait venir du lait aux nourrices et aux bêtes.

Si l'on ne veut pas qu'il leur arrive malheur, on doit faire reposer les bestiaux la veille des fêtes de la Vierge.

VII

AUVERGNE. — LIMOUSIN.

HAUTE-LOIRE, PUY-DE-DOME, CANTAL. — CORRÈZE, HAUTE-VIENNE, CREUSE.

L'auvergne, *Avernia*, est une province célèbre dans l'histoire de la Gaule celtique. Les *Arverni* se prétendaient une colonie troyenne. Leur nom se trouve indiqué dans ces colonies de Gaulois qui, sous la conduite de Bellovèze et de Sigovèze, neveux d'Ambigat, roi des Bituriges, allèrent

former des établissements dans la Lombardie, la
Bohême, la Frise et la Westphalie. Les *Arverni*, ou
Arverniens, fournirent aussi un corps de troupes
et des subsides à Asdrubal, lorsque ce général
carthaginois marcha, en Italie, au secours de son
frère Annibal. La domination des Arverniens s'é-
tendait depuis la Loire jusqu'à la Méditerranée, y
compris Narbonne jusqu'aux confins de Marseille ;
et, de l'autre, depuis les Pyrénées jusqu'à l'Océan
et au Rhin. Possidonius et Strabon vantent surtout
la magnificence de l'un de leurs rois, nommé
Luerius, qui vivait au vi° siècle de l'ère romaine,
et qui, monté sur un char d'argent, répandait à
pleines mains des pièces d'or aux Celtes qui le sui-
vaient. Betultus, son fils, ayant déclaré la guerre
aux Romains, fut défait une première fois par eux,
sous le commandement du consul Domitius Ahe-
nobardus ; et une seconde fois, l'année suivante,
par Fabius Maximus. Celui-ci n'avait que trente
mille combattants, tandis que Betultus en comptait deux cent mille. Vercingetorix, autre roi des
Arverniens, porta la couronne avec gloire, et fut
considéré, pendant un temps, comme le libérateur
de la Gaule ; mais, après avoir balancé la fortune
de César, il fut pris à Alesia, en Bourgogne, périt
dans les fers, et l'Auvergne devint province ro-

maine. Néanmoins, elle obtint plusieurs priviléges, entre autres le droit d'avoir un sénat à
l'instar de Rome, et celui de bourgeoisie accordé
à *Augustonemetum*, sa ville principale. Elle était
comprise dans la *première Aquitaine.* De la domination romaine, cette province passa sous celle
des Visigoths, en 474; Clovis en fit la conquête
en 507, et elle fut incorporée au royaume d'Aus-
trasie en 511 ; enfin, après avoir été longtemps
gouvernée, sous le titre de comté, par diverses
familles, elle fut réunie à la couronne de France
sous Louis XIII.

Le Limousin, *Lemovius*, *Lemovicensis tractus*,
était habité par les *Lemovices.* Sous Honorius, il
faisait partie de l'*Aquitaine première.*

MARIAGE.

Dans la Haute-Vienne, les jeunes filles qui dé-
sirent se marier, se rendent à Saint-Junien-les-
Combes, pour y invoquer saint Eutrope. Après une
longue procession, elles font plusieurs fois le tour
d'une croix, et y attachent la jarretière de laine
qu'elles portent à la jambe gauche. Cette croix est
toujours abondamment garnie.

Le jour du mariage, lorsque le fiancé va à l'é-
glise, il a soin, de peur des sorciers, de mettre du
sel dans sa poche et un anneau bénit à un de ses
doigts. Lors de la célébration, il doit se mettre à
genoux sur la robe de sa prétendue, s'il désire avoir
le gouvernement du ménage. Au retour, la mariée
trouve un balai à la porte de sa nouvelle demeure,
et elle doit en faire usage sur-le-champ pour
prouver qu'elle sera laborieuse. Lorsque plusieurs
mariages ont été célébrés à la même messe, il y a
presque toujours lutte en sortant de l'église, parce
qu'on est persuadé que le dernier sorti mourra le
premier.

MORT.

Lors des funérailles, il faut que le cercueil soit
de planches neuves et que le linceul n'ait jamais
servi ; mais on revêt le défunt de la chemise qu'il
avait le jour de ses noces et qui a été conservée
pour cet usage. On met au bras droit du mort un
chapelet, et l'on place près de lui, dans la fosse,
l'écuelle de terre qui a servi à l'aspersion de l'eau
bénite. On ne fait pas usage de l'eau et du lait qui
se trouvent dans la maison où il y a une personne

décédée, et tout doit être jeté dehors après l'enlèvement du cadavre.

Dans le Cantal, lorsqu'un mari perd sa femme, ou une femme son mari, le survivant donne un repas, quelquefois même pendant que le cadavre est gisant dans la maison. Tandis que les convives boivent, rient et chantent, on s'occupe d'arrangements pour remarier le veuf ou la veuve, et il est rare qu'on se sépare sans que quelque projet de mariage n'ait été préparé.

FÊTES ET DANSES.

Les *Vôtes* ou fêtes religieuses, attirent le peuple dès la veille du jour consacré, et l'on passe la nuit en rase campagne, soit à la belle étoile, soit sous les tentes des cabaretiers.

OSTENSION DE SAINT MARTIAL. — Les habitants de Limoges ont pour ce saint une vénération particulière, et l'exposition publique du chef de cet apôtre d'Aquitaine, qui se fait tous les sept ans, est célébrée dans la contrée par de brillantes processions. L'origine de cette fête remonte à l'an 904, époque à laquelle saint Gérald, comte d'Aurillac, vint en pèlerinage à Limoges. Elle se répéta en 1244, pour saint Louis, roi de France, en 1823 pour Philippe le hardi, et, dans la suite, pour divers autres grands personnages ; mais alors elle n'avait point d'époque fixe, et l'usage de la célébrer tous les sept ans, ne va pas au-delà de 1526.

L'ostension commence le dimanche de *Quasimodo*, et finit le dimanche de la Trinité. Dans cet intervalle, le peuple se rend en foule à l'église, pour y vénérer les reliques dont l'exposition n'a lieu que depuis le lever du soleil jusqu'à son coucher. La cérémonie s'ouvre par une procession générale ; les membres de la confrérie de Saint-Martial se réunissent en armes dans l'église où se trouve déposé le chef du saint apôtre ; ils y font bénir un drapeau rouge et blanc qu'ils promènent dans les rues au milieu de décharges continuelles de mousqueterie ; et ils le rapportent ensuite à l'église, pour être attaché à l'une des tourelles du clocher. La procession qui clôture l'ostension n'est pas moins solennelle : tout le clergé, tous les pénitents, toutes les confréries y assistent en grande tenue, et l'on y voit une foule de petits enfants des deux sexes qui sont habillés, les uns en vierges, les autres en apôtres, en martyrs et en confesseurs. Autrefois, pendant cette fête, le peuple dansait en

rond dans le chœur et répétait à la fin de chaque psaume : *saint Marceau pregas per nous et nous
epingaren per vous.*

FÊTE DE LA NATIVITÉ. — Elle se célébrait jadis
à Salers, et ce jour-là il y avait, dans la ville, un
roi et une reine dont la fonction était de présider
à cette fête, d'occuper à l'église la place d'honneur, et de marcher les premiers à la procession.
Cette royauté n'était pas élective, elle se vendait à
l'enchère à la porte de l'église, et la vanité de l'obtenir était telle, que des bourgeois aliénaient jusqu'à leur héritage pour l'emporter sur leurs concurrents. On cite l'un de ces rois qui s'avisa de
faire couler du vin par les fontaines publiques ; et
si aucun de ses successeurs ne put atteindre à cette
magnificence, du moins était-il d'usage pour tous,
qu'ils fissent boire abondamment tous ceux qui se
présentaient.

COUTUMES ET SUPERSTITIONS.

Autrefois, dans la Haute-Vienne, le jour des
Cendres, on exposait sur la cheminée de la cuisine, un tableau composé d'autant de lettres qu'il

y a de jour en carême, et l'on effaçait tous les soirs une de ces lettres, qui formaient l'inscription suivante :

Mors
Imperat
Regibus,
Maximus
Minimis,
Denique
Omnibus.

Dans la Creuse, on fait toujours du pain la veille de Noël, et l'on ajoute à la fournée un gâteau fait avec soin. Ce gâteau a, dit-on, des vertus particulières; on le met en réserve pour s'en servir en cas de maladie des hommes et des bestiaux ; et l'on croit qu'il suffit d'en faire prendre au malade une parcelle pour le guérir radicalement.

En revenant de la messe de minuit, les villageois comme les citadins font *réveillon*, et ils réveillent aussi les bestiaux pour les faire manger.

Ces villageois aiment à entendre chanter le grillon dans leur foyer, parce qu'ils croient que cet insecte porte bonheur au ménage. Ils sont persuadés aussi que les araignées sont utiles aux étables, et qu'elles y purifient l'air. Enfin, c'est un signe de prospérité que de posséder à la corniche du toit un nid d'hirondelles.

Dans la Haute-Vienne, le saint patron du village de Darnac a le privilége de guérir toutes les maladies qui affectent les différentes parties du corps. Mais si l'on a mal au bras, à la jambe, à la tête, il faut, pour être guéri, toucher le bras, la jambe ou la tête du saint, avec un peloton de laine lancé d'une certaine distance. Si l'on a manqué d'adresse la première fois, il faut lancer un second peloton, puis un troisième et d'autres encore, jusqu'à ce qu'on ait touché le membre qu'on veut atteindre, et qui correspond à celui dont on demande la guérison. Le même peloton ne peut servir qu'une fois, et le sacristain a le soin de ramasser et de garder tous ceux qui ont été lancés.

On conserve du beurre baratté en mai, afin de guérir les plaies.

Dans toute l'Auvergne, on a la croyance que les fées habitent les monuments druidiques.

VIII

BRETAGNE.

LOIRE-INFÉRIEURE, MORBIHAN, FINISTÈRE, CÔTES-DU-NORD,
ILLE-ET-VILAINE.

La Bretagne portait, dans ses temps primitifs,
le nom d'Armorique ; et, antérieurement à César,
elle était habitée par les *Venetes*, les *Mamnetes*, les
Curiosolites, les *Corisopiti*, les *Osisimii*, les *Agnotes*,
les *Rhedones*, et une partie des *Daiblindi*. Voici

12

comment cette contrée reçut plus tard le nom de
Petite-Bretagne.

Le peuple breton qui occupait, dans le nord de
la Gaule, le pays que l'on nomme aujourd'hui
Belgique, en fut expulsé par des tribus germa-
niques, et se réfugia dans une île qui s'appelait
Albion, et qui depuis prit le nom de ses nouveaux habitants, c'est-à-dire celui de Bretagne,
Britannia. Le pays abandonné par les Bretons 'devint donc la Belgique, et l'on y parla une langue
différente de la celtique. Mais les Bretons, quoique séparés de leurs vainqueurs par la mer, ne
se trouvèrent pas pour cela à l'abri de leur poursuite, et les Celto–Cimbres vinrent bientôt les
obliger à quitter tout le plat pays de leur île
pour se réfugier en Calédonie (l'Écosse) et dans
l'île d'Eirin (l'Irlande). Les nouveaux possesseurs
prirent aussi le nom de Bretons; ce furent ceux-
là que les Romains subjuguèrent après avoir conquis la Gaule; et les véritables Bretons ne furent
connus depuis lors que sous les noms de *Calédo-
niens* (Gael-Don, Gaulois des montagnes), de
Pictes (hommes peints), d'*Erses* (Irts, Irlandais), et
de *Scotts* (fuyards). Ces peuples, réfugiés dans les
montagnes, échappèrent également au joug des
Belges et des Romains; ils purent conserver, avec

leur indépendance, la plus grande partie de leurs
mœurs et de leurs usages; et c'est parmi leurs
descendants que l'on peut encore trouver de pures
traditions des anciens Celtes.

Vers le cinquième siècle de notre ère, les Romains, ayant abandonné la Bretagne, les habitants
du plat pays ne purent résister, à leur tour, aux
irruptions des Celtes bretons ; et, après avoir vai-
nement imploré les secours du général romain
Aétius, ils appelèrent à leur aide les Saxons qui
occupaient le territoire de leurs ancêtres sur les
bords du Rhin. Ces Saxons passèrent effective-
ment le détroit ; mais, après avoir obtenu quelques succès au nom de leurs alliés, ils trouvèrent
que le pays était bon à envahir pour eux-mêmes,
et agissant alors dans leur intérêt propre, ils aban-
donnèrent sans scrupule la cause des Belges. Quelques-uns de ceux-ci se maintinrent dans les pays
de Galles et de Cornouailles ; mais le plus grand
nombre, regagnant le continent, vint s'établir dans
l'Armorique, qui prit bientôt le nom de petite
Bretagne. Ceci explique parfaitement pourquoi
l'on trouve de si fréquents rapports entre le langage des Gallois et celui de nos Bretons. Ce ne
furent dont pas les Bretons de l'Armorique qui
allèrent donner leur nom à la Grande-Breta-

ni/

gne, mais bien celle-ci qui donna le sien à la nôtre.

L'Armorique, au surplus, n'avait jamais été parfaitement conquise par les Romains; partout on y rencontrait des traces des mœurs celtiques, et ce fut le dernier asile des Druides, et le point où ils s'embarquèrent pour la Grande-Bretagne, lorsqu'ils prirent la fuite devant le christianisme. Cette classe religieuse de l'ancienne Gaule occupait aussi un rang si élevé dans l'Armorique qu'il n'est pas inutile à notre sujet d'en dire ici quelques mots.

Il y avait quatre classes de Druides : Les *Vacères*, les *Eubages* ou *Semnothées*, les *Sarronides* ou *Silodures*, et les *Bardes*. Les premiers étaient chargés du soin des sacrifices et de tous les détails religieux; les deuxièmes tiraient les augures des victimes sacrifiées; les troisièmes rendaient la justice et instruisaient la jeunesse; et les quatrièmes étaient les poëtes et les musiciens de ce corps sacré. Le nom de ces derniers venait de *Bardus*, fils de Denys, qui régna dans les Gaules. Diodore de Sicile remarque que les Bardes étaient en si grande vénération parmi le peuple, que leur chant arrêtait subitement la fureur des hommes de guerre.

Les chefs des Druides portaient une robe blanche

ceinte d'un cuir doré, un rochet et un bonnet
blanc; une houppe de laine et deux bandes d'étoffe
qui pendaient sur les épaules, distinguaient le
souverain prêtre; et un habit brun, un manteau
de la même étoffe attaché à une agrafe de bois,
et un capuchon, étaient le costume des Druides
de seconde classe.

Les Druidesses étaient vêtues de noir. Leur
habit portait une queue traînante, qui était re-
tenue autour des reins par une ceinture, et leur
tête était couverte d'un voile violet. Lorsqu'il fallait immoler une victime humaine, elles prenaient
un habit blanc et un voile noir. Elles assistaient
à des sacrifices nocturnes, presque nues, le corps
teint de noir, les cheveux en désordre, et s'agitant
dans des transports frénétiques. Une de leurs
principales retraites était dans l'île de *Sena*, sur
la côte du Finistère. Elles s'y trouvaient au nombre
de neuf, et étaient considérées comme des prophé-
tesses. Pour les consulter, il fallait être marin et
avoir fait le trajet dans ce but. Dans d'autres lieux,
elles ne pouvaient dévoiler l'avenir qu'à l'homme
qui les avait profanées; ailleurs, elles se vouaient
à une virginité perpétuelle; ou bien, mariées,
elles étaient longtemps sans communiquer avec
leurs époux. Les prêtresses des Mamnètes, à l'em-

bouchure de la Loire, habitaient un des îlots de
ce fleuve ; et, quoiqu'elles fussent mariées, nul
homme n'osait approcher de leur demeure ; c'é-
taient elles qui, à des époques prescrites, allaient
visiter leurs maris sur le continent. Les Druidesses
se succédèrent jusque sous les rois de la seconde
race, sous les noms de *Fanœ, Fatuœ gallicœ*. Le peuple leur attribuait l'immortalité et le pouvoir de
métamorphoser les hommes et les animaux de
toute espèce, surtout en loups.

L'assemblée générale des Druides se tenait dans
un bois consacré du pays des Carnutes, et l'on
pense que ce bois était situé près du lieu où s'est
élevé la ville de Dreux.

Ils enseignaient l'immortalité de l'âme, ce qui
explique avec quel courage les Gaulois affrontaient
la mort ; et ces prêtres se livrant aussi à l'étude du
mouvement des astres, s'occupaient tout naturellement de divination et de magie. On a dit que leur
enseignement était oral, et qu'il fallait à leurs élèves
vingt années pour bien posséder leurs doctrines ;
mais on pense, avec raison, qu'ils avaient une écriture sacrée, et s'il faut même s'en rapporter à des
légendes galliques, cette écriture portait le nom
d'*hogam*.

L'une des cérémonies les plus solennelles des

Druides était la récolte du gui sur le chêne, au renouvellement de l'année. Ces prêtres croyaient ou feignaient de croire que le gui était semé sur le chêne par une main divine, et l'union de l'arbre sacré avec la verdure éternelle du gui, était à leurs yeux un vivant symbole du dogme de l'immortalité. Le gui est une plante parasite, et on la trouve fréquemment sur les arbres fruitiers ; mais il est très-rare, au contraire, de la rencontrer sur le chêne, circonstance qui donnait encore plus de gravité à l'acte religieux accompli par les prêtres gaulois. Ceux-ci, d'ailleurs, étendaient leur respect à tous les produits de cet arbre. Au mois de décembre, et le sixième jour de la lune, tout ayant été préparé pour la coupe du gui, le cortége se mettait en marche, précédé de deux taureaux blancs et de devins qui chantaient des hymnes. Puis venait une espèce de héraut, le caducée en main, et des Druides marchant trois à trois et portant toutes les choses nécessaires pour le sacrifice. Enfin paraissait le chef des prêtres suivi du peuple. Lorsqu'on avait découvert le gui, le pontife montait sur le chêne, coupait la plante vénérée avec une serpe d'or, et d'autres Druides la recevaient sur un morceau d'étoffe blanche, de soie, que l'on nommait le *Sagum*. On immolait ensuite les victimes, et l'on priait les dieux. Le premier jour de l'année, on distribuait le gui au peuple, comme une chose sacrée, en criant : *à gui l'an neuf,* pour annoncer le nouvel an. On croyait que ce gui de chêne avait la propriété de rendre les animaux féconds, et qu'il était aussi un préservatif contre les poisons et les sortiléges.

Les principales divinités des Gaulois étaient *Than, Theut, Teutatès* ou Mercure; *Taranis, Tarann,* ou l'esprit de la foudre; *Heus, Hésus,* ou le dieu de la guerre; *Belenus, Bel, Belen,* ou le soleil; et *Ogmius,* ou Hercule, dieu de l'éloquence.

Les monuments grossiers qui servaient au culte druidique sont très-nombreux en Bretagne, et sont encore l'objet de beaucoup de superstitions. Les principaux sont : les *Barrows* ou *Tombelles,* cônes de terres et de pierres rapportées sur les corps ou les cendres des guerriers; les *Galgals,* monceaux de cailloux, sans mélange de terre, qui ont aussi une forme conique; les *Dolmens,* pierres longues et larges, placées horizontalement sur d'autres pierres verticales; les *demi-Dolmens,* tables de pierre appuyées d'un côté sur deux colonnes, et dont l'autre flanc porte immédiatement sur la terre; les *Menhirs* ou *Peulvans,* pierres piliers indices de tombeaux; les *Celtœ,* haches de pierre; les *Kist-van* ou *Roches des Fées,* carrés longs formés par des pierres verticales

et contiguës, sur lesquelles sont placées horizontalement et transversalement, des tables de pierre
en forme de toit; les *Cromlechs* ou *Cercles druidiques,*
circonférence de cercle formée par des pierres
contiguës plantées en terre verticalement; les *Té-
mènes* ou *Enceintes sacrées,* portions de terre consacrées aux dieux et séparées par des clôtures; les
Lichavens, pierres verticales au nombre de deux et
recouvertes d'une troisième en forme de linteau;
les *Pierres percées,* pierres verticales, percées de part
en part, à travers lesquelles on faisait passer les
hommes et le bétail, pour les préserver d'accidents
et guérir les douleurs qu'ils ressentaient dans les
membres; et enfin, les *Roulers* ou *Pierres bran-
lantes,* grosses pierres placées en équilibre avec tant
d'art que d'un seul doigt on peut les mettre en
mouvement.

NAISSANCE.

Lorsque le premier né est conduit à l'église pour
être baptisé, la mère lui attache au cou un morceau de pain noir, signe de l'humble position qui
l'attend dans le monde. Les mères disent alors:

« Les mauvais esprits verront que ce n'est pas un heureux, et ils ne lui jetteront pas un mauvais sort.»

Quand une femme devient mère, elle a autour d'elle toutes les jeunes nourrices du voisinage, qui sollicitent chacune comme une grâce de présenter la première le sein au nouveau-né. Pour elles, l'enfant qui vient de voir le jour est un ange qui arrive du ciel, et ses lèvres innocentes doivent alors sanctifier le sein qu'elles pressent pour la première fois, ce qui porte bonheur.

Les haines les plus profondes s'adoucissent même à l'aspect d'un nouveau-né ou d'un très-jeune enfant, et il suffit qu'un homme porte son fils dans ses bras pour arrêter le *Pen-bar* (bâton à tête) de son plus implacable ennemi.

MARIAGE.

Dans la plus grande partie des villages de la Bretagne, c'est principalement aux tailleurs qu'est dévolu le rôle d'entremetteur pour les mariages, et ils se chargent de porter la parole, de la part des prétendants, auprès des jeunes filles ou *Pen-nerès*. Toutefois, si au moment où ils se disposent

à remplir cette mission une pie vient par hasard
à se montrer sur leur chemin, ils se hâtent de
rentrer chez eux ; car ce présage rendrait leur dé-
marche malheureuse. A Pont-l'Abbé, les tailleurs
reçoivent dans cette circonstance le nom de *Bas-*
valans, et, pour mieux réussir dans leur ambassade,
ils portent un bas rouge et l'autre bleu.

Lorsqu'un entremetteur se présente au nom
d'un ami pour demander une fille en mariage, il
reçoit ordinairement la réponse de la manière suivante : si l'on accepte, on lui fait manger des gâteaux d'avoine, et pour l'éconduire, on lui pose
dans un coin une tasse de bouillie.

D'autres fois le soupirant demande à celle qu'il
désire un rendez-vous qu'on ne lui refuse jamais,
et dont on connaît cependant le motif. Si, lorsqu'il
arrive, il n'aperçoit pas la belle et que les tisons
soient posés droit dans la cheminée, c'est une marque de refus ; si, au contraire, la jeune fille est
assise près de la porte, c'est qu'elle est disposée à
faire bon accueil aux vœux qui vont lui être ex-
primés. Le visiteur prend alors place à ses côtés,
et après un moment de silence, il relève le ruban
qu'elle porte à sa ceinture et le roule dans ses
doigts, ce qui est une prise de possession. Après
cette première entrevue, il fait une autre visite aux

parents, lesquels laissent ouverts en sa présence les coffres, les armoires et les granges, afin qu'il se fasse une idée de leur situation de fortune. Presque toujours aussi, avant de s'engager, les grands parents se visitent réciproquement pour examiner leur mobilier. Ils appellent cela la revue, *ar weladen*.

Lorsqu'une jeune fille éprouve un peu vivement l'envie de se marier, elle danse autour des feux de la Saint-Jean, ou bien elle pique des épingles dans la couronne qu'une de ses amies lui avait donnée en se mariant; ou enfin, si ce charme n'opère pas, elle jette ces mêmes épingles dans une fontaine, et si l'une d'elles surnage, le mariage ne peut manquer d'être prochain.

A l'Ile-aux-Moines ce sont les filles qui demandent les garçons en mariage.

A Landernau, la demande de mariage se fait en vers, par des *Disputeurs* ou poëtes, et, comme à Pont-l'Abbé, on nomme l'ambassadeur *Barvalan*, à cause de la branche de genêt qu'il porte à la main dans cette occasion. Voici un des couplets que l'on chante communément :

Fût-elle fille de la maison de Penmarch,
Depuis assez longtemps je la demande :
Est-elle vierge ? accorde-la ;
A-t-elle cessé de l'être ? garde-la.

Dans la commune de la Boissière, près de Nantes, c'est le prétendant qui se rend lui-même, la nuit, à la maison de celle qu'il aime, et qui lui chante la chanson suivante, depuis fort longtemps usitée dans cette circonstance :

> Il ne fait point clair de lune,
> Belle, levez-vous,
> Tandis que la nuit est brune,
> Venez danser avec nous.

Si la fille répond, la fenêtre fermée :

> Il fait trop beau clair de lune,
> Garçon, laissez-nous :
> La nuit n'est pas assez brune
> Pour que je danse avec vous.

C'est un signe de refus. Mais si la belle agrée la recherche du prétendant, elle ouvre la fenêtre et lui dit :

> Pourquoi, l'amant, venir ainsi
> Troubler mon sommeil ?
> Je n'entends pas quand il fait nuit,
> Venez au réveil.

Le jeune homme peut se considérer alors comme au comble de ses vœux : néanmoins, il lui est enjoint de répéter la même scène pendant quinze nuits consécutives.

Dans quelques lieux, les fiançailles ou les *Affè-dales* consistent simplement dans le cadeau que le prétendu fait à sa future, d'un anneau et d'une paire de souliers; mais, plus communément, ces fiançailles se célèbrent par un repas qui a lieu chez le père de la fiancée. Vers la fin de ce repas, le père du jeune homme présente ce qu'on appelle les *Promesses* : ce sont un livre d'église, des chapelets, des bagues et une somme d'argent. Ces cadeaux sont déposés sur un plat et offerts au père et à la mère de la fiancée; mais on les place ensuite devant elle, et elle doit alors répandre beaucoup de larmes, et ne les accepter que sur les vives instances de ses parents et du futur. Il est à remarquer que, quoique ce cérémonial soit de convention, c'est presque toujours au sérieux qu'il est pris par les acteurs, et que les larmes sont répandues le plus naturellement du monde.

Dans plusieurs communes, on laisse au fiancé le temps de se dédire. Il lui suffit pour cela d'entrer chez sa fiancée au moment où les parents sont rassemblés autour du feu, de prendre un tison et de le poser en travers de l'âtre. Il témoigne par cette action, qu'il renonce à s'asseoir au foyer de la famille à laquelle il avait d'abord voulu s'allier.

Huit jours avant le mariage, les fiancés vont faire séparément leurs invitations de noce, la jeune fille accompagnée d'un garçon d'honneur. L'inviteur, portant à la main une grande baguette blanche, s'arrête à la porte de chaque maison, et prononce un long discours en vers, dans lequel il engage tous les gens du logis à se rendre au repas, en indiquant l'époque de la noce, le lieu où elle se fera, et l'aubergiste qui fournira le dîner.

Dans quelques endroits, la jeune fille ne sort de la maison paternelle pour aller à l'église, qu'après que deux chanteurs, parlant en vers, l'un au nom de l'époux, l'autre au nom de la famille de la fiancée, ont fait assaut d'esprit pour l'obtenir et la refuser. Ailleurs, le prétendu doit enlever sa fiancée, après l'avoir fait longtemps demander par une espèce de barde que l'on nomme *Discoureur*.

Dans beaucoup de communes, la jeune épouse paraît avec un costume de noce qui se transmet de génération en génération; dans quelques autres, le jour du mariage, l'époux présente un ruban moiré d'or à sa fiancée, et les jeunes garçons qui l'accompagnent en présentent aussi chacun un à la fille qu'ils préfèrent. Cela se fait pendant que les beaux parleurs font l'apologie des mariés. Chez les Romains, l'épithalame se chantait à la porte des nouveaux époux pour rendre l'union durable et indissoluble. Les Grecs le chantaient après le festin, à la porte de l'appartement des mariés, lorsque ceux-ci étaient retirés. Ils avaient deux sortes de chants : l'un pour éveiller les époux, l'autre pour les endormir.

Dans le département des Côtes-du-Nord, le futur se rend le matin chez sa fiancée, escorté de ses parents et de son garçon d'honneur, qui porte une corbeille contenant une partie du trousseau. Il salue l'assemblée dont chaque membre l'embrasse, puis il offre une ceinture en ruban moiré d'or à la jeune fille. Après la cérémonie nuptiale, lorsque les cris et la mousqueterie annoncent le retour de la noce, les vieillards et les enfants restés au logis vont à l'entrée du village, où est dressée une table sur laquelle se trouvent un pain de froment, une *moche* de beurre, du cidre et un verre. Le maître des cérémonies rompt ce pain, en offre un morceau au mari, qui en donne la moitié à la mariée, et ensuite l'échanson présente à celle-ci un verre de cidre qu'elle effleure de ses lèvres, et que son mari achève d'un trait. Tous les invités boivent ensuite à la santé et au bonheur des époux.

Dans la plupart des noces, on invite plusieurs

centaines de personnes, et, avant de se rendre
à l'église, des discoureurs font l'apologie de
la sainteté du lien conjugal, du bonheur d'un
ménage sincèrement uni, et de la félicité promise
aux époux qui remplissent leurs devoirs respectifs.
Tout le monde s'attendrit et pleure. Après la bénédiction du curé, on revient à pied et à cheval
chez les conjoints, où les tables sont dressées. On
y prend place, on mange, on boit surtout, et l'on
ne quitte la table que quand on est prêt à tomber
dessous. Puis on danse. Quand la nuit arrive,
on couche les mariés, et l'on fait des souhaits
pour que rien ne vienne troubler leur félicité.
Chez les Romains, au moment où le mari dé-
nouait la ceinture de la mariée, on chantait,
pour éviter les maléfices, des vers qu'on nommait
Fecennius. La ceinture, faite de laine de brebis,
était nouée d'un nœud qu'on appelait herculien;
et le mari, en la dénouant, invoquait la déesse
Junon, pour que son mariage fût aussi fécond que
celui d'Hercule.

A Carnac, au moment où la nouvelle mariée
sort de l'église, on lui présente une énorme branche
de laurier, chargée de pommes, et ornée de beaux
rubans. A l'extrémité de cette branche se trouve
lié un oiseau, auquel elle donne la liberté. Pour

lui rappeler ses devoirs, on lui fait aussi présent
d'une quenouille qu'elle est obligée de filer.

A Scaër, on allume deux cierges au moment
du mariage, on en place un devant le mari, l'autre
devant la femme, et la lumière la moins brillante
indique celui des deux époux qui doit mourir le
premier.

A Landernau, chacun apporte son plat et son
présent, ainsi que cela se pratique dans plusieurs
contrées de l'Afrique. Après le repas, le plus âgé
des convives récite des prières.

Les noces sont souvent accompagnées de courses
de chevaux, dont le vainqueur doit avoir enlevé
un ruban placé près de l'auberge où se fait le
repas.

A Scaër, par respect pour certaines prescrip-
tions canoniques, la première nuit des noces appartient à Dieu, la deuxième à la Vierge, et la troisième au patron du mari.

Dans le département d'Ile-et-Vilaine, avant de
laisser retirer la mariée, les jeunes filles l'entourent
pour lui ravir sa couronne nuptiale, attachée par
plus de cent épingles. Chacune de ces filles s'efforce
d'arracher une épingle ; car cela doit lui porter
bonheur. Pendant cette cérémonie encore, la
mariée ne peut se dispenser de pleurer. Souvent,

avant de la quitter, ses compagnes lui font don
d'une quenouille. Chez les Romains, lorsqu'on
conduisait une nouvelle mariée au lit nuptial,
on portait aussi devant elle une quenouille et de
la laine, comme pour l'avertir qu'elle devait mener
une vie laborieuse.

En Bretagne, on enlève quelquefois la mariée
au moment où elle se retire; et, pour l'obtenir,
il faut que le mari la rachète.

Dans le canton de Kernevel, on donne des noisettes à la mariée pendant toute la première nuit
de ses noces. Les noix, chez les Romains, étaient
aussi l'emblème du mariage, parce qu'on trouvait
à son enveloppe de l'analogie avec celle qui pro-
tége l'enfant avant sa naissance.

Dans plusieurs communes, l'épouse est confiée,
pendant la première nuit des noces, à la surveil-
lance du garçon et de la fille d'honneur, en sorte
que les époux demeurent encore comme étrangers l'un à l'autre.

Ailleurs, le premier garçon et la première fille
de la noce sont obligés, avant de laisser les époux
libres, de tenir chacun une chandelle entre les
doigts et de ne l'abandonner que quand le feu de
la mèche commence à se faire sentir.

Dans quelques lieux, on présente aux nouveaux

époux une soupe au lait, vers le milieu de la nuit. Ils la goûtent, et toutes les personnes de la noce se passent ensuite le vase qui la contient et en prennent chacune une cuillerée.

A Plousganou, quatre hommes, vêtus de blanc, portent sur une civière une soupe aux mariés ; et quatre autres, vêtus de la même couleur, portent des serviettes et feignent de les essuyer. Le pain qu'on leur présente est coupé ; et les morceaux, réunis par un fil qui les traverse, sont un emblème de l'union conjugale.

Le lendemain des noces, on se rend généralement à la paroisse, où une messe des morts est célébrée en mémoire des parents des deux époux.

MORT.

Une tradition populaire de la Basse-Bretagne veut que les personnes qui récitent tous les jours l'oraison de sainte Brigitte, acquièrent, par une révélation spéciale, la connaissance exacte du jour et de l'heure de leur mort.

Dans les environs de Morlaix, on appelle *Cari-*

quel-aucou ou *Carrick au naukou* la brouette de la mort. Elle est couverte d'un drap blanc, des squelettes la conduisent, et l'on entend toujours le bruit de sa roue quand quelqu'un est près d'expirer. Cette opinion est du reste répandue à peu près dans toute la Basse-Bretagne.

Lorsque quelqu'un est à l'agonie, si l'on consulte la fumée du foyer, on connaîtra l'état de la conscience du moribond : si la fumée s'élève avec facilité, l'âme doit aller au ciel ; mais si cette fumée est épaisse et revient sur vous en tourbillon, c'est une preuve que le mourant n'est pas en état de grâce.

A ce dernier moment de la vie, on envoie chercher le parrain et la marraine de l'agonisant, s'ils existent encore, afin qu'ils voient mourir celui à la naissance duquel ils ont pour ainsi dire assisté.

Les Bretons sont dans l'usage de faire une certaine prière pour que le malade meure à l'instant s'il ne doit pas guérir. Ils font dire à cet effet la messe du *Tépidau*, mot breton qui signifie *l'un ou l'autre*. « *Dieu fasse qu'il soit Tépidau !* » disent les Bretons en parlant d'un malade à l'agonie.

Quand une personne expire, on s'empresse de répandre l'eau des vases que contient le logis ; car l'âme errante peut s'y être baignée, et alors on s'exposerait à boire un coup de ses péchés.

Dans quelques communes on revêt le défunt, s'il a été marié, de la chemise qu'il avait le jour de ses noces. Dans d'autres endroits, on place dans sa main des pièces de monnaie et dès petites cordes nouées de plusieurs nœuds. Les Romains plaçaient aussi une obole dans la bouche du mort pour payer son passage à Caron.

On étend quelquefois le mort sur un lit de cendre, ou l'on se borne à faire une croix de cendre bénite sur sa poitrine, ou, enfin, on en verse trois fois sur lui.

Si le mort est un enfant, on l'enlève par la fenêtre, et non par la porte; car si par malheur il en arrivait autrement, les mères qui passeraient par cette porte funeste n'auraient que des enfants morts-nés.

Dans quelques lieux, lorsqu'il y a un trépassé, un homme vêtu d'une robe noire, sur laquelle on a peint des larmes et des os croisés, et qui est coiffé d'une mitre funèbre, se rend dans les carrefours et crie qu'un tel est mort et que son enterrement aura lieu tel jour. Il est suivi d'un grand nombre d'enfants qui agitent des sonnettes et qui portent des flambeaux.

Généralement les Bretons transportent leurs morts sur une charrette attelée de bœufs, mais on n'aiguillonne pas ceux-ci, et on les laisse aller à leur volonté, du moins on ne fait que les diriger dans le chemin sans les exciter à marcher.

Aux funérailles des gens riches, quatre enfants, vêtus de robes blanches, tiennent d'une main un cierge allumé, et de l'autre un pot de braise qu'on saupoudre d'encens et qu'on jette ensuite dans la fosse.

Après avoir donné la sépulture à celui qu'on a perdu, on se rend au banquet funèbre, et les vieillards restant seuls au cimetière, se placent sur des mauves et se proposent des énigmes.

Celui qui est mort sans avoir fait son testament ou sa *devise*, est considéré comme un réprouvé, et l'on dit alors qu'il s'est en allé sans langue.

Dans les environs de Morlaix, on place un bénitier sur chaque tombe pour chasser les mauvais génies qui troublent le repos des morts, et l'on veille ceux-ci pendant plusieurs nuits pour empêcher les démons de les emporter en enfer. Dans le Léonais, on dit à ceux qui foulent les tombeaux :

Quit a ha lessé divan va anaou.

Retirez-vous de dessus mon trépassé.

Le 1ᵉʳ novembre, à Pont-l'Abbé, on fait des crêpes dans toutes les maisons, ou un repas en l'honneur des trépassés.

❀

FÊTES ET JEUX.

LE PASSE-PIED. — Cette danse s'exécute au son du tambourin, du hautbois et d'une musette qu'on nomme *Binion* dans la contrée. Tantôt on marche à deux, jusqu'au moment où un point d'orgue vous indique le passe-pied, ou bien on forme un grand rond, au milieu duquel on place un enfant. Alors, et toujours à un temps donné, un danseur quitte la main de l'une de ses voisines, et suivi de toute la bande, décrit une foule de figure qu'invente chaque fois son caprice. Au dire de Lucien, on dansait ainsi en rond, autour des autels, pour imiter le mouvement du zodiaque; et, suivant Pline, cette danse tire son origine de la Pyrrhique. Des Bretons exécutèrent le passe-pied, dans un bal que Catherine de Médicis donna, à Bayonne, aux ducs de Savoie et de Lorraine.

LA GRUE. — Dans cette danse, les danseurs et les danseuses se suivent à la file, comme un vol de grues, et les Bretons l'exécutent comme les Athéniens le faisaient du temps de Thésée.

LES LUTTES. — Elles étaient données, jadis, par des seigneurs ou des fermiers qui voulaient fouler une aire à battre le grain. Voici ce qui se pratiquait : on faisait d'abord avec cérémonie le tour de l'aire, précédé par la musette et le hautbois ; puis le maître de la maison marchait suivi de ses amis, ceux-ci montrant, à l'extrémité d'un bâton, les présents offerts ; et des femmes, portant du lait, du beurre et des moutons, terminaient la marche. Tous les présents étaient livrés à l'architriclin de la fête ; et l'on se mettait à table, où le cidre, le vin et les viandes de toute nature étaient prodigués aux convives. Après cela, on foulait l'aire en dansant, en marquant du pied la mesure et en pressant le sol avec force ; puis on se préparait à la lutte. Les prix, consistant en taureaux, en moutons, en rubans et chapeaux étaient mis en parade, et le maître de la maison donnait aux hommes les plus marquants des fouets, au moyen desquels on avait bientôt formé la lice. Un lutteur saisissant alors un taureau par les cornes, lui faisait faire le tour du champ de bataille, et celui qui voulait se mesurer avec ce premier lutteur lui frappait légèrement sur l'épaule. Les deux adver-

saires commençaient par se toucher la main , en
se jurant franchise , loyauté, et protestant qu'ils ne
feraient l'emploi d'aucun charme pour obtenir la
victoire. Ils étaient en caleçon et pieds nus, Ils se
tâtaient d'abord, s'examinaient, puis se saisissaient
avec force. Il fallait , pour que le saut fût franc ,
que le vaincu tombât sur le dos et à plat. S'il ne
faisait que toucher la terre, soit en tombant sur le
côté ou sur l'estomac, les lutteurs se relevaient ,
se reposaient et recommençaient. Souvent le vainqueur d'une première lutte , devait recommen-
cer avec un nouveau champion qui le terrassait à
son tour. Celui qui était proclamé vainqueur,
sans autre défi, recevait le prix et était porté en
triomphe.

Course de chevaux. — Elles sont très-répan-
dues dans la Basse–Bretagne , et ce sont de véritables courses au clocher ; car aucun obstacle ne
doit arrêter les concurrents. Les femmes sont ad-
mises à cette joute; elles montent à cheval comme
les soldats romains; et seulement, comme elles ôtent
leurs coiffes , elles ceignent leur tête d'un ruban
rouge pour retenir leurs cheveux. Dans les environs de Quimper, il y a des courses où chaque cavalier porte une dame en croupe. Le but qu'il faut
atteindre est souvent à une lieue de distance , et

le prix consiste ordinairement en un mouton et quelquefois en un bœuf.

LE ROI GRALON. — Cette fête se célébrait à Quimper, le jour de la sainte Cécile, à deux heures après midi, tout le clergé montait sur la plateforme où se trouvait la statue équestre du roi Gralon, souverain de la Cornouaille au v° siècle. Cette statue était entre les deux tours de la cathédrale. On y chantait un hymne à grand chorus, et pendant ce temps un des valets de ville montait en croupe sur le cheval, tenant une bouteille, un verre et une serviette; et cet homme, versant une rasade, la présentait au roi, puis l'avalait, essuyait la bouche du prince, et lançait le verre dans la place. On se précipitait pour le recevoir, et celui qui le rapportait sans qu'il fût brisé, chose assez difficile, recevait une gratification de cent écus. La statue de Gralon fut brisée en 1793.

LE CHEVAL MALLET. — C'est dans la paroisse de Saint-Sumine-de-Coutais, département de la Loire-Inférieure, que se célébrait cette fête le jour de la Pentecôte. Le cheval Mallet était de bois, et une ouverture pratiquée au milieu du corps permettait à un homme de s'y introduire pour le faire manœuvrer. Il était déposé chez les *anciens* de la paroisse, et le dimanche qui précédait celui de la Pentecôte, les nouveaux marguilliers le portaient chez le plus ancien. Neuf parents ou amis des marguilliers les escortaient, vêtus d'une espèce de dalmatique de toile peinte, et parsemée d'hermine noire et de fleurs de lis rouges, aux armes de Bretagne et de France. Le personnage qui portait le cheval, était aussi couvert d'un long sarreau de toile, ayant les mêmes ornements; et deux sergents de la juridiction, pareillement costumés, précédaient le cheval, tenant chacun à la main droite une baguette ornée de fleurs comme la verge sacrée des Druides. Après les sergents marchait un des neuf de l'escorte, tenant en main un bâton de cinq pieds, ferré des deux bouts; derrière le cheval venaient deux autres personnages armés d'épées avec lesquels ils ferraillaient pendant toute la marche; et la musique était composée des autres acteurs complétant les neuf membres du cortége. Le cheval ne quittait son nouveau domicile que le jour de la Pentecôte. La veille de cette solennité, dans l'après-midi, les marguilliers, accompagnés des sergents du peuple, se rendaient dans un bois voisin, d'où ils enlevaient un chêne qu'ils venaient ensuite déposer, aux sons des instruments, sur la place de l'église. Le jour de la Pentecôte, après la première messe, le même cortége allait chercher le cheval Mallot qu'on plaçait dans l'église , au banc du seigneur, et l'on procédait ensuite à la plantation du chêne. Puis , après la grand'messe, on rapportait le cheval sur la place , et on lui faisait faire , en dansant, trois fois le tour de l'arbre. Un banquet de notables avait lieu ensuite chez l'un des marguilliers ; au sortir des vêpres , le cheval faisait encore neuf fois le tour du chêne qu'il embrassait aussi à trois reprises ; cette cérémonie achevée , les sergents criaient trois fois : *silence !* et le bâtonnier entonnait alors une chanson qui n'avait rien moins que quatre-vingt-dix-neuf couplets. Elle devait être nouvelle chaque année , et retracer tous les événements et anecdotes scandaleuses qui formaient l'histoire de la paroisse pendant l'année écoulée. Un double de cette chanson était déposé à la chambre des Comptes de Nantes, et l'original restait dans les archives de la paroisse , joint au procès-verbal de la cérémonie. Après celle-ci, on portait le cheval Mallet dans la maison de l'un des marguilliers qui en était le gardien jusqu'à l'année suivante.

A Lesneven, dans le Finistère, on célébrait aussi plusieurs fêtes. Le jour de l'an , par exemple , les échevins et les administrateurs de l'hôpital promenaient dans toutes les rues un bœuf ou un

cheval couvert de fleurs et de laurier. La marche
était précédée de fifres et de tambours, et l'on
s'arrêtait de temps en temps pour crier : *Guy na
né, voilà le guy !* La quête qu'on faisait à la porte
des riches se partageait entre les prisonniers, les
hôpitaux, les récollets et les pauvres honteux.

Le jour du mercredi des Cendres, on brûlait,
sur la montagne, au champ de bataille, un gros
homme de paille, couvert de haillons, après l'avoir
promené dans la ville; Mardi gras le suivait, vêtu
de sardines et de queues de morue.

Le dimanche de la Quasimodo, on se jetait, de
mains en mains, des vases d'une poterie fragile
qui se brisaient en se rencontrant dans les airs,
et les rues étaient jonchées de leurs débris. On
croit que cet amusement venait d'une coutume
des juifs qui renouvellent chaque année les vases
dont ils se sont servis.

⚬⚬⚬

COUTUMES ET SUPERSTITIONS.

Tous les Bas-Bretons mangent au même plat,
maîtres et valets; mais nul ne touche à ce qui est
sur la table avant que le maître de la maison y ait

porté la main. Après lui viennent ses enfants mâles et les valets de la ferme; et les femmes suivent, en commençant par l'épouse du chef de la famille.

Autrefois, le 1er mai, on plantait un arbre à la porte du chef d'une famille, et une couronne était attachée à celle de l'habitation de la femme qu'on aimait. De longues guirlandes traversaient les rues et laissaient pendre sur les passants des dômes de fleurs et de feuillages.

Sur la côte du Croisic, les femmes allaient sur un rocher qui s'élève au bord de la mer demander aux oiseaux le retour de leurs époux ou de leurs amants. Elles accomplissaient ce pèlerinage parées avec recherche, ornées d'un gros bouquet de fleurs, mais les cheveux épars. Elles s'écriaient alors, les bras élevés vers le ciel :

Goëlans, goëlans!
Ramenez-nous nos maris et nos amants !

A Roscoff, les femmes, après la messe, balayaient la poussière de la chapelle nommée de la *Sainte-Union*, la soufflaient du côté par lequel leurs époux et leurs amants devaient revenir de voyage, et se flattaient, par cette cérémonie, d'obtenir un vent favorable pour les navigateurs.

En Bretagne, on congédie les gens, en levant

en haut les tisons qui brûlent dans la cheminée.

. Jadis, les prêtres allaient chaque année, dans un bateau, dire la messe au-dessus des pierres vénérées de Penmarc'h, parce que la tradition veut qu'une ville ait été engloutie en ce lieu. La pointe de Penmarc'h est un site désolé qui inspire la tristesse.

Les Bretons, en général, nomment *Gaurics* les génies qui dansent la nuit autour des monuments druidiques. Les habitants de Pont-l'Abbé les appellent *Ti Gauriquets*. Les fées, que les Gaulois nommaient *Fadœ* ou *Fatidicœ*, habitent aussi ces monuments et dansent également autour d'eux pendant la nuit. Ce sont de belles femmes, et si lumineuses, que ceux qui les ont vues les comparent à des lanternes. Leurs maris se nomment *Courils*, *Poulpicans* ou *Poulpiquets*. Ce sont de petits hommes noirs, laids, capricieux, et qui se plaisent à tourmenter les chrétiens qui ne sont pas en état de grâce. Les monuments de Carnac sont leur ville capitale. Ce Carnac est un des lieux les plus extraordinaires que l'on puisse rencontrer. Sur onze lignes parallèles s'élèvent onze files de peulvans d'inégales grandeurs; et, aussi loin que l'œil peut s'étendre, on voit les onze lignes se prolonger et se perdre dans la lande à une distance de plus de deux lieues. Ces peulvans ont été plantés la pointe en bas. Ces monuments étaient appelés *Chiorgaurs* par les Bretons insulaires; et les Anglais les font remonter à l'enchanteur Merlin. Le docteur Charleton les attribue aux Danois; Inigo Joues, aux Romains; Sammer, aux Phéniciens; et le docteur Hukeley, aux Égyptiens. La Genèse parle de pierres levées semblables, sous les noms de *Galheds* et de *Galgals*; et l'on en rencontre aussi dans les environs de Salisbury, dans la Hollande et dans la Scandinavie. C'était également sous la figure d'une longue pierre que les Saxons adoraient leur Dieu *Irminsal.*

A Landernau, le *Teuss* ou *Buguel-nos*, est un génie bienfaisant. Il est vêtu de blanc, et il a une taille gigantesque qui devient de plus en plus grande, à mesure qu'on s'approche; on le rencontre dans les carrefours de minuit à deux heures du matin. On l'implore contre les méchants, et alors il vous sauve sous son manteau. Souvent, lorsqu'il vous tient ainsi caché, vous entendez passer le chariot du diable qui fait un bruit affreux en s'éloignant.

Aux environs de Morlaix, au contraire, le Teuss est un mauvais génie. Ils ont aussi un *Teusarpouliet,* qui se présente dans la nuit sous la forme d'un

14

chien, d'une vache ou d'un autre animal domestique, et qui fait tout l'ouvrage de la maison.

Les *Mandragores* sont des démons ou lutins
familiers, très-débonnaires, qui apparaissent quelquefois sous la figure de petits hommes sans barbe
et les cheveux épars. Les Germains faisaient précisément avec la racine de mandragore de petites
figures qu'ils considéraient comme leurs pénates,
et auxquelles ils donnaient le nom d'*Altrunnes*.
On étendait ces figures sur des couches de soie et
de coton, on les gardait dans un lieu consacré,
et on ne les visitait que pour les consulter; car on
leur attribuait la faculté de faire connaître l'avenir.

Les lutins domestiques ont été répandus chez
tous les peuples. Les Saxons avaient leur *Hudkin*,
qui était doué d'excellentes qualités, et que l'on
invoquait dans les ménages quand on désirait
obtenir quelque chose. Chez les Écossais, ce sont
les *Prownies* qui sont les lutins familiers. Les
Irlandais ont les *Cluricaunes*, qui éprouvent surtout
une grande tendresse pour les caves. Les Norwégiens
possèdent les *Trolles* qui, selon les circonstances,
se montrent dévoués ou malfaisants. Enfin, chez
les Romains, les génies familiers étaient les *Lares
publici, hostiles, urbani*, etc.

Il y a des *Femmes blanches* que les Bretons

voient s'introduire dans les écuries comme le follet; mais qui portent des chandelles allumées, dont elles laissent tomber des gouttes sur le crin des chevaux, ce qui leur donne la facilité de les mieux lisser.

La classe des fées qu'on nomme *Femmes blanches* est aussi fort répandue dans tous les pays. Cette apparition est celle à laquelle on croit le plus en Allemagne. On y est persuadé surtout, que plusieurs familles ont la leur qui ne manque jamais d'apparaître quand un de leurs membres doit mourir. Telles sont les maisons de Neuchaus, de Rosenberg et autres. Byron a cité la dame blanche de la famille Colalto. Dans la Frise, on appelle ces dames blanches *Witte Vyven*.

Les *Guelhérès, Conhérès an noz* ou *Lavandières de nuit*, sont de certaines fées qui, d'une voix gracieuse, invitent le voyageur à tordre le linge avec elles, et qui l'étranglent ensuite, s'il a le malheur de tordre à contre-sens, comme on est dans l'usage de le faire. Il advient au contraire, avec quelques-unes, que si on les a aidées, le linge tordu se change en pierres précieuses, dont on peut emporter sa part; et ce n'est qu'autant qu'on les a refusées que ces dames mettent à mort le malavisé.

Dans la Cornouaille, les fées se nomment *Spriggians*, et habitent les rochers, les arbres et les fontaines. Elles se plaisent à égarer les voyageurs, exercent une grande influence sur les variations atmosphériques, et savent où les trésors sont cachés. Ces fées ont beaucoup de rapport avec les *Daoine-Shi* des Highlanders, lesquelles habitent des éminences coniques, dont il faut faire le tour neuf fois, en partant par la gauche, avant de pénétrer dans leur demeure. Celles-ci connaissent aussi où les trésors sont enfouis ; elles prédisent l'avenir, et accueillent bien surtout les personnes vêtues en vert, parce qu'elles affectionnent cette couleur. Les Allemands ont également des fées de mœurs analogues, qu'ils appellent *Elfs*.

Les Bretons nomment *Mary-mor-gands*, les fées qui habitent les eaux, et, à Vannes, on appelle *Groac'hs* celles qui vivent dans les puits. Les Scandinaves appelaient *Nix*, *Nicksa* ou *Nixen*, les nymphes des fleuves et des fontaines, et *Nikker*, *Niord* ou *Niorder*, le génie des eaux qui avait la puissance de soulever ou d'apaiser les tempêtes. Chez les Écossais, les *Kelpies* apparaissent quelquefois sortant des rivières et des lacs. Aujourd'hui même, dans la Nouvelle-Zélande, chaque lac a son génie et son histoire.

Dans le département de la Loire-Inférieure, on appelle *Louis Courtois*, un grand fantôme qui, la nuit, parcourt les landes en poussant des cris lugubres, et celui qui lui répond est assuré de perdre la vie. Il y a aussi un lutin qui prend la forme d'un bélier pour égarer le berger.

Dans la Sologne, le *Sotray* est un lutin qui s'introduit dans les étables, dans les écuries et se plaît surtout à mêler le crin des chevaux. Toutefois, lorsqu'il affectionne les gens de la maison, au lieu de mettre du désordre dans la crinière des chevaux, il la tresse, au contraire, avec infiniment d'art. On donne aussi le nom de *Follet* et de *Drac* à ce lutin. Le *Puck* anglais a beaucoup de rapports avec le Drac français. Le *Phooka* des Irlandais est un lutin nocturne qui revêt diverses formes pour exercer ses malices, mais qui affectionne particulièrement celle de poulain.

Au château de Morlaix, il existe de petits hommes d'un pied de haut, vivant sous terre, marchant et frappant sur des bassins, et qui viennent étaler leur or et le faire sécher au soleil. L'homme qui tend la main modestement reçoit d'eux une poignée de ce métal; mais celui qui présente un sac, dans l'intention de le remplir, est éconduit et maltraité.

Les *Gnomes* sont aussi des nains, plus ou moins amis des hommes, qui leur montrent quelquefois des trésors ou bien les leur dérobent jusque dans les entrailles de la terre. Les Scandinaves avaient des nains nommés *Duergas*, dont les qualités et les défauts étaient semblables à ceux des gnomes. On appelait leur langage *dwerga-mal*, c'est-à-dire l'écho des montagnes. Le même peuple avait aussi d'autres nains ou espèces de satyres qu'il nommait *Mennings*, et qui sont appelés *Ourisks* par les Écossais.

Il existe également, en Bretagne, un malin démon qui n'apparaît qu'à l'heure de midi, et qui s'introduit dans le corps des laboureurs ou des moissonneurs endormis, pour leur inspirer de mauvaises pensées. Alors on voit quelquefois de ces malheureux qui se lèvent tout à coup et se mettent à faire des folies, ou bien s'en vont commettre ailleurs de vilaines actions. Les anciens avaient leur *Empuse*, qui était le démon du midi; il apparaissait, tantôt sous la forme d'un arbre, tantôt sous celle d'un bœuf, ou enfin sous celle d'une vipère, d'une mouche ou d'une belle femme, ne marchant que sur le pied droit, parce qu'elle avait le gauche d'airain. Théocrite nous apprend que, de son temps, les pasteurs ne se mon-

traient pas dans les champs à midi, de peur de
rencontrer ce démon. Les Russes en ont un semblable ; il les visite au temps des moissons, sous
des habits de veuve, et il casserait les bras ou les
jambes aux faucheurs et aux moissonneurs, si ceux-
ci ne s'empressaient de se jeter la face en terre,
lorsqu'ils l'aperçoivent.

La Bretagne possède aussi de ces démons auxquels le moyen âge donnait les noms de *Succubes* et
d'*Incubes*, et qui aiment à s'introduire auprès des
personnes qui sont couchées. Il est probable que
l'on entend par ces esprits les *Cauchemars* que les
Romains appelaient également *Incubus*; les Grecs,
Ephialtes, et dont Charles Nodier a dit que le nom
primitif est *Smarra*. Chez les anciens, on connaissait encore les *Lamies* qui avaient les mêmes incli-
nations que les incubes et les succubes, et qui se
présentaient avec le visage, le sein d'une femme et
le corps d'un serpent. Elles étaient à la fois avides
des caresses des beaux hommes, du sang des petits
enfants et même de la chair des cadavres qu'elles
allaient déterrer dans les cimetières.

Souvent, il y a d'immenses trésors qui sont gardés par les démons, par un vieillard, par une
vieille, par un serpent ou par un barbet noir. Pour
s'en saisir, quand on en connaît la place, il faut,

sans rien dire, faire un grand trou; alors le tonnerre gronde, l'éclair brille, des charrettes de feu
s'élèvent dans les airs, et un bruit de chaînes se fait
entendre; mais si l'on conserve son courage et que
l'on persévère à ne pas fuir, on trouve une tonne
d'or ou d'argent d'une pesanteur surprenante. Par-
venez-vous à l'élever jusqu'au bord du trou, il ne
faut qu'un geste, un mot qui échappe, le moindre
accident, pour que la tonne roule de nouveau
dans l'abîme et s'y enfonce à trois cents mètres
de profondeur.

Le célèbre enchanteur Merlin naquit dans l'île
de Sein. On sait qu'il servait le roi Arthur en se
transformant, tantôt sous la forme d'un cerf, tantôt sous celle d'un varlet ou d'un nain. Il disparut,
contraint, par un charme invincible, d'obéir à la
fée Viviane; mais la forêt de Brocéliande de Paim-
poul, située dans la commune de Condorcet,
près de Ploërmel, en Basse-Bretagne, lui sert
encore de demeure : il y vit enchanté, enclos, arrêté, invisible, à l'ombre d'un bois d'épine blanche. Cette forêt de Brocéliande est célèbre dans les
romans de la table ronde : c'est là qu'on rencontre aussi la *Fontaine de Barenton*, et le *Val sans retour*.

Lorsque les Bretons aperçoivent un tourbillon

de poussière, ils se persuadent, comme le font aussi les Irlandais, que ce tourbillon renferme dans son sein un groupe de fées qui changent de demeure.

Ceux qui habitent le voisinage de la mer, croient aux *Syrènes*. Tous affirment en avoir vues, et le sifflement ou le bruit des flots sont pour eux les cris de cet être imaginaire. Les syrènes sont les *Camènes* des Etrusques.

La veille des fêtes, les sorciers et les fées dansent sur les coteaux, et la trace de leurs pas est imprimée sur l'herbe foulée : c'est un cercle qui a toujours une entrée, et malheur à qui veut y pénétrer.

Si la chemise d'un enfant enfonce dans l'eau de certaines fontaines, cet enfant meurt dans l'année ; mais il vit longtemps, au contraire, si ce vêtement surnage. On le met humide sur son corps, pour le préserver de tous maux.

La fontaine de Krignac, dans le Finistère, guérit, à n'en pas douter le moins du monde, de la fièvre tierce.

Dans les environs de Morlaix, on jette des liards et des épingles dans les fontaines. Les Gaulois leur consacraient aussi, comme aux lacs, l'or saisi chez leurs ennemis. A la fête *Inoa*, dans la Laconie, on jetait des offrandes, faites de pâte, dans un lac profond. Si elles surnageaient, c'était un signe de malheur; et si elles allaient au fond, c'était un signe que les dieux infernaux avaient agréé l'offrande.

La fontaine de *Bodilis*, près de Landivisiau, a la propriété d'indiquer aux amants, si leur maîtresse a conservé son innocence. Il suffit pour cela de lui dérober l'épingle qui ferme sa collerette et la plus voisine de son cœur. On la pose sur la surface de l'eau et tout est perdu si elle s'enfonce, tandis que la vertu est incontestable si elle surnage. L'épreuve serait abominable, si elle avait lieu avec une épingle de métal; mais les femmes se servent d'épines pour attacher leurs vêtements, en sorte que l'expérience ne compromet jamais, ou bien rarement, leur réputation.

La fontaine voisine de la chapelle de *Saint-Conogan*, à Beuzit, a la propriété de guérir les maux d'yeux.

Dans certaines paroisses, on jette dans les fontaines, le jour de l'an, autant de morceaux de pain qu'il y a d'individus dans une famille, et par l'arrangement que ces morceaux conservent en surnageant, on connaît ceux qui doivent trépasser dans le cours de l'année.

Si une mère a un enfant malade, elle jette un voile blanc dans une fontaine, et s'il surnage, c'est une preuve que l'enfant ne périra pas.

Le jour de l'an, on offre aux fontaines, afin qu'elles conservent constamment leur clarté, des bouquets de fleurs et de fruits.

Les Bretons conservent avec grand soin un tison du feu de la Saint-Jean. Ce tison, placé près de leur lit, entre une branche de buis bénit le dimanche des Rameaux, et un morceau de gâteau des Rois, doit les préserver du tonnerre. Ils se disputent aussi la couronne de fleurs qui domine le bûcher; car ces fleurs flétries sont des talismans contre les maux physiques et les souffrances morales. Quelques jeunes filles les portent suspendues sur leur poitrine, par un fil de laine rouge, tout-puissant pour guérir les douleurs nerveuses.

Le roi de Portzmarc'h avait des oreilles de cheval, et pour que ses barbiers ne le fissent pas connaître au public, il ne manquait pas de les mettre à mort chaque fois qu'ils remplissaient leur office auprès de lui. Un intime ami du prince, lui fit un jour la barbe et ne fut pas décapité; cependant, il dut s'engager, par serment, à ne jamais dire à personne quelle était l'infirmité du souverain. Il prêta ce serment; mais ne pouvant résister au be→

soin de laisser échapper cette confidence de sa poitrine, il alla faire un trou dans le sable et se sou-
lagea. Des roseaux vinrent à pousser dans cet endroit, et les anches de hautbois que les Bardes
prirent à ces roseaux, répétèrent toutes, dès qu'on
souffla dedans : « Portzmarc'h ! le roi Portzmarc'h !
a des oreilles de cheval. » C'est dans le Finistère
qu'on raconte cela. Les antiquaires ont maintenant
à rechercher si cette fable, qui rappelle celle du
roi Midas, fut apportée de la Grèce, ou si les Celtes la firent connaître aux Grecs à l'époque de leur
migration.

Lorsqu'on a reçu de l'eau bénite, le dimanche
à la grand'messe, on n'a point à redouter le mauvais esprit durant le reste de la semaine, et on le
maintient toujours à une distance de deux à trois
mètres. Les Romains avaient un Dieu nommé *Fas-
cinus*, qu'ils invoquaient pour se préserver de l'en-
sorcellement.

Il faut poser des croix dans les champs pour les
préserver de la grêle ; mettre le blé de semaille
dans la nappe qui a servi le jour de Noël, ce qui
empêche les oiseaux de le manger ; ne pas garder
chez soi de fil cru durant la semaine de la Passion, parce que Jésus-Christ a été lié avec une
corde de cette espèce ; et ne pas jeter au feu des

coques d'œufs, dans la crainte de brûler une seconde fois saint Laurent.

La veille de la Nativité, il faut laisser des mets sur la table, parce que la Vierge peut y venir goûter. Le pain qu'on cuit à cette époque peut se garder deux ans sans se corrompre.

Au moment où l'on chante l'évangile des Rameaux, les démons sont forcés d'étaler leurs trésors, mais ils les déguisent sous la forme de feuilles, de pierres, de charbon, etc. Celui qui peut jeter sur ces objets une chose consacrée, comme de l'eau bénite ou un chapelet, leur rend immédiatement leur premier état et s'en empare.

Les fontaines bouillonnent, quand le prêtre chante la Préface, le jour de la Sainte-Trinité.

De même que chez les Grecs où chaque chose était mise sous la protection d'une divinité particulière, les Bretons placent chaque objet sous l'influence d'un saint. Ainsi, saint Herbot fait lever le beurre, saint Ivès fait fermenter la pâte, etc.

Quand un cheval bâille, on lui dit : « Saint Eloi vous assiste, » parce que ce saint est le patron des chevaux.

Si l'on fait une offrande de beurre à saint Hervé, les bestiaux ne craignent rien des loups.

A Trefler, sainte Gertrude préfère les poulets à

toute autre offrande, et elle guérit en retour les maladies de langueur et les rhumatismes. Lorsque ces poulets sont revendus, on s'empresse de les acheter, parce qu'ils préservent les basses-cours de tout accident.

A Plouider, on fait bénir un pain sous l'influence de saint Didier, et ce pain est merveilleux pour faire parler les enfants.

Le même saint Didier fait mourir les taupes.

A la Saint-Marc, dans le Finistère, on fait une procession pour empêcher les animaux et les hommes d'être piqués par les mouches. Les anciens avaient aussi leur Hercule chasseur de mouches.

Un *de Profundis* et deux liards donnés aux trépassés aident à retrouver les objets perdus.

Sur la côte de Cornouaille, on rencontre une baie qu'on appelle la *Baie des Trépassés*. Là, vous disent les gens du pays, retentissent, le jour des morts, les rumeurs plaintives des âmes des naufragés qui s'élèvent sur le sommet de chaque vague, et qu'on voit courir à la lame comme une écume blanchâtre et fugitive. Toutes celles qui habitèrent le pays et qui eurent les flots pour linceul, se rassemblent dans cet endroit.

Chez les Trégorrais, lorsqu'on cherche un noyé, toute la famille du mort est en deuil : un pain noir est alors apporté, on y fixe un cierge allumé et on l'abandonne aux vagues. On pense que le doigt de Dieu conduira le pain au lieu même où gît le cadavre du mort. Il en est de même dans quelques autres localités.

Le Breton ne veut pas qu'on balaye passé minuit, c'est l'heure où reviennent les âmes de ses pères.

Les étoiles qui filent sont des âmes qui vont en paradis. Si, pendant qu'elles font ce trajet, celui qui les observe fait promptement un vœu, il sera exaucé.

Le jour où l'on tire le gâteau des Rois, on met de côté la part des absents; s'il ne moisit pas, c'est qu'ils sont en bonne santé; dans le cas contraire, la maladie les a atteints; et enfin, si ce gâteau se corrompt, leur mort est certaine.

Si l'œil gauche d'un mort ne se ferme point, un de ses parents est menacé d'une mort prochaine.

Celui qui, en bonne santé, voit en songe un médecin ne doit pas tarder à mourir.

L'*Aël fal* est un mauvais vent qu'une personne envieuse et méchante souffle sur une autre, qui languit aussitôt, ou sur un animal, qui pâtit au lieu d'engraisser.

On donne, en Bretagne, le nom de *Féas* à une personne écrasée par sa destinée, et qui n'a plus rien à lui opposer.

Lorsque le diable prend une figure humaine, c'est principalement en habit rouge qu'il se travestit. Les Écossais appellent le diable le *Bonhomme*, dans la crainte de le mécontenter s'ils lui donnaient un autre nom.

Les femmes refusent de coudre et de filer les jeudis et les samedis, parce que, disent-elles, cela ferait pleurer la Vierge. Elles n'aiment pas non plus à filer en carême, attendu que les souris mangent le lin que l'on file à cette époque.

On croit que le persil semé par une personne insensée, est de meilleure qualité que celui semé par une autre main.

En outre de la cérémonie du gui, dont nous avons déjà parlé, les anciens Bretons recueillaient aussi d'autres plantes avec un certain appareil. Ainsi on se préparait à la recherche du *selago* (savinier), par des ablutions et par une offrande de pain et de vin. On se mettait en route nu-pieds et habillé de blanc. Lorsqu'on avait aperçu la plante, on se baissait; puis, glissant la main droite sous son bras gauche, on l'arrachait sans jamais employer le fer, et on l'enveloppait d'un linge qui ne devait jamais servir qu'une fois. On cueillait le *Samolus* (mouron d'eau) à jeun et de la main gauche. On l'arrachait de terre sans le regarder, et on le jetait dans les réservoirs où les bestiaux allaient boire et où il devait leur servir de préservatif contre les maladies. Les anciens Bretons employaient aussi, auprès de certaines plantes, des pratiques dans lesquelles ils faisaient une oblation de pain et de vin. Si un enfant était atteint d'une fièvre périodique, sa nourrice allait dans la campagne chercher un pied de menthe sauvage, appelée *Mendras*, à laquelle elle offrait du pain couvert de sel, en l'invoquant en langage rimé; et, après avoir répété neuf fois cette cérémonie, la plante mourait et l'enfant guérissait.

Les Bretons d'aujourd'hui ne permettent pas qu'on prenne pour siége la table à manger. Ils considèrent aussi comme un présage fâcheux de faire passer un enfant par-dessus cette table. Si cela arrive par inadvertance, il faut alors, pour détourner les malheurs qui menacent cet enfant, le reporter, par le même chemin, au côté qu'il a quitté, ou bien allumer une chandelle bénite et réciter le saint Évangile.

Il ne faut pas que les bergers éteignent la lampe

de la veillée; car cela rend noirs les agneaux et
ôte beaucoup de valeur à la laine.

Si l'on rencontre un ruisseau en rentrant chez
soi, il faut, autant que possible, en suivre le cours,
parce que l'eau vive entre un voyageur et un sorcier rend impuissante la méchanceté de celui-ci.

Il ne faut point faire crédit au commencement
de la journée, si l'on ne veut se porter malheur.
Il y a aussi danger pour le chasseur à faire l'aumône au pauvre qu'il rencontre, car presque toujours alors le gibier s'éloigne de lui.

Lorsque l'on vend des veaux, on doit les sortir
à reculons de l'étable, afin que la mère n'ait pas
trop de regrets.

Dans les environs de Morlaix, on croit que l'oiseau qui chante répond aux questions et marque
les années de la vie et l'époque du mariage. Un
bruit répété trois fois prédit un malheur; les hurlements d'un chien annoncent la mort, et le mu-
gissement de l'Océan, ainsi que le sifflement du
vent que l'on entend dans la nuit, sont la voix du
noyé qui demande un tombeau.

Un vautour qui plane au-dessus d'une maison
est un signe de mort pour l'un ou plusieurs de ses
habitants.

Quand les corbeaux voltigent sur une ville,

c'est que des maladies vont y régner. Si l'un d'eux s'abat devant vous sur le chemin, c'est un mauvais présage.

Une chouette qui se perche sur le toit d'une maison y introduit la mort. Les Romains considéraient aussi la chouette comme un oiseau de mauvais augure; mais il n'en était pas de même des Grecs qui la regardaient comme un heureux présage.

La corneille était aussi un oiseau de mauvais augure chez les Romains, où il était sous la protection de la déesse de la concorde. Selon Accius, cependant, on l'invoquait le jour du mariage. Il y avait des augures chargés d'inspecter le vol des oiseaux; et cet art remonte à une très-haute antiquité, puisqu'il était pratiqué chez les Chaldéens. Les Grecs l'apprirent d'eux et le transmirent aux Étrusques qui, à leur tour, le communiquèrent aux Latins. Selon Ovide, ce fut un certain Thagès qui l'enseigna aux Toscans.

On fait jeûner les bestiaux la veille de Noël. Tous les animaux veillent durant cette nuit, excepté l'homme et les crapauds.

Tous les morts ouvrent la paupière à minuit.

On vend, la nuit, la poule noire au diable, qui l'achète toujours le prix qu'on lui demande.

S'il meurt quelqu'un dans une famille, on attache aux ruches d'abeilles un morceau d'étoffe noire; c'est de l'étoffe rouge quand un mariage a lieu, et si l'on manquait à remplir cette formalité, les abeilles ne se réuniraient pas.

Il faut que les filles qui veulent se marier dans l'année dansent autour de neuf bûches de la Saint-Jean dans une même nuit.

Quand il tonne, on met un morceau de fer dans le nid des poules pour faire éclore leurs œufs; et ensuite, pour se préserver soi-même de la foudre, on se couvre d'un rameau de buis ou de laurier bénit, ou bien on saisit en main un tison de la Saint-Jean.

L'appréhension que cause le tonnerre a existé chez toutes les nations de l'antiquité comme elle existe chez tous les peuples modernes. Les Thraces, lorsqu'il tonnait, se rangeaient en bataille et tiraient des flèches contre le ciel, en criant qu'ils ne voulaient pas d'autres dieux que *Ramolxis*, parce qu'ils croyaient que le bruit qu'ils entendaient annonçait la venue d'une nouvelle divinité. Les Scandinaves étaient persuadés que ce bruit provenait des coups que le dieu *Thor* portait aux géants. Les anciens Armoricains pensaient que le roulement de la foudre était causé par un grand homme qui trépassait. Les Juifs d'aujourd'hui

croient que le tonnerre précède l'arrivée de leur
Messie ; et enfin les Brésiliens sont convaincus que
c'est *Agnian*, le mauvais esprit, qui menace de les
frapper. Cependant, en Circassie, les habitants des
villages se mettent à danser dès qu'il tonne, parce
qu'ils considèrent la foudre comme un heureux
présage; et si l'un d'eux est tué par elle, on regarde que Dieu lui a accordé une grande faveur.

Dans les environs de Lesneven, on ne balaye jamais une maison dans la nuit, parce que ce serait
d'abord éloigner le bonheur, et qu'ensuite, comme
nous l'avons déjà dit, les trépassés qui se promènent peut-être dans cette chambre pourraient être
blessés par les mouvements du balai. On croit aussi
que, la veille des Morts, il y a plus d'âmes dans
chaque maison que de grains de sable dans la mer
et sur le rivage.

Le feu qui pétille est un signe de guerre. Cette
croyance existait aussi chez les Romains.

Il y a des cheveux qui, en les soufflant dans l'air,
se changent en animaux.

Lorsque de grands criminels cessent de vivre,
l'air, la terre et les mers sont violemment agités.

A Pont-l'Abbé, on croit que ce n'est qu'après
que les cadavres et les corps impurs ont été vomis
sur la plage qu'une tempête peut cesser.

On met aux arbres, le jour de Noël, une ceinture de paille pour les préserver de la gelée. Les Gaulois garnissaient ainsi le pied de leurs arbres fruitiers pour les garantir du froid, usage qui a été rapporté par l'empereur Julien.

Pour guérir du mauvais vent ou du mauvais œil, on réunit neuf feuilles de bétoine sans tache à neuf grains de sel, et l'on place le tout dans un morceau de toile neuve non lavée que l'on applique ensuite au cou comme un sachet. On doit aussi faire deux signes de croix sur ce talisman, avant de le placer, et offrir deux liards au Saint-Esprit en les déposant dans le tronc de la paroisse. En Italie, et particulièrement à Naples, on croit également au mauvais œil, c'est-à-dire à l'influence malfaisante qu'une personne peut exercer sur une autre. On désigne cette influence sous le nom de *Jettatura*.

On guérit le mal d'oreille en trempant une pièce d'argent dans un vase d'huile bénite, et, après qu'on a appliqué cette pièce sur l'oreille, on la laisse sur l'autel où a été exposé saint Trégaré.

Pour guérir un pied foulé, il suffit de mettre de la poussière dans une boîte, de faire une croix dessus, en disant : Au nom du Père, du Fils et du Saint-Esprit, et de donner quelques sous à l'église.

La colique se guérit avec les braises du feu de la Saint-Jean.

On arrête les hémorrhagies en plaçant deux fétus de paille en croix.

Le mal caduc se guérit en dansant toute la nuit de la Saint-Barthélemi.

Pour se guérir de la fièvre, il faut se rouler dans la rosée d'avoine, le jour de la Saint-Jean, et avant le lever du soleil.

On préserve les enfants des engelures en les chaussant avec des souliers de peau de loup.

La foi fait recourir à saint Islam qui guérit les clous; saint Meen, la gale ; saint Caradec, la fièvre, et saint Éloi, les chevaux.

On ranime un cheval fatigué en l'enfermant trois jours dans l'écurie et en faisant une aumône.

Jadis, on faisait passer les hommes et le bétail par un creux d'arbre pour les préserver d'accidents et les guérir des douleurs qu'ils ressentaient dans le dos et dans les membres. Au vii° siècle, saint Éloi reprochait cette superstition au peuple.

Le vendredi est un jour malheureux pendant lequel il ne faut rien entreprendre d'important. Les Romains avaient aussi leurs jours fastes et néfastes. Ils marquaient ceux-ci avec du charbon et les premiers avec de la craie. Les Scythes, lorsqu'ils allaient se coucher, mettaient dans leurs carquois une pierre blanche lorsque la journée leur avait été propice, et une pierre noire lorsqu'ils avaient éprouvé des contrariétés.

Les Bretons n'aiment pas à se trouver treize à table; car, dans ce cas, l'un des convives doit mourir dans l'année. Les Romains tenaient aussi à ne point se mettre à table au-dessus du nombre douze.

IX

NORMANDIE.

ORNE, MANCHE, CALVADOS, SEINE-INFÉRIEURE, EURE.

❈

La Normandie, *Normandia* ou *Normannia*, appelée aussi *Terra Normannorum* et *Neustria*, était connue du temps de César sous le nom de Ligue des onze cités, parce qu'elle était composée d'autant de peuples différents, qui étaient les *Veliocasses* ou *Belocasses*, les *Caletes*, les *Eburovices* ou *Eburones*, les *Essui* ou *Saii*, les *Vnelli* ou *Venelli*, les *Abrincatui*, les *Ambilaxii*, les *Ambilarii* ou *ambialites* et les *Aulerci*. Ils furent tous soumis par Sabinus, lieutenant de César, et cette province forma la seconde Lyonnaise. De la domination romaine, elle passa sous celle des Francs, et, après la mort de Clovis, elle fut partagée entre Clotaire Ier, roi de Soissons ou de Neustrie, et Childebert, roi de Paris. Les Normands, hordes barbares venues du fond de la Norwége, l'envahirent au IXᵉ siècle, et forcèrent Charles le simple à la leur céder à titre de fief relevant de la couronne. Rollon, leur premier duc, épousa Giselle, fille de Charles, et reçut le baptême à cette occasion. Guillaume II, dit le *bâtard* et le *conquérant*, s'empara de l'Angleterre, après la bataille d'Hastings, qu'il livra à Harold, le 14 octobre 1066. Henri II ayant épousé Éléonore de Guienne, joignit à l'Angleterre et à la Normandie, qu'il possédait déjà, la Guienne, le Poitou, la Saintonge, etc. Il laissa trois fils : Richard cœur de lion, qui lui succéda, Geoffroi et Jean sans terre. Celui-ci ayant poignardé, de sa propre main, le prince Arthur, son neveu, fils de Geoffroi et héritier légitime de Richard, Philippe-Auguste, du consentement des Pairs, déclara l'assassin déchu de toutes les seigneuries qu'il avait en France, et les réunit à la

couronne, en 1203 et 1204. Les Anglais en dis-
putèrent toutefois la possession jusqu'en 1360,
époque du traité de Brétigny; puis, profitant des
funestes divisions qui s'élevèrent entre les maisons
d'Orléans et de Bourgogne, ils envahirent de nouveau la Normandie, et n'en furent expulsés que sous
le règne de Charles VII. L'héritier du trône de
France porta le titre de *Duc de Normandie* jusqu'à
ce que celui de *Dauphin* lui fût attribué.

NAISSANCE.

On sert une table pour le génie protecteur de
l'enfant qui va naître. Si c'est un garçon, on lui
laisse le cordon ombilical le plus long possible ; si
c'est une fille, on le coupe de très-près. Il ne faut
pas placer à gauche la partie qui reste, car l'enfant
tomberait phthisique.

Une femme qui, sur le point de devenir mère,
sert de marraine, meurt dans l'année, ou bien
l'enfant qu'elle a nommé.

Si une femme qui relève de couches rencontre
pour premier enfant un garçon, c'est un garçon

qu'elle aura à son prochain accouchement ; tandis qu'elle aura une fille, si c'est une fille qui s'est offerte la première à sa vue.

Les nourrices ne doivent pas sortir après le coucher du soleil, de crainte que le diable ne s'empare des enfants qu'elles portent ou qu'elles allaitent.

Lorsque les enfants sont d'une constitution faible, ou bien si les parents en ont perdu plusieurs, on les voue à la Vierge jusqu'à l'âge de sept ans, et on les habille de blanc depuis les pieds jusqu'à la tête. Le moindre vêtement de couleur pendant le temps fixé romprait ce vœu touchant et louable.

Quand on remarque une veine très-bleue à la naissance du nez d'un enfant, on ne manque pas de dire qu'il a la *bière*. Dans ce cas, il ne doit pas tarder à mourir.

MARIAGE.

Dans le département de l'Orne, on appelle *Hardouin* et *Hardouine* l'homme ou la femme qui se mêle de négocier les mariages. Dans quelques communes, c'est une vieille femme qui est chargée exclusivement de cette mission ; et on la nomme *Diolevert* ou *Badochet*. On appelle *bonnes paroles*, l'accord mutuel de s'épouser, et le jour où le prétendant a obtenu l'entrée de la maison de la jeune fille qu'il aime, se nomme la *bienvenue* ou les *venantises*. Il faut du reste bien choisir ce jour, et faire attention au pied qu'on met le premier dans la maison, et de quelle main on prend son chapeau pour saluer.

Lorsqu'une jeune fille veut congédier un prétendant, elle place les tisons debout dans le foyer.

Les parents de la future viennent avec une charrette chercher le trousseau de la mariée. On place sur le devant une quenouille chargée, et les chevaux sont décorés de rubans. Avant le départ, on danse au son du violon, et celui-ci précède le cortége lorsqu'on se met en marche. Ce cortége est aussi devancé par une sœur, une parente, ou même par la couturière de la future, qui est munie de quelques paquets d'épingles qu'elle distribue. Le don de l'épingle est toujours accompagné d'un baiser donné et rendu. Ces épingles que l'on offre à l'occasion des noces, portent chance aux jeunes filles qui les reçoivent : elles leur font trouver un mari dans un bref délai.

Le jour de la noce, on présente un bouquet aux mariés, et l'on en reçoit un ruban ou *Livrée*, qui, dit-on, porte bonheur. Lorsque la mariée sort de l'église pour aller à la maison conjugale, elle a à franchir un certain nombre de barricades qu'on oppose à sa marche : ce sont des rubans, des guirlandes de fleurs. Elle a peu de peine à surmonter ces obstacles, et chaque fois qu'elle a rompu une de ces barricades, elle en distribue les matériaux aux assistants.

On jette aussi à terre un balai, à la porte par laquelle une nouvelle mariée doit entrer pour la première fois dans la maison de son époux ; si elle ne le relevait pas, ce ne serait pas une bonne ménagère.

Arrivée à son domicile, le cuisinier de la noce lui présente trois pains qu'elle distribue aussitôt aux pauvres, et elle va ensuite se placer au haut bout de la table, où sa chaise est ornée de linge blanc et de fleurs. Quant à l'époux, il ne doit pas s'asseoir, et sa fonction est de servir tout le monde.

Après le dîner, le cuisinier et le ménétrier conduisent la mariée chez ses nouveaux voisins, auxquels elle distribue des épingles, et à son retour au logis, on place les deux époux assis près l'un de l'autre pour danser autour d'eux. Alors, chaque convive arrive en dansant, et leur offre, suivant sa fortune ou sa générosité, un présent, soit du

lin , soit du chanvre, ou de la toile, ou de l'argent.
Après cela , les parents du marié portent en pompe
la jeune épouse, sur la chaise où elle est assise.

Après le dîner aussi, les *Momous* se présentent.
Ce sont des farceurs masqués et montés sur des
chevaux de bois nommés *Bidoches*, et des *Follets*,
vêtus en bergers élégants, les accompagnent.

Si la noce ne s'est pas faite chez les parents de
la nouvelle mariée, elle ne doit pas entrer dans la
maison paternelle le même jour ; car elle courrait
le risque d'être mal en ménage.

Les *Réveilleurs* sont des jeunes gens du voisinage
d'une noce, qui arrivent le soir, et auxquels on ferme
les portes dès qu'on les entend. Ils chantent le
premier couplet de la chanson *sur le pont d'Avignon*,
et on leur répond de l'intérieur par le second
couplet. Si ces réveilleurs ont du savoir-vivre, ils
se retirent alors, pour témoigner qu'ils sont venus
simplement pour faire honneur aux mariés; mais
s'ils ont le désir d'entrer, on les accueille; seulement il ne leur est pas permis d'accepter autre
chose qu'à boire.

Dans le département de la Manche, la future est
assistée, pour la toilette de noce, par des filles
d'honneur qu'on nomme *Couche-brus*. Ce sont elles
qui distribuent les rubans aux invités. Pendant ces

apprêts, les amis et les parents de l'un des époux cherchent à attirer de son côté le *Poêle* (la toilette), parce qu'on est convaincu qu'à celui qui en a la plus grande partie dans cette circonstance, est dévolue la domination dans le ménage.

Le nouvel époux est appelé *Bruman,* l'épouse *Bru.* Chaque convié à la noce présente à la mariée un cadeau qui est toujours une chose utile dans le ménage. La mariée se place à table au haut bout, où cette place est indiquée par un bouquet. L'époux ne s'assied point et doit servir les conviés, qui lui rendent sa tâche aussi laborieuse que possible; mais pour se dédommager de ce rôle assez maussade, il dérobe autant de baisers qu'il peut à sa femme, larcins qui sont toujours accompagnés des applaudissements de l'assemblée.

Après le repas, on danse, on prolonge le bal toute la nuit, et quand le jour commence à poindre, les *Couche-brus* emmènent la mariée dans sa chambre. Alors les gens de la noce en barrent l'entrée à l'époux; et celui-ci ne peut y pénétrer qu'après avoir subi quelque pénitence bizarre qu'on lui impose. Dès qu'il est auprès de sa femme, un de ses amis fait claquer un fouet afin d'éloigner des mariés les malins esprits.

Peu après on apporte aux époux la *rôtie au vin.*

La mariée y goûte la première, en fait prendre une cuillerée à son mari, et présente le vase successivement à tous les assistants. Après cette cérémonie elle se lève, revêt ses habits de tous les jours, et vient saluer ses parents anciens et nouveaux. Alors il est grand jour et tout le monde se retire.

Le dimanche suivant, la mariée est conduite à l'église par ses deux *Couche-brus*, pour y prendre la place qu'elle doit désormais occuper, et le bedeau lui présente une quenouille à laquelle elle attache un ruban et une pièce de fil. Le ruban est destiné à orner l'image de la Vierge, la pièce de fil appartient au curé.

Dans presque toute la Normandie, au dessert d'un repas de noce, on partage les jarretières de la mariée, que présente le plus jeune des convives. Un petit bout de ce ruban, porté à la boutonnière, suffit pour faire marier dans l'année.

Dans plusieurs communes, le premier dimanche qu'une nouvelle mariée, qui n'est pas née dans la commune de son mari, vient à la messe de sa nouvelle paroisse, des jeunes gens vont, après l'office, l'inviter à chanter, et lui donnent le bras pour l'accompagner jusqu'à la croix. Là, si elle ne sait pas chanter, elle charge une de ses amies de s'en acquitter pour elle ; mais ce serait un grand déshonneur que de n'avoir pas été invitée à chanter.

Il est un sortilége qui a pour but de nuire aux nouveaux mariés, et que l'on appelle nouer les *aiguillettes*. Pendant un passage de la messe, on fait un nœud à un fil de coton, de chanvre ou de soie, et l'on accompagne cet acte de paroles diaboliques.

Un mariage fait dans le mois d'août ou dans le mois de mai, est toujours d'un mauvais augure. Dans le premier, les époux sont toujours jaloux, dans le second, les enfants deviennent ou sont exposés à devenir fous.

Il est dangereux d'épouser un homme qui a eu plusieurs femmes; car si elles sont mortes, c'est qu'il a la rate blanche. Il en est de même des femmes qui ont eu plusieurs maris.

Dans la commune de Saint-Brice, dans l'Orne, le dernier marié, avant le dimanche des Rameaux, attache autour de la croix, la hart qui doit contenir le buis bénit; il la choisit bien grosse, afin de donner une preuve de sa force.

MORT.

Lorsque quelqu'un est sur le point de mourir, on emplit un seau d'eau propre, puis on le met près du lit du malade, afin, dit-on, que l'âme se lave et se purifie pour paraître devant Dieu.

Quand il y a deux personnes de mortes dans une semaine, malheur à celles qui sont malades, car il en faut une troisième.

On met un livre dans la bière des morts qui savaient lire, et un chapelet dans celle des morts qui ne le savaient pas, pour qu'ils s'en servent dans l'autre monde. Souvent on place aussi près d'eux quelques pièces de monnaie.

On garde les morts, parce qu'il arrive que le diable emporte souvent les cadavres et met à leur place, dans le cercueil, un chat noir ou un autre animal. L'usage de la veillée des morts, en Normandie, vient, dit-on, de Richard sans peur. Étant un jour en voyage dans son duché, il entra dans une chapelle et se mit à genoux pour faire sa prière. Lorsqu'il se retira, il oublia ses gantelets, et quand il rentra pour les prendre, le diable, qui se trouvait là, dans le corps d'un excommunié, se jeta sur le duc et chercha à l'étrangler. Richard lui fit lâcher prise à coups d'épée ; mais après cette aventure, il fit publier, par toute la Normandie, qu'on veillerait désormais auprès des morts, ce qui n'avait pas lieu auparavant. Les Romains faisaient aussi garder leurs morts, de peur qu'ils ne fussent profanés.

Il y a, en Normandie, des repas de funérailles comme chez les Romains.

Si la tombe de terre, faite sur une fosse, reste toujours aussi élevée qu'elle l'était à l'époque de l'inhumation, c'est qu'elle couvre un malheureux qui a commis quelque péché qui lui a attiré sa condamnation.

FÊTES ET DANSES.

La boule. — Dans la paroisse de Vieux-Pont, département de l'Orne, le dernier marié, avant le premier dimanche de carême, doit jeter la boule. C'est une espèce de petite balle ou pelote ronde, dans laquelle on a mis de l'argent, selon sa générosité. On la lance, du pied de la croix, le plus haut possible, par-dessus l'église ou le clocher. Un des jeunes gens de la commune s'en

empare; mais, pour la gagner, il faut qu'il aille
sur trois paroisses avant d'être atteint par un des
concurrents; s'il ne peut y parvenir, il est reconduit au pied de la croix, d'où il la jette à son
tour. Quand la boule a été gagnée, on fait un
repas qui presque toujours est suivi de danses.

LA GARGOUILLE. — Cette fête, célébrée à Rouen,
était l'une des plus anciennes de la Normandie.
Elle portait aussi le nom de *privilége de la Fierte*,
et voici son origine, suivant le P. Pommeraie :

« Il se forma, dit cet historien, un horrible serpent dans un lieu marécageux, proche de la ville
de Rouen, qui faisait d'épouvantables désordres ;
il surprenait et dévorait les hommes, il tuait les
chevaux, il corrompait l'air par son haleine pes-
tilente ; et, tout seul qu'il était, il portait l'alarme
et le ravage dans le pays voisin de ce marais, ainsi
qu'eût pu faire une troupe d'ennemis. Les habitants de la ville ne sachant par quel moyen se dé-
faire de ce dragon qui leur faisait la guerre depuis
plusieurs années, eurent recours à saint Romain,
évêque de Rouen. Ce charitable et généreux pasteur, à qui les plus hautes entreprises semblaient
aisées quand il s'agissait de défendre son troupeau,
les consola et leur promit de les délivrer de ce
furieux adversaire. Le dessein était grand et relevé ;

mais la manière dont il l'exécuta rendit encore
cette action plus illustre et plus éclatante, car il
ne voulut pas simplement vaincre et tuer ce monstre,
mais il entreprit même de le faire publiquement,
comme pour lui faire faire réparation de toutes les
cruautés qu'il avait exercées. Pour cet effet, il fallait
s'en saisir, ce qu'il se chargea de faire lui-même ;
mais ayant demandé un homme pour l'accompagner, il ne se trouva personne qui eût l'assurance
d'aller avec lui. Ce que voyant le saint, il s'adressa
à un misérable qui avait été condamné au dernier
supplice pour des larcins et des meurtres qu'il avait
commis, et le persuada de le suivre, avec promesse
de le sauver de la mort qu'il avait méritée, s'il faisait hardiment et ponctuellement tout ce qu'il lui
dirait. Celui-ci, qui croyait ne rien hasarder en
hasardant sa vie, laquelle il était près de perdre
sur un échafaud ; accepta fort volontiers cette pro-
position. Le saint l'ayant donc pris avec soi, sortit
de la ville et s'avança vers le marécage où se reti-
rait cette bête. L'ayant aperçue, il s'approcha cou-
rageusement d'elle, et par la vertu du signe de la
croix, il la désarma de sa fureur et la réduisit dans
l'impuissance de rien attenter contre lui. Après
cela il lui passa son étole autour du cou, et l'ayant
ainsi attachée ; il ordonna au prisonnier qui l'avait

suivi, de la prendre et de la conduire à la ville, où elle fut brûlée en la présence de tout le monde, et ses cendres jetées dans la rivière. Le bruit de ce grand miracle s'étant répandu par toute la France, le roi Dagobert qui régnait alors, manda saint Romain pour apprendre de sa bouche les particularités de ce merveilleux événement. Le prélat s'étant transporté à la cour et y ayant raconté ce prodige que Dieu avait opéré en faveur de ceux de Rouen, le roi, pour en conserver la mémoire, accorda à l'église de la cathédrale de cette ville, le droit de délivrer tous les ans un criminel le jour de l'Ascension, auquel le saint archevêque avait triomphé de ce monstre. Voilà quelle est l'origine du fameux privilége que possède le chapitre de Rouen, dont il jouit depuis tant de siècles par la piété des rois très-chrétiens, des ducs de Normandie, des princes et magistrats qui ont bien voulu être les spectateurs de cette auguste cérémonie, et dont ils ont établi inviolablement le droit par leurs lettres patentes et par les arrêts donnés dans les cours souveraines. »

Le peuple de Rouen donna à la représentation du dragon de saint Romain le nom de *Gargouille*, vieux mot français qui signifie une gouttière, parce qu'on faisait alors généralement les gouttières de cette ville en forme de dragon.

Lorsque Philippe-Auguste réunit à sa couronne la Normandie, il ordonna une enquête sur le privilége de la Fierte ou châsse de saint Romain, afin d'examiner s'il était digne d'être conservé. Robert, archevêque de Rouen, et Guillaume de la Chapelle, châtelain de l'Arche, furent chargés de cette mission. Ils firent alors comparaître par-devant eux trois prêtres, trois gentilshommes et trois bourgeois de la ville de Rouen, lesquels déclarèrent, sous serment, que du temps de Henry et de Richard, rois d'Angleterre et ducs de Normandie, le privilége de la Fierte avait été constamment respecté.

Après Philippe-Auguste, les rois de France confirmèrent tous ce privilége, seulement ils exclurent de la grâce les incendiaires, les empoisonneurs, les assassins, les duélistes et les faux-monnayeurs. On conservait, dans les archives de la cathédrale, plusieurs lettres de Papes et de Souverains qui s'étaient adressés au chapitre pour obtenir la grâce de plusieurs criminels.

La cérémonie de la *Gargouille* s'accomplissait de la manière suivante :

Le treizième jour avant l'Ascension, quatre chanoines, suivis de quatre chapelains revêtus de leurs surplis et de leurs aumusses, et ayant le bedeau de leur chapitre qui les précédait, allaient en la

grand'chambre du parlement, puis au bailliage et
en la cour des aides, sommer les officiers du roi de
surseoir à toutes procédures contre les criminels
détenus dans les prisons de la ville, jusqu'à ce que
le privilége de la Fierte eût reçu son effet. Les
lundi, mardi et mercredi des Rogations, l'archevêque et son chapitre envoyaient deux chanoines
et deux chapelains, accompagnés d'un tabellion,
visiter toutes les prisons pour y examiner les détenus
et recevoir leur déposition; puis, le jour de l'Ascension, à sept heures du matin, les chanoines,
prêtres et capitulaires assemblés, invoquaient la
grâce du Saint-Esprit par l'hymne de *veni Creator
Spiritus*, et faisaient serment de ne rien révéler
des dépositions qui avaient été faites par les prisonniers. On les lisait alors, et, à la suite
d'un long débat, on proclamait le nom du criminel qui avait obtenu les suffrages du chapitre.
Ce nom était adressé, sous scel, à messieurs du
parlement qui l'attendaient en la grand'chambre
et en robes rouges; et qui, après avoir pris connaissance de la décision du chapitre, ordonnaient
l'élargissement du prisonnier. Celui-ci était rendu
à la liberté vers les trois heures de l'après-midi,
et, tête nue et les fers aux pieds, il allait au lieu
où la châsse était déposée. Là il se confessait pu-

bliquement, on lui enlevait ses fers, il prenait un
des brancards de la châsse que l'aidaient à porter
sept autres prisonniers, la procession commençait
à défiler pour parcourir la ville, et en avant de la
châsse, on portait, au bout d'une perche, la *Gargouille* ou représentant du dragon. De retour à
l'église, on célébrait la messe, malgré l'heure
avancée de la soirée, et, durant l'office, le gracié
s'agenouillait devant chaque chanoine pour lui
demander pardon. Enfin, après la cérémonie ce
gracié était conduit à la maison du maître de la
confrérie de Saint-Romain, où on lui servait une
collation; et pendant qu'il y prenait part, le prieur
du monastère de Bonne-Nouvelle lui faisait une
brève exhortation sur la gravité de son crime et
sur la faveur extraordinaire que le Souverain lui
accordait à la prière de l'Eglise. C'était comme le
sceau de son absolution.

LES COUARDS. — Cette fête burlesque avait lieu
à Rouen. A l'approche des jours gras, on présentait à la grand'chambre une requête en vers qui
faisait aussitôt suspendre les travaux de la justice.
Cette requête était l'œuvre d'une confrérie nommée les Couards. La cour répondait avec la même
joyeuseté et accordait une sorte d'autorisation
de faire le diable. Alors la ville devenait la proie

de ces Couards qui faisaient des mascarades ,
des processions, appelaient à leur ban les maris
jaloux et trompés, décochaient des satires à tort
et à travers, et faisaient de toute la ville un véritable théâtre de Saturnales. Pendant tout le jour,
les Couards allaient, recueillant des chroniques,
et faisaient leur rapport à leur abbé, à leurs
cardinaux et patriarches réunis en conclave. Il n'é-
tait pas un fait qui prêtât à rire qui ne devînt leur
propriété et ne fût inscrit sur leurs rôles; puis
venaient les séances et les jugements de l'aréopage.
La cour s'assemblait en plein air, et dans le lieu
où elle pouvait avoir l'auditoire le plus nombreux.
Durant trois jours, ce tribunal était en marche,
conduit par des fifres et des tambours. Les gens
en place et toutes les classes de la société passaient sous la férule des Couards.

L'abbé, porté sur un chariot, ainsi que les
cardinaux et ses patriarches, donnait sa bénédiction à la foule, en même temps qu'il faisait pleuvoir sur elle une nuée de quatrains et d'autres
pièces de vers qui portaient le rire chez tous ceux
qui les ramassaient. Un banquet splendide réunissait ensuite l'abbé et toute la confrérie sous les
halles, et pendant sa durée, un ermite lisait à
haute voix la chronique de Pentagruel. Après le

repas, on jouait des moralités et des mystères, et enfin les danses avaient leur tour. La docte assemblée décernait aussi un prix aux bourgeois de Rouen qui, au dire de la majorité, avait fait la plus sotte chose dans l'année. Ces facéties furent avec justice interdites par le cardinal de Richelieu.

La soulle. — Ce jeu avait lieu le mardi gras, à Montilly, près de Condé-sur-Noireau, dans le Calvados. On se disputait un ballon, appelé soulle, qui était de morceaux d'étoffes, de la grosseur d'un boulet de 24, et orné de rubans de toutes couleurs. Les habitants de Montilly, et ceux de Bazoque et de Coligny, se distinguaient dans cette lutte. Les vainqueurs emportaient la soulle en triomphe et l'exposaient dans le carrefour, les jours de marché, aux yeux des vaincus, en leur criant, par dérision : *A la bouillie! à la bouillie!* Il n'y avait pas d'année qu'il ne restât des blessés sur le terrain. Cet amusement avait été autorisé par une ordonnance de Charles V, de l'année 1370, et il fut défendu en 1770.

COUTUMES ET SUPERSTITIONS.

Vers la fin du xviie siècle, il était encore d'usage à Bayeux, que les chanoines de la métropole se levassent dans la nuit, pour chanter les matines. S'il arrivait, chose fort rare comme on doit le penser, que l'un d'eux y manquât les jours de fêtes, les paroissiens, immédiatement après l'office, prenaient la croix, la bannière et le bénitier, et allaient ainsi en procession au logis du chanoine absent, pour lequel cette visite était une sorte de rappel à l'exactitude. De là le proverbe que tout le monde connaît.

A Caen, la veille de Noël, les enfants parcouraient jadis les rues avec des torches allumées, ou des lanternes peintes de diverses couleurs, et criaient : *Adieu, Noël ! Noël s'en va !*

Dans quelques communes, la veille des Rois, les jeunes paysans couraient les champs et autour des enclos, en tenant à la main des brandons de paille enflammés. Dans le département de l'Orne, on appelle cet usage *Coulines*. On parcourt surtout les champs plantés en pommiers et en poiriers ; on brûle avec les brandons la mousse de ces arbres ; et l'on chante en même temps : : . . . .

Taupes et mulots, sortez de mon enclos,
Ou je vous brûlerai la barbe et les os.

> Bonjour, les rois ,
> Jusqu'à douze mois ,
> Douze mois passés ,
> Rois , revenez.
> Charge pommier,
> Charge poirier,
> A chaque petite branchette ,
> Tout plein ma grande pouchette.

Taupes, mulots, sortez de mon clos ,
Ou je vous brûlerai la barbe et les os.

Lorsqu'il ne reste plus qu'une très-petite partie des coulines, on les réunit pour en faire une *Fouée* ou *Bourguelée,* et, après avoir récité quelques *Pater* autour, on renouvelle le chant et l'on y ajoute : *Adieu, les Rois !*

Cette coutume des brandons, qui a lieu dans plusieurs provinces de France, vient sans doute de quelques pratiques des premiers chrétiens ; mais les anciens célébraient aussi des réjouissances analogues en l'honneur de Pluton et de plusieurs autres dieux. Les Grecs avaient une fête consacrée à Cérès et à Proserpine, qui avait lieu le 15 du mois de broedomion, ce qui répondait à notre mois de septembre, laquelle se renouvelait tous les cinq ans et durait neuf jours.

Le cinquième s'appelait le jour des flambeaux, parce que les hommes et les femmes portaient des flambeaux durant toute la nuit, et que les initiés aux mystères de Cérès agitaient leurs torches autour des autels. Les Athéniens avaient aussi leur fête des Lampas, dans laquelle les jeunes gens étaient armés de flambeaux; et les Syriens célébraient celle appelée de *la torche* ou du *bûcher*, pendant laquelle on suspendait des animaux et d'autres offrandes à des arbres placés devant le temple, et auxquels on mettait le feu avec des brandons.

En Normandie, on appelle *Veillerie* l'assemblée des femmes pour filer, et des jeunes gens pour passer la soirée auprès d'elles.

A la Mi-Carême, les enfants portent sur le dos une petite botte de foin pour l'offrir à la *Mi-Carême,* qui doit passer ce jour-là et leur donner des marrons.

La nuit du Samedi-Saint au dimanche de Pâques, des chanteurs vont par les rues célébrant la Passion et la résurrection de Jésus. Ils reçoivent une sorte de tribut qu'on nomme *Pachré* et qui consiste en pièces de monnaie, ou simplement en œufs. Le sacristain va aussi dans chaque maison chercher son pachré. Enfin, on donne ce pachré au maître d'école.

Le jour de l'Épiphanie, lorsqu'on s'apprête à manger le gâteau des Rois, un enfant se glisse sous la table. On lui crie alors *phœbe Domine*, pour qui la part? Il répond d'abord : *pour le bon Dieu*, et ensuite pour tel ou tel. On donne la part de Dieu au premier pauvre qui se présente, et s'il y a un membre de la famille absent, on garde soigneusement sa part dans une armoire. S'il se porte bien, le gâteau demeure sain, et s'il meurt, il se gâte tout à fait. Celui qui a la fève est le roi de la fête. Aux Saturnales, les Romains tiraient aussi au sort, avec des fèves, pour se donner un roi dans la solennité du banquet.

Dans l'Orne, on nomme *Trefouet* la bûche de Noël, on répand dessus de l'eau bénite, elle doit durer les trois jours de la fête, et l'on conserve ce qui reste pour le mettre au feu lorsqu'il tonne. Ce tison préserve à la fois du tonnerre et des sorciers.

Le charivari se donne, dans la Normandie, au mariage des veufs, et dans quelques autres circonstances où l'on peut exprimer un blâme publique. On s'y déguise de diverses manières, et surtout sous des figures d'animaux sauvages.

La *Taranne* est un animal mystérieux, de la forme d'un chien, mais plus grand, très-maigre et très-sec. Il passe son temps à dévorer les chiens et s'amuse à les faire crier. Il se montre ordinairement dans les nuits d'hiver. Il y a aussi la *Piterne*, qui n'est connue que de nom; mais on place de certaines gens en sentinelle pour la saisir.

On appelle *Letices* ou *Létiches*, de petits animaux d'une blancheur éclatante, qui ne se montrent que la nuit et disparaissent dès qu'on les approche. Ils ne font aucun mal, et selon l'opinion commune, ce sont les âmes des enfants morts sans baptême.

Pendant la célébration de la messe de minuit, tous les animaux se mettent à genoux; mais il serait imprudent d'aller dans les étables pour s'en assurer et l'on s'exposerait à être battu par eux.

Un morceau de pain qui a été bénit à chacune des trois fêtes de Noël préserve de l'orage et des chiens enragés; mais si l'on donne de ce pain à ceux qui ne le sont pas, ils le deviennent aussitôt. Le pain bénit de Pâques garantit des sorciers.

Les sorciers sont très-communs en Normandie, et l'on pense qu'ils se trouvent principalement parmi les bergers. C'est surtout aux avents de Noël que leur puissance est le plus redoutable, et cette époque est également celle des esprits et des revenants. Les âmes des personnes qui ont commis de grandes fautes, se montrent alors chaque nuit, aux mêmes heures, jusqu'à ce que, à force de prières et de messes, on les ait délivrées. Ces revenants ont le même son de voix que de leur vivant; mais on ne peut les toucher. Il y a aussi des esprits qui habitent certaines maisons, y font beaucoup de tapage et déplacent tous les meubles. D'autres, enfin, apparaissent sous des formes hideuses, d'hommes ou d'animaux, pour inspirer encore une plus grande crainte. Les Grecs avaient aussi leurs *Mormones*, qui prenaient la forme d'animaux féroces pour inspirer la terreur.

Le *Gobelin* est un génie familier, malicieux, qui se revêt de diverses manières pour faire ses espiègleries; mais qui est bon diable d'ailleurs, et n'exige pas trop de ceux qu'il lutine.

Les esprits servants ont plus particulièrement la forme d'un nain. Ils aident volontiers les laboureurs dans leurs travaux, et les jeunes filles au temps de la récolte. Dans les ménages, cependant, si les servantes qu'ils protégent viennent à oublier de leur jeter à manger, sous la table et de la main gauche, alors ils ne manquent pas de se venger en mettant tout en désordre.

Des trésors existent dans tous les châteaux en

ruines ; mais ils sont la propriété du diable. Ils sont gardés par des chiens noirs qui les font quelquefois découvrir. Lorsqu'un de ces animaux se présente chez un habitant, et qu'on lui a fait faire un bon repas, il invite alors son hôte à le suivre et le conduit à l'endroit où il faut fouiller. Néanmoins, il faut, avant de se mettre à cette besogne, s'y préparer par le jeûne et la prière, et lorsqu'elle est commencée, on ne doit pas, quelle que soit sa durée, l'abandonner un seul instant; car on perdrait tout le fruit de sa peine.

Il y a aussi des trésors cachés dans les cimetières, sous les grosses pierres, etc. C'est toujours le diable qui en est le gardien, et pour l'emporter sur lui, on ne peut se dispenser de recourir à la sorcellerie. On peut, par exemple, poser un objet sacré sur ce trésor, ou bien jeter dessus de l'eau bénite, ou enfin le faire tirer par un vieux cheval, qui détruit toujours le maléfice; mais il ne manque pas non plus de périr dans l'année.

Les fées habitent les cavernes, et se plaisent à rendre service, pourvu que l'on se montre discret à leur égard. Elles aiment à se promener sur le cou des chevaux et à danser dans les lieux écartés où l'on trouve, le matin, la trace du rond qu'elles ont formé. Les *Dames blanches* se montrent au bord

des fontaines et au pied des rochers. La *Bête Avette*
est une fée des fontaines qui aime beaucoup les
enfants, et qui les noie pour les garder avec elle.

Il y a des *Dragons* blancs, rouges ou noirs, qui
apparaissent quelquefois dans les airs et enlèvent
certaines gens. Cette tradition de Dragons vient
sans doute de l'Orient, puisqu'il est parlé de ces
animaux fabuleux dans les contes arabes, indiens,
chinois et persans.

On croit qu'il y a des femmes qui, par suite de
rapports criminels avec les démons, mettent au
monde des espèces de monstres qui, dès qu'ils sont
nés, se sauvent sous le lit en grimaçant. C'est ainsi,
dit-on, que naquit l'enchanteur Merlin. En Allemagne, on nomme ces enfants-là *Killerops*.

On fait un *grimoire* qui rend de très-grands
services à celui qui en est porteur; mais pour qu'il
eût toute sa puissance, il faudrait, ce qui n'arrive
pas, qu'il eût été baptisé par un prêtre et nommé
comme un enfant. Le prêtre qui ferait la cérémonie, conjurerait alors toutes les puissances in-
fernales d'exécuter ponctuellement tout ce qui leur
serait commandé en vertu du livre baptisé et les
obligerait d'envoyer un des leurs pour le signer
au nom de tous et y apposer le cachet de l'enfer.
Celui qui serait muni de ce livre pourrait ensuite

commander à toutes les légions d'esprits avec la certitude d'être promptement obéi.

Les cierges bénits ont aussi une merveilleuse puissance pour chasser les démons et les sorciers ; toutefois, on les allume également pour préparer des maléfices.

On a la criminelle superstition de consacrer sept hosties à Noël, ou dans la semaine sainte, pendant sept années consécutives, afin de composer des sorts très-puissants.

Faire le signe de la croix de la main gauche, avant de jouer, porte bonheur. On a aussi des formules qui ont une grande puissance dans le même cas.

Durant la procession des Rameaux, et surtout au moment où le curé met du buis à la croix, on examine de quel côté vient le vent, pour savoir si on aura du blé, de l'herbe ou des pommes.

Pour conserver longtemps une grande fraîcheur, il faut se laver avec de l'eau prise à la rivière le jour de Pâques, avant le lever du soleil.

L'eau bénite de la Pentecôte est préférable à celle de Pâques pour préserver de l'orage ; mais celle de Pâques vaut mieux pour éloigner les sorciers. On doit faire provision de l'une et de l'autre.

La foudre ne frappe jamais l'épine blanche,

parce que la couronne du Christ était faite de cet arbuste.

Les fleurs cueillies le jour de la Saint-Jean ne flétrissent jamais. On fait surtout des couronnes avec l'armoise qui préserve de la foudre et des voleurs. Il en est de même de la verveine. Se rouler ce jour-là, le matin, dans la rosée, ou se baigner dans une fontaine, guérit de la gale et de toutes les maladies cutanées.

Le tintement des oreilles désigne qu'on parle de nous : si cela a lieu à l'oreille droite, c'est un ami; si on l'éprouve à la gauche, c'est un ennemi. Les Romains tiraient le même présage de ce tintement.

Tomber ou faire un faux pas, lorsqu'on sort pour terminer une affaire, est d'un très-mauvais augure.

Le sel purifie toute chose, chasse les maléfices, et c'est un signe de malheur que de renverser une salière. Les Romains, qui employaient le sel dans les augures, trouvaient aussi que c'était un mauvais présage que de le renverser.

Lorsqu'on sort le matin pour la première fois, il n'est nullement indifférent de porter tel ou tel pied le premier dehors. Le pied gauche est un signe de bonheur quand on rentre, et le pied droit signifie la même chose quand on sort.

Si l'eau commence à tomber un mardi, un mercredi ou un vendredi, elle continuera tout le reste de la semaine. Si elle commence un dimanche, elle durera huit jours. Selon tel ou tel jour qu'elle tombe dans l'année, c'est un signe d'abondance ou de disette.

Il ne faut pas tailler ses ongles un mardi, un mercredi ou un vendredi, parce qu'il pousserait de petites pellicules nommées *envies*; et de plus il arriverait quelque malheur.

Quoique le vendredi passe pour un jour funeste, il ne faut pas cependant mettre de l'eau dans le cidre un autre jour que celui-là; car la liqueur deviendrait aigre. Si l'on prend une chemise le vendredi, on mourra dedans.

Un prêtre qui a reçu pendant sa vie de l'argent pour dire des messes qu'il n'a point dites, vient les célébrer après sa mort et même achever les mots qu'il avait oubliés.

Ce sont certains curés et les bergers qui font paraître les orages. Si l'on tire sur la nuée la plus noire, avec une balle bénite, il en tombera infailliblement un sorcier.

Si l'on met des œufs ardrés dans du fumier de cheval, il en naîtra un serpent. Il faut alors le tuer lorsqu'il est encore petit; car plus tard il causerait de grands dommages. Son huile sert à composer des maléfices.

Lorsqu'il se forme de petites ramifications à une chandelle, il faut examiner de quel côté elles sont placées; car bientôt on doit recevoir une nouvelle ou une visite du même côté.

On se masque rarement dans le carnaval, parce que le diable a souvent enlevé des jeunes gens qui s'étaient déguisés. Néanmoins, dans quelques communes, les mascarades sont en usage et même très en faveur parmi la jeunesse. Les anciens avaient aussi des mascarades, particulièrement aux *Saturnales* ou fêtes de Bacchus, aux *Lupercales*, et à la fête de la mère des dieux, qu'on appelait *Megalesia*. Ovide les fait remonter jusqu'à Hercule, qui, pour causer de la peine à Faune, prit un jour les habits de la belle Lyda sa maîtresse, et lui donna un rendez-vous dans une grotte obscure. Faune ayant reconnu la tromperie s'en retourna plein de confusion.

Lorsqu'on mange des harengs, on jette la *laite* au plancher : si elle s'y attache, c'est qu'on aura un habit neuf à Pâques; dans le cas contraire on n'aura rien. C'est aussi un excellent moyen pour savoir si l'on réussira dans une affaire.

Quand une louve met bas ses petits, elle donne

aussi le jour à un chien. Lorsqu'ils sont tous grands, ou du moins assez forts pour vivre seuls, elle les conduit à un ruisseau, et, à la manière de boire, elle reconnaît le chien qu'elle dévore sur-le-champ.

Les laitières se servent d'un vase d'airain pour traire les vaches lorsqu'elles arrivent d'une foire. Ce métal les préserve des sortiléges, et a la propriété d'attirer une plus grande quantité de lait. Lorsqu'on doit porter le lait à la ville, ou bien lorsqu'on veut le donner à des voisins, on a soin de mettre dessus un peu de sel, pour détruire les sorts que l'on voudrait jeter sur les animaux qui l'ont fourni. Pour éviter ces sorts, on suspend aussi un petit sac rempli de sel à la corne de la vache; et pour lever ceux qui ont été donnés, on mène la vache à une foire, ou bien on a recours à un sorcier.

Avant la révolution de 1793, on publiait des *Monitoires,* que l'on appelait aussi *Quérémonies,* contre le malfaiteur qui n'avait pu être découvert et ceux qui le connaissaient, mais qui ne voulaient pas le livrer. Si le criminel ne se présentait pas à la troisième publication, il appartenait au diable et courait le *Loup-garou;* car alors on le débaptisait, et ceux qui le cuchaient avaient le même sort.

Tous les soirs, après le coucher du soleil, le malheureux se revêtait d'une peau de loup, qu'on appelle *Hère* ou *Hure,* et le diable, à qui il était échu en partage, le fouettait cruellement au pied de toutes les croix et au milieu de tous les carrefours. Du reste, pour délivrer un loup-garou, il faut lui porter sur le front trois coups de couteau bien appliqués. Si le sang coule, le loup-garou est sauvé, sa *Hère* tombe. D'autres personnes pensent qu'il ne faut tirer que trois gouttes de sang. Le loup-garou court de trois à sept ans : si on manque à le délivrer, ce temps recommence.

Pour faire passer le lait aux femmes ou aux animaux qui en ont, il faut leur faire un collier de liége. Le lait d'une femme qui a eu deux enfants au plus, sert à composer des sorts très-puissants pour opérer toutes sortes de sortiléges et d'enchantements.

Le septième garçon ou la septième fille, et leurs descendants jusqu'au quatrième degré, guérissent du *Carreau,* en passant la main sur le ventre du malade ; mais il vaut encore mieux toutefois faire dire une messe en l'honneur d'un saint. La personne qui touche a de longues prières à réciter ; et, celle qui a été touchée, en est quitte pour quelques *Pater* et quelques sous.

Couper la galette *faite à la fouée* empêche le pain de cuire ; il faut la rompre.

Un homme damné mange après sa mort le suaire qui lui couvre le visage, et ce malheureux pousse dans la tombe des cris sourds et effrayants.

On conserve les glanes de la moisson jusqu'à l'année suivante. On conserve également, pendant une année, les couronnes de la Saint-Jean et le morceau de gâteau des Rois.

On donne le nom de *Faulaux* au gaz inflammable qui se fait apercevoir dans les lieux marécageux. On dit que ce sont des âmes damnées qui cherchent à entraîner les voyageurs dans des précipices ou dans l'eau. Les Anglais nomment ces feux *Wisp;* les Irlandais, *Miscaun marry;* et les Allemands, *Heerswifels.* Les anciens les appelaient *Dioscures,* lorsqu'ils apparaissaient autour des mâts et des agrès des navires : s'il y en avait deux, c'était signe de beau temps ; un seul présageait la tempête.

Lorsqu'on voit tomber un météore, connue sous le nom d'étoile qui file, c'est que quelqu'un meurt au même instant, et que son âme monte au ciel. Dans ce cas, il faut faire le signe de la croix, et réciter un *Pater* et un *Ave.*

On appelle *Chasse Annequin,* une troupe d'esprits

qui traverse les airs, en poussant des cris aigus et prolongés. D'après la tradition, cette chasse a pour origine un prêtre qui, pour avoir eu ainsi qu'une religieuse une pensée profane sans en avoir fait pénitence, fut condamné avec la none à courir les airs de toute éternité.

Si l'on rencontre un chien noir le matin, en sortant pour la première fois, il faut rentrer aussitôt sans terminer aucune affaire, parce que le chien noir est d'un mauvais présage. Il est bon aussi de ne point voir pour première personne celle qui est habillée de noir.

Dans les repas des gens de la campagne, lorsqu'il y a une oie, on lui coupe d'abord le croupion, et l'on fait à celui-ci trois pieds avec des petits morceaux de bois. Ensuite, on le *bannit*, c'est-à-dire que celui qui boit sans discontinuer le plus grand nombre de verres de cidre, l'obtient.

Lorsque les étincelles du bois qui pétille dans le foyer sont vives et nombreuses, c'est signe de guerre ou de discordes quelconques.

L'odeur de la fumée chasse l'orage.

Les enfants qui n'ont pas sept ans accomplis sont toujours exposés à être enlevés par des sorciers ou par des vieillards qui les emmènent dans des souterrains et les mangent. Les Grecs avaient

aussi un démon femelle, nommé *Gello*, qui tour-
mentait les petits enfants.

On appelle *corde au beurre* une corde composée
d'un grand nombre de nœuds, préparée par un
sorcier, et que l'on attache au pied gauche de derrière d'une vache. On conduit celle-ci par les
chemins les plus fréquentés, et l'on est persuadé
qu'elle se procure ainsi tout le beurre qu'auraient
donné les vaches qui sont passées dans le jour par
le même lieu. Cette opération est connue sous le
nom de *traîner la corde*.

Les gens de la campagne sont persuadés qu'ils
ont rencontré plusieurs fois, dans la nuit, des bé-
liers noirs qui vomissent des flammes, des chats
noirs dont les yeux étincellent, des lapins blancs
suspects, des taureaux rouges à cornes épouvantables, et des chiens noirs immobiles dans les lieux
où il y a des trésors.

Il ne faut point vendre les abeilles, mais les
échanger ou les donner. Celles qui sont volées ne
profitent pas au voleur. Quand quelqu'un meurt
dans la maison, on attache un morceau d'étoffe
noire à la ruche; car elles périraient dans l'année
si on ne leur faisait pas porter le deuil. Ces insectes
n'aiment pas à entendre jurer, et ils punissent à
coups d'aiguillon celui qu'ils entendent blasphé-

mer. Tuer les abeilles sans nécessité, c'est perdre la bonne chance et compromettre son bonheur.

Il est défendu de manger des œufs le vendredi et le samedi de la semaine sainte, car presque toujours ils renferment des crapauds ces jours-là.

On vend dans les foires des amulettes, tels que bagues de saint Hubert, petits livres sacrés, etc., qui garantissent des chiens enragés et des sorciers.

Afin qu'une vache puisse concevoir, on ne manque jamais à la pratique de la frapper sur le flanc de trois coups d'une baguette de coudrier, ou de fendre en quatre le bout de sa queue, ou de lui appliquer sur les reins une poignée de boue, ou d'y jeter un seau d'eau fraîche, ou enfin de les lui frotter. On lui fait manger du sel ou du buis bénit pour la préserver des sorciers. De peur qu'une vache qu'on vient d'acheter n'ait reçu un sort qui l'empêche de donner du beurre, on lui met du sel fondu au pis et à la naissance de la queue, ainsi que dans le vase où on doit la traire pour la première fois. Lorsque, par une cause quelconque, une vache ne produit plus de crème, on attribue cet accident à un sorcier, et l'on va trouver un autre sorcier pour lever le sort.

Mettre en dedans la boucle de l'éperon, quand on monte à cheval, est un moyen infaillible pour ne point rencontrer de sorcier pendant son voyage. Pour échapper aussi à l'atteinte des sorciers, il suffit de mettre son bas à l'envers.

Le buis bénit le jour des Rameaux préserve une maison de la foudre et des sorciers; et si l'on peut s'emparer de la branche que le curé a attachée à la croix, on fait du beurre tant que l'on veut.

Si un cochon meurt de mort naturelle, c'est un présage sinistre, c'est-à-dire qu'il ne doit pas tarder à mourir quelqu'un aussi dans la nature.

Une corde de pendu porte bonheur. Il en est de même des rognons de porc ou de chien desséchés, et de la tête de l'insecte appelé cerf-volant.

On croit que le son des cloches chasse les mauvais esprits et préserve de la foudre et de la grêle.

Lorsqu'un cheval s'enfonce un clou dans le pied, il faut aussitôt ficher ce clou dans un chêne : c'est une recette pour qu'il ne vienne pas de mal au pied de ce cheval.

Le *Rebet* ou troglodytes, que l'on nomme aussi *l'oiseau de Dieu*, est très-respecté, parce qu'il a apporté, dit-on, le feu du ciel, et l'on est convaincu qu'il arriverait quelque malheur à celui qui le tuerait.

La poule qui imite le chant du coq, chante sa mort ou celle de son maître ; aussi, dans ce cas, pour éviter tout danger, on ne manque pas de la tuer à l'instant.

Entendre à jeun, au printemps, chanter un coucou pour la première fois de l'année, et avoir par hasard de l'argent sur soi, c'est un signe certain qu'on en aura toute l'année.

La chouette, nommée par les Normands *Fresas,* ou *Fresaie,* a le pouvoir d'annoncer infailliblement la mort.

Les troupes de corneilles qui crient en l'air marquent la famine ; celles qui se battent annoncent la guerre ; et, par la direction de leur vol ou les inflexions de leur voix, elles présagent aussi la famine ou l'abondance. C'est un mauvais augure que d'en voir à son lever, et dans ce cas il est prudent de n'entreprendre aucune affaire importante.

Le criquet porte bonheur à la maison dans laquelle il se réfugie, et où il fait entendre son chant.

Si une araignée descend sur quelqu'un en filant, c'est un présage de bonheur.

Le chat est l'image du diable, que l'on suppose se montrer souvent sous la forme d'un chat noir. Certain os de la tête d'un chat noir rend invisible.

Le crapaud est l'ami de l'homme, et lui faire du mal, c'est s'attirer volontairement quelque malheur.

Tous les jours ne sont pas bons pour la saignée : il faut l'éviter les mardi, mercredi et vendredi, surtout pendant la canicule. Les Normands disent :

> La saignée du jour Saint-Valentin
> Fait le sang net soir et matin.
> La saignée du jour au devant
> Garde des fièvres pour constant.
> Le jour Sainte-Gertrude bon fait
> De faire saigner du bras droit ;
> Celui qui ainsi le fera ,
> Les yeux clairs reste année aura.

On guérit les verrues en les frottant avec un limaçon rouge ; il faut ensuite l'enfiler avec une épine et l'y laisser suspendu. A mesure qu'il pourrit les verrues disparaissent.

La morsure d'un chien se guérit avec son poil.

X

ANJOU. — ORLÉANAIS.
BERRI. — BOURBONNAIS. — NIVERNAIS.

MAINE-ET-LOIRE, INDRE-ET-LOIRE, MAYENNE, SARTHE. — LOIR-ET-CHER, LOIRET, EURE-ET-LOIR. — CHER, INDRE. — ALLIER. — NIÈVRE.

L'Anjou, *Andegavensis ager* ou *Tractus*, était habité, du temps de César, par les *Andes* ou *Andegavi*, dont il a retenu le nom, et, sous Honorius, il se trouvait compris dans la *troisième Lyonnaise*. De la domination des Romains, il passa sous celle des Francs, et Charles le chauve le divisa en deux

comtés, qui furent réunis de nouveau à la fin du
xi⁰ siècle, par Foulques I⁰ʳ, dit le Roux. Philippe-
Auguste réunit l'Anjou à la couronne, lors de la
confiscation des provinces que Jean sans terre possédait en France. En 1246, saint Louis donna
l'Anjou comme apanage, à son frère, qui, sous le
nom de Charles I⁰ʳ, occupa le trône de Sicile.
Charles II le donna en dot à Marguerite sa fille, en
la mariant à Charles de Valois, deuxième fils de
Philippe le hardi. De ce mariage naquit Philippe IV,
qui étant devenu roi de France en 1328, réunit
cette province à la couronne. Jean 1⁰ʳ l'en détacha
de nouveau, en 1356, pour l'ériger en duché-
pairie en faveur de son puîné, Louis I⁰ʳ, chef de la
seconde maison d'Anjou Sicile; mais Louis XI
l'incorpora, derechef et pour toujours, au domaine
de France, en 1481. Henri III, le duc d'Alençon,
son frère, le duc d'Orléans, frère de Louis XIV,
Philippe V, roi d'Espagne, et Louis XV, ont porté
le titre de duc d'Anjou.

L'Orléanais, *Aurelianensis pagus* ou *Tractus,* était
habité par une partie des *Carnutes,* et fut compris
dans la *quatrième Lyonnaise.* Le Berri était occupé
par les *Bituriges* qui lui donnèrent leur nom, et
dépendit ensuite de la *première Aquitaine.* Le Bourbonnais, *Burbonensis ager* ou *Tractus,* était habité

par les *Cedui*, les *Bituriges-Cubi* et une partie des *Arverni*, et se trouvait aussi renfermé, sous Honorius, dans la *première Aquitaine*. Enfin, le Nivernais, *Nivernensis provincia*, était peuplé par les *Vadicasses*, les *Boji*, etc., et fut compris, partie dans la *Lyonnaise quatrième* ou *Senonaise*, partie dans la *Lyonnaise première*.

MARIAGE.

Dans le Loiret, le parrain et la marraine de celui qui se marie lui font un cadeau qu'on appelle *Cochelin*, et qui consiste ordinairement en une cuiller à café, ou quelque ustensile nécessaire dans le ménage.

On a le singulier usage, dans la Sologne, de piquer le marié et la mariée jusqu'au sang, pendant la célébration de la messe, pour s'assurer, d'après le plus ou moins de sensibilité qu'ils témoignent en cette circonstance, quel sera des deux le plus jaloux. L'époux ne laisse pas sa femme passer elle-même l'anneau de mariage à son doigt : c'est lui qui se charge de cette opération, et il a le plus grand soin de l'enfoncer jusqu'à la troisième phalange ; car s'il en était autrement, sa moitié serait la maîtresse au logis. Durant la cérémonie, les deux époux tiennent chacun un cierge allumé, et celui des deux dont le cierge coule le plus vite est aussi celui qui doit mourir le premier.

Le premier jour des noces, après le repas, une commission de cinq paysannes se charge de faire la quête. La première, vêtue de ses plus beaux habits, et tenant à la main une quenouille et un fuseau, les présente à chacun, en chantant le refrain suivant :

> L'épousée a bien quenouille et fuseau,
> Mais de chanvre, hélas ! pas un écheveau,
> Pourra-t-elle donc filer son trousseau ?

La deuxième quêteuse reçoit les offrandes dans le gobelet de la mariée; la troisième verse à boire à ceux qui ont donné ; la quatrième essuie la bouche du buveur avec une serviette ; et la cinquième, qu'on choisit la plus jolie pour remplir son ministère, embrasse en signe de remercîment.

Les noces se terminent par la cérémonie que voici. On place un pot de grès au bout d'une perche, et chacun des convives, armé d'un bâton et les yeux bandés, s'avance successivement vers le but, qu'il doit briser d'un seul coup. Le vainqueur a le droit d'embrasser la mariée ; mais s'il n'y réussit pas assez vite, on le dédommage en le plaçant sur un trône de feuillage, où on lui verse à boire et où chacun vient trinquer avec lui. Il est ainsi condamné à boire, jusqu'à ce qu'il ait touché d'une certaine manière le verre d'un autre convive, qui vient alors le remplacer, et qui ensuite est remplacé à son tour.

Le premier dimanche après les noces, le sacristain de la paroisse apporte une quenouille à la mariée, qui l'entoure de lin filé, et l'on en fait offrande à l'église.

Dans la commune de Fallais, pays de Mauges, Maine-et-Loire, le lendemain d'une noce, on prend, dès le matin, la meilleure charrette de la métairie, à laquelle on attèle tous les bœufs qui se trouvent dans l'étable. Toute la compagnie suit cet équipage, que l'on mène dans un champ de choux verts. Là, on fait choix du plus beau, puis on ouvre une tranchée circulaire à une certaine distance et l'on approche du pied peu à peu, avec un grand air de travail et de peine. Lorsque le chou est déchaussé, chaque homme de la noce essaie de l'arracher avec des efforts simulés, et, bien entendu, n'en peut venir à bout. Cet honneur est réservé au marié, qui n'en gesticule pas moins pour prouver le mal qu'il a lui-même à remporter cette victoire.

Pendant toute cette scène, force lazzis, grosse gaîté de la part des assistants. Enfin, on s'arme de leviers, de cordes, de tout l'attirail qui serait nécessaire pour remuer un chêne de sept ou huit siècles d'existence; et l'on place le chou sur la charrette, pour le porter en triomphe au logis, où les femmes s'en emparent au profit de la marmite, ce qu'elles font avec des démonstrations non moins bruyantes que celles des hommes.

FÊTES ET DANSES.

Le roi de la bague. — Cette fête se célèbre à Château-du-Loir. Les jeunes gens de la ville montent à cheval, l'un des jours du carnaval, et vont courir la bague. Celui qui remporte le prix trois fois, est proclamé roi, et il choisit une reine à laquelle ses compagnons, devenus ses sujets, s'empressent de rendre hommage. La reine les en remercie en donnant un bal qui termine la fête.

La gerbe. — C'est après le battage des grains que cette fête a lieu dans le département de la Mayenne. Quand le travail est sur le point de finir, et qu'on a préparé la dernière *airée*, les batteurs placent dans le coin de la grange une des plus belles gerbes,

qu'ils ornent de fleurs et de rubans et qu'ils attachent fortement à un piquet enfoncé en terre. Alors
les batteurs et les moissonneurs se rassemblent et
vont en corps déclarer solennellement au fermier
qu'il y a dans la grange une gerbe qu'ils ne peuvent enlever et qu'il ne leur sera pas possible de
transporter sur l'aire, s'il ne leur vient en aide.
Le fermier les suit, et après avoir simulé beaucoup
d'efforts pour soulever cette gerbe, il en vient à
bout, et se met en marche pour aller la déposer
sur l'aire, au bruit des acclamations de son cortége,
et précédé de deux hommes armés de balais, avec
lesquels ils font lever des nuages de poussière. Si
des étrangers sont présents, les jeunes filles leur
offrent un bouquet de fleurs des champs sur un
plat d'étain ; on les place ensuite sur des brancards
pour les porter en triomphe ; le vanneur le plus
habile vient derrière eux, ayant son van rempli de
grains qu'il fait sauter ; et le cortége est fermé par
les batteurs armés de leurs fléaux. Lorsqu'on est
arrivé sur l'aire, on en fait le tour, la gerbe est
déliée et étendue, et on tire des coups de fusil. Dans
ce moment on apporte une table couverte d'une
nappe, sur laquelle on a servi du pain blanc, une
pelote de beurre et du vin. Chacun boit et mange
à volonté. Le soir, au souper, on sert des pots de

lait caillé. Pour les obtenir, les jeunes batteurs sont allés déposer un bouquet sur la sellette de la fille qui, dans chaque ferme voisine, trait les vaches, ce qui lui impose l'obligation d'apporter un fromage au banquet. Lorsqu'on commence à servir ce laitage, cinq jeunes garçons et cinq jeunes filles se lèvent ensemble, et après avoir brossé et nettoyé chaque convive, ils lui offrent un bouquet et lui font avaler une cuillerée de caillé. Ce souper se termine par des chansons et des danses.

LES CHEVAUX FUGS.—La confrérie des chevaux fugs avait été instituée à Montluçon, en commémoration d'une défaite des Anglais dans un de ses faubourgs, celui de la Presle (*Prœlium*), ainsi nommé du combat qui avait eu lieu. Cette fête était donc un anniversaire de la délivrance de la ville, et se célébrait chaque année à la Pentecôte. Les confrères, vêtus en gens d'armes du XIVe siècle, dansaient une espèce de pyrrhique dans laquelle ils entrelaçaient leurs épées en cadence; et les uns se laissaient tomber à terre comme s'ils avaient été blessés à mort, tandis que les autres simulaient une fuite. Quelques-uns, paraissant montés sur des chevaux de carton qui étaient attachés à leur ceinture, exécutaient des charges de cavalerie; et ensuite, au son d'une musique guerrière, ils parcouraient la

ville et s'arrêtaient successivement chez le premier
magistrat, chez les cordeliers, à l'entrée du faubourg de la Presle, et enfin sur la place du château.
Ils poussaient même leur pointe jusqu'à Argenty
et sur l'extrême frontière du Bourbonnais et de la
Combraille. Le seigneur d'Argenty était dans l'usage
de leur faire donner une certaine quantité d'avoine,
qu'ils vendaient sur—le—champ pour en employer le
produit en un festin ; et, à Montluçon, les cordeliers les régalaient à leur tour.

COUTUMES ET SUPERSTITIONS.

Dans la Mayenne, le dernier jour de l'année,
les jeunes gens allaient crier à la porte des fermes :
Au gui, l'an neuf ! et l'on reconnaissait ceux de
chaque canton, à la chanson qu'ils chantaient
ensuite.

Le premier dimanche du carême, les paysans
du Loiret se poursuivent, munis de flambeaux
allumés, à travers les champs ensemencés, et en
répétant cette strophe :

Sortez, sortez d'ici, mulots !
Où je vais vous brûler les crocs !

> Quittes, quittes ces blés :
>
> Allez, vous trouverez
>
> Dans la cave du curé ,
>
> Plus à boire qu'à manger.

Le soir, on se réunit pour manger du *Mi*, c'est-à-dire de la bouillie de farine de millet, et chaque convié doit apporter au festin un pied de nielle cueilli dans sa course.

Dans quelques communes de la Sarthe, et entre autres à Chevillé, on va, le jour des morts, bêcher la terre des cimetières. On appelle cela *rafraîchir les fosses*.

L'étoile filante est une âme qui vient d'abandonner le corps d'un trépassé, et il faut prier pour que les portes du ciel lui soient ouvertes.

Il y a des fées, des nains et des sorciers qui guettent les petits enfants pour les enlever et aller les manger au fond des bois. Les parents ne doivent donc pas perdre de vue un seul instant leurs enfants, à moins cependant que ceux-ci n'aient atteint leur septième année.

Les habitants de la Nièvre ont la croyance que des chiens et des chats noirs parcourent la nuit les campagnes pour y commettre toutes sortes de ravages ; car ce sont des démons qui se sont ainsi revêtus.

Il ne faut jamais adresser d'injures aux abeilles ; car elles s'intéressent à la prospérité de la maison ; et d'ailleurs, comme elles comprennent parfaitement les paroles qu'on leur adresse, elles ne manquent pas de se venger des choses désagréables qu'on leur a dites.

Pour mettre dans l'embarras des sorciers qui voudraient nuire, il faut chausser un bas noir et l'autre bleu.

Le buis qui a été bénit le jour des Rameaux et sur lequel on dit soi-même trois *Pater* et trois *Ave* au moment du danger, préserve du tonnerre, de la peste et des sorciers.

Dans la Sarthe, selon que la chouette crie de telle ou telle manière, elle vient vous annoncer la mort d'un ennemi ou la maladie prochaine d'un membre de votre famille.

Si les corneilles s'abattent en grand nombre sur un champ, c'est un signe de famine ; si elles se perchent simplement sur un arbre, cela signifie qu'il y aura un orage prochain ; et si une seule s'abat devant vous sur la route, c'est que vous êtes menacé d'un malheur.

Le diable prend souvent la figure d'une vieille femme, pour donner de mauvais conseils aux jeunes filles.

XI

LYONNAIS,
BOURGOGNE. — FRANCHE-COMTÉ. — CHAMPAGNE,

RHONE , LOIRE. — YONNE , AIN , COTE-D'OR , SAONE-ET-LOIRE.
JURA, DOUBS, HAUTE-SAONE. — HAUTE-MARNE,
AUBE , MARNE , ARDENNES.

Le Lyonnais, *Lugdunensis tractus* ou *Pagus,* était habité, du temps de César, par les *Segusiani* ou *Insubres,* et il formait, sous Honorius, la *première Lyonnaise.* De la domination romaine il passa sous celle des Bourguignons, et fit partie du premier royaume de Bourgogne, à la suite duquel il fut

possédé par les Francs jusque vers l'an 870.
Charles le Chauve confia alors ce gouvernement,
ainsi que celui du Forez et du Beaujolais, à Guillaume Ier, qui s'y rendit bientôt indépendant ,
et le transmit à ses enfants à titre d'hérédité.
Bozon Ier s'empara du Lyonnais lors de son usur-
pation ; puis, en 955, cette province fut cédée à
Conrad, roi du royaume de Bourgogne et d'Arles,
en faveur de son mariage avec Mathilde de France,
fille de Louis d'Outre-Mer. Des deux fils qui na-
quirent de cette union, le plus jeune, nommé Bur-
chard, fut archevêque de Lyon ; et profitant de
l'indolence de Rodolphe III, son frère, et de l'a-
mour de sa mère, il se fit accorder en apanage le
Lyonnais, dont il transmit la possession indépen-
dante à ses successeurs. Frédéric Barberousse la
leur assura par une bulle en date du 18 novembre
1157. Les chanoines de Lyon , qui prenaient le
titre de *Comtes* cédèrent en 1314, à Louis le Hutin,
la juridiction temporelle de la ville qui fut alors
réunie à la couronne, et Charles IX ayant acquis
ce qui leur restait de droit de justice, le prélat et
les chanoines de Lyon ne conservèrent que le titre
de *Comtes* dont ils s'étaient qualifiés.

Du temps de César, la Bourgogne était habitée
par les *Lingones*, les *Cedui*, les *Mandubii*, les *Am-*

barri et les *Zediones*; sous Honorius, elle se trouvait comprise dans la *première Lyonnaise*. La Franche-Comté avait pour anciens habitants les *Hevetii*, appelés aussi depuis *Sequani*, puis elle fit partie de la *maxima Sequanorum*. La Champagne était occupée par les *Tricasses*, les *Remi*, les *Catalauni*, les *Senones*, les *Lingones* et par une partie des *Meldæ*. Sous la domination romaine, elle était comprise, partie dans la *seconde Belgique*, partie dans la *seconde Lyonnaise*. Le Bassigny dépendait de la *première Lyonnaise*.

MARIAGE.

Dans le département de l'Ain, c'est un entremetteur qui prépare le mariage. Lorsque le prétendant est agréé, il se rend au domicile de sa future, et il y renouvelle plusieurs fois ses visites jusqu'à ce que les conditions soient réglées. Ces visites s'appellent *aller en côté*, elles durent plusieurs heures et ne finissent qu'à minuit. L'entremetteur cause avec le père et la mère, et le galant avec la jeune fille, le tout sans préjudice des bouteilles qui se vident. Le futur s'engage toujours à donner à sa femme une robe noire qu'elle met le jour de la Toussaint, le jour des Morts, et alors que des deuils ont lieu dans la famille.

Après la cérémonie religieuse, et lorsque les époux rentrent dans leur maison, on répand du blé sur eux et on leur souhaite ainsi prospérité et abondance.

Un charivari est donné aux nouveaux mariés, lorsque l'un d'eux est veuf ; mais ils peuvent l'éviter en donnant un bal, qui reçoit alors le nom de *charivar*.

Lorsque des familles sont accusées de sorcellerie, on dit qu'elles ont *un nom*, et quelle que soit leur fortune, il faut qu'elles s'allient entre elles ; car personne ne voudrait s'unir à de pareilles gens.

Dans la Haute-Marne, le marié doit envoyer une aune de ruban à toutes les filles de l'endroit qui dépassent l'âge de huit ans, et celle qui a reçu ce cadeau doit adresser en retour à la mariée, ou un poulet, ou une douzaine d'œufs, ou du beurre.

Lorsque les époux sortent de l'église, après la bénédiction nuptiale, ils s'arrêtent au cimetière, où les attend un énorme vase rempli de soupe, dont ils doivent manger quelques cuillerées, et tous les gens de la noce les imitent. Cette cérémonie a, dit-on, pour objet, de faire connaître aux époux l'égalité qui doit régner entre eux.

Dans les Ardennes, les mariés ouvrent le bal, et cherchent ensuite à échapper aux surveillants qu'on leur a donnés pour les empêcher de sortir. Dès qu'on s'aperçoit de leur disparition, on se met à leur poursuite, et, si on les rattrape, on les oblige à rentrer au bal ; mais s'ils parviennent à se soustraire à la recherche qu'on fait de leurs personnes, ceux qui les ont laissés s'enfuir sont placés le lendemain matin sur une botte de paille, et traînés dans tout le village par les mariés et les gens de la noce.

MORT.

Dans l'Ain, on plaçait autrefois dans la bière, à côté du mort, quelques ustensiles, et aujourd'hui on met encore dans la bouche de celui-ci, à l'insu du prêtre, une pièce de monnaie. Si c'est un enfant, on dépose dans sa main une petite boule que l'on nomme *Gobille*.

Au retour de la cérémonie des funérailles, on sert un repas qui dure le reste de la journée, et pendant lequel on discourt sur les qualités du défunt.

FÊTES ET DANSES.

Dans les Ardennes, les fêtes locales se nomment *Dédicaces*. La veille du jour où elles doivent avoir lieu, les jeunes garçons vont en cérémonie dans toutes les maisons, avec une grande corbeille remplie de rubans de toutes les couleurs ; chaque personne en reçoit un nœud qui flotte élégamment sur l'épaule gauche, semblable à de légères aiguillettes. Ce nœud, qu'on appelle les *Jouettes*, est le billet d'invitation et d'entrée au bal. Le lendemain de la fête, ce sont les filles qui invitent les garçons.

L'ALLELUIA. — Jadis, dans l'Yonne, l'alleluia jouait un grand rôle dans l'église. On le faisait mourir, on l'ensevelissait et on le ressuscitait. Les enfants de chœur officiaient le samedi de la Septuagésime : après l'office ils portaient, en pleurant, une bière qui était censée contenir l'alleluia décédé, et, le samedi saint, on solennisait sa résurrection.

FLAGELLATION DE L'ALLELUIA. — Cette cérémonie burlesque avait lieu à Langres. On écrivait en lettres d'or, sur une toupie, le mot alleluia, et l'on plaçait cette toupie au milieu de la cathédrale. A l'heure indiquée, les enfants de chœur venaient en procession, avec la croix et la bannière, à l'endroit où la toupie était déposée, et l'opération commençait. Ils la faisaient pirouetter à coups de fouet, chantant des psaumes et des cantiques, et la poussaient ainsi hors de l'église, en lui souhaitant bon voyage jusqu'à Pâques prochain.

FÊTE DES FOUS. — Elle se célébrait jadis à Sens. C'était le carnaval du moyen âge et une imitation des Saturnales. On élisait un évêque des fous, et des prêtres, barbouillés de lie et habillés d'une manière ridicule, entraient dans le chœur pour y chanter des chansons. Les diacres et les sous-diacres mangeaient des boudins et des saucisses; ils jouaient aux cartes et aux dés; mettaient des morceaux de vieilles savates dans l'encensoir en guise d'encens; puis ils se faisaient ensuite traîner tous par les rues dans des tombereaux, où ils se livraient à mille contorsions. On voit encore la représentation de ces scènes ridicules, sur des monuments du moyen âge; et, d'après Millin, la marotte que l'on place aujourd'hui dans la main du dieu Comus prendrait son origine à la fête des fous.

Une autre *fête des Fous* se célébrait à Châlons, le jour de la Saint-Étienne. On dressait un théâtre la veille, devant la grande porte de la cathédrale, et le jour de la fête on y disposait un festin. Lorsque tout était prêt, on allait en procession, vers deux heures après midi, à la maison de la *maîtrise des Fous,* pour y prendre l'évêque de ceux-ci, lequel, monté sur un âne couvert de magnifiques harnais, était ensuite conduit, au son de la musique, jusqu'au lieu où était érigé le théâtre. Cet évêque, vêtu d'une chape, ayant mitre, croix pectorale, gants et crosse, s'asseyait à table avec ses officiers et mangeait le repas servi. Les fous se composaient ordinairement des personnes les plus qualifiées. Après ce repas, il y en avait un second; et pendant celui-ci, les chapelains, les chantres et les bas-officiers de l'évêque des fous se divisaient en trois troupes : la première restait autour du théâtre; la deuxième entrait dans l'intérieur de l'église, où elle chantait des mots vides de sens, qu'elle accompagnait d'horribles grimaces; et la troisième parcourait les rues. Ce dernier repas terminé, tous les fous allaient chanter précipitamment les vêpres, et le maître de musique, battant la mesure, faisait entendre un motet. Après ces vêpres, on faisait une cavalcade autour de l'église et dans les rues adjacentes, avec des hautbois, flûtes, harpes, flageolets, fifres et tambours; la procession parcourait ensuite les autres quartiers de la ville, précédée d'une troupe d'enfants portant des flambeaux, des

encensoirs et des falots ; et , arrivés au marché ,
les fous jouaient à la paume. Ils recommençaient
ensuite leurs danses et leurs cavalcades , que suivait une assez grande affluence de peuple ; mais
une partie des habitants attendait le cortége devant
l'église , avec des chaudrons , des marmites et tout
l'arsenal du charivari , chacun poussant des hurlements épouvantables. Ces orgies inqualifiables
furent heureusement supprimées en 1583.

LA MÈRE FOLLE. — On appelait ainsi , à Dijon ,
une société d'amis de la joie , qui avait été approu-
vée par Philippe le Bon , en 1454 , et qui fut supprimée , en 1630 , par Louis XIII. Les membres
de cette société , qui étaient tous gens de qualité ,
se déguisaient en vignerons ou autres costumes
bizarres , et , montés sur des chariots , parcouraient
les rues de la ville , en chantant des couplets qui
étaient la satire des mœurs du temps. La Mère folle
tenait ses assemblées dans la salle du jeu de paume
de la Poissonnerie , et le capitaine commandant
avait sa cour , sa garde , ses officiers de justice , son
chancelier et son grand écuyer. Voici un acte de
réception qui indique le genre d'esprit qui régnait
dans cette association.

« Les superlatifs mirlifiques et scientifiques lopi-
nans de l'infanterie dijonaise , régents d'Apollon

et des Muses ; nous légitimes enfants figuratifs du
vénérable père Bon-Temps et de la Marotte, ses
petits-fils, neveux et arrière-neveux ; à tous fous,
archifous, lunatiques, hétéroclites, éventés, poëtes
de nature, bizarres, durs et bien mols, passés,
présents et à venir, salut ; savoir faisons, et chelme
et chelme qui ne le voudra croire, que haut et puis-
sant seigneur Henri II de Bourbon, prince de
Condé, premier Prince du sang, maison et couronne de France, chevalier à toute outrance, aurait S. A. R. honoré de sa présence les fêtes et
goguettes mignonnes de la Mère folle, et daigné
requérir être recepturé comme il a été reçu ; vu sa
dextérité au maniement des armes bachiques, et
attendu la qualité d'homme que porte ledit Prince,
laquelle est toujours accompagnée de folie, et juré
par elle garder et maintenir folie en tous ses points ;
connaissant la légèreté et la gaîté de ses sens et
mœurs ; allégresse et vitesse de mâchoires ; har-
diesse, friandise de gueule ; galanterie d'esprit, ès-
expérience de tous ses membres. Sans autres in-
formations précédentes, à plein confiant de S. A. R.,
prêtant main-forte à ce que folie s'éternise et ne
soit empêchée, renonçant à l'inconstance de l'eau,
capitale ennemie de nos joyeuses et gaillardes assemblées, protestant sur le chaperon de bien vivre,

boire, manger et rire, en tout et partout folâtrer et se divertir tant qu'appétit et argent subsisteront, et juré de mourir :

Fou jovial, fou gracieux,
Fou courtisan, fou amoureux,
Fou gaussant, fou contant fleurette,
Fou gaillard, fou voyant fillette,
Fou en plain-chant, fou en musique,
Fou faisant aux sages la nique,
Fou sur terre, fou sur l'onde,
Fou dans l'air, fou par tout le monde,
Fou couché, fou assis, fou debout,
Fou çà, fou là, fou partout.

« A lui permis, si faire le veut, ajouter folie sur folie et de courir par tout le monde pour exercer les actions de folie.

« Donné au feu, le ventre à table, étant à l'aise où étaient les fous joyeux, remplis de viandes solides et autres espèces de pansardises.

SON ALTESSE.

A Dijon, où elle a été,
Et où on boit à sa santé,
L'an six cent mil avec vingt-six,
Que tous les fous étaient assis.

« Signé par ordonnance des redoutables sei-

gneurs buvants et folatiques, et contre-signé Des-
champs, mère, et plus bas, le griffon vert. »

LA PROCESSION VERTE. — Cette fête signalait, à
Châlons, la nativité de saint Jean-Baptiste. La
veille de cette solennité, le chapitre de la cathédrale se rendait en cavalcade à peu de distance
de la ville, à un endroit nommé l'*Etoile à Forêt*, et arrivé à la station, les chanoines cou-
paient, avec des serpes, des branches de saules et
autres arbres qu'ils rapportaient à l'église, où ils
ornaient le maître-autel, les chapelles et les sta-
tues; les curés de la ville allaient aussi à cette procession, et y prenaient place, par ordre d'ancienneté, avec leur clergé. Le peuple faisait également
une provision de verdure et en jonchait le chemin
que parcourait le cortége; cette cérémonie ne fut
supprimée qu'au xvii° siècle.

CONVOI DE CARÊME-PRENANT. — Dans la même
ville de Châlons, le jour des Cendres, les employés
subalternes de la cathédrale faisaient apporter sur
un brancard un fantôme en paille, vêtu d'habits
lugubres et d'une taille immense; on le déposait
au même lieu où se plaçait la bière, lors des obsè-
ques d'un chanoine, et l'on feignait sacrilégement
de célébrer une messe de *Requiem*. L'officiant
portait l'étole derrière le dos, la chasuble mise à

l'envers, de côté, et repliée en deux ; les diacres et sous-diacres avaient également leur dalmatique retournée. Le sous-diacre chantait l'épître d'un ton lugubre, le diacre ne faisait que prononcer l'Évangile, et le célébrant ne se retournait point vers les assistants lorsqu'il prononçait *Dominus vobiscum.* Les chantres étaient au nombre de six : deux placés au pupitre, dans le chœur, deux au jubé, deux autres au bout de l'église, et ils chantaient alternativement. Ceux qui représentaient les chanoines étaient revêtus de grandes robes noires qui leur pendaient jusqu'aux talons, et dont les manches leur couvraient les mains ; ils allaient trois fois à l'offrande, et c'était le seul instant où ils n'avaient pas le visage voilé. Dans cette odieuse parodie, il n'y avait qu'un seul cierge allumé, et il était placé dans le milieu du sanctuaire.

LA DIABLERIE. — Cette fête, qui se célébrait à Chaumont, et avait été instituée en l'honneur de saint Jean, remontait au xiiie siècle, et ne fut supprimée qu'au xviiie. Le jour des Rameaux, douze hommes s'habillaient en diables, et suivaient la procession, où ils chantaient l'hymne : *quis est iste Rex gloriæ.* Leur costume consistait en une robe noire, parsemée de flammes, et en un masque à visage épouvantable et surmonté de cornes. Quand

les portes de l'église étaient ouvertes, ils se répan-
daient dans la ville, dans la campagne, et avaient
le droit de faire contribuer les étrangers qui venaient à la fête. Le jour de la nativité de saint
Jean, on représentait, sur dix théâtres différents,
élevés sur le chemin que suivait la procession, les
diverses actions de la vie et de la mort du saint;
l'on coupait une tête postiche à celui qui remplis-
sait le personnage, et la scène se terminait par la
chute, dans la chaudière infernale, de l'âme d'Hérode, que figurait une poupée suspendue au clocher de l'Horloge; on représentait aussi divers
miracles où la Vierge et le diable étaient toujours
les principaux acteurs; on faisait un sermon au
commencement ou au milieu de la pièce, et celle-
ci finie, on retournait à l'église pour chanter le
Te Deum. Les habitants de la ville forçaient les
voyageurs à y entrer pour participer à la fête, et
l'on voyait quelquefois dans les rues, beaucoup
de gens habillés en pèlerins. La diablerie de
Chaumont avait une grande réputation dans toute
la Champagne, et l'on y venait de trente à quarante lieues de distance; la fête durait neuf jours.

LA SOCIÉTÉ DES MÉNESTRIERS. — Elle existait à
Auxonne, dès l'année 1443, et figurait dans les
fêtes qui avaient lieu en présence des ducs de

Bourgogne ; son organisation était à peu près la même que celle de la Mère folle de Dijon.

D'autres fêtes semblables à celles qui viennent d'être décrites, se célébraient encore aux xv° et xvi° siècles : telles étaient le Roi de la Pie, à Dôle ; la Danse des Sabots, à Langres ; le Pape-Gai, à Avallon ; le Gaillardou, à Châlons, etc.

COUTUMES ET SUPERSTITIONS.

Autrefois dans la Bourgogne et la Champagne, on lançait des arrêts contre les bêtes immondes et les insectes dont les ravages devenaient trop incommodes. Un fonctionnaire d'Autun ayant ainsi procédé contre les rats, l'avocat Chasseneux les défendit d'office et remontra, entre autres choses, que le terme qui leur avait été donné pour comparaître était beaucoup trop court, attendu qu'il y avait pour eux le plus grand danger à se mettre en route dans un temps où les chats étaient aux aguets pour les saisir au passage. Un délai plus considérable fut alors accordé.

On lit aussi, dans Sainte-   ix, que sous Fran-

çois I", le prévôt de Troyes rendit une sentence
dans laquelle il était dit : « Parties ouïes, faisant
droit à la requête des habitants de Villenose, ad-
monestons les chenilles de se retirer dans six jours ;
à faute de ce faire, les déclarons maudites. »

Cette ville de Troyes jouissait, dans l'ancien
temps, d'un singulier privilége : elle fournissait
seule des fous au roi. On lit dans Sauval, que
Charles V écrivait aux maire et échevins de cette
ville « Que son fou étant mort, ils devaient s'occuper de lui en envoyer un autre suivant l'usage. »

Dans le département de l'Ain, les gens de la
campagne font de grands feux de paille et de fagots, deux fois par an, dans les champs qui avoisinent leurs habitations : l'un pour la fête des Rois,
et l'autre pour le premier dimanche du carême,
qu'on appelle, par cette raison, le dimanche des
Brandons. On attribue ceux-ci à l'usage où l'on
était jadis de détruire, au moyen du feu, les nids
de chenilles.

Les fêtes de villages qu'on appelle *Vogues*, ne
consistent guère qu'à danser et à boire largement.

On nomme *Suche*, en Bourgogne, la bûche que
l'on place au feu la veille de Noël. Pendant qu'elle
brûle, le père de famille chante des Noëls avec
sa femme et ses enfants, et il engage les plus pe-

tits de ceux-ci à aller dans un coin de la chambre, prier Dieu que la souche *donne des bonbons,* ce qui arrive toujours au moyen des dispositions qu'a faites le papa.

On nomme *Vouires* ou *Vouivres,* les monstres qui gardent, pour le diable, les trésors enfouis dans les ruines. Ce sont ordinairement des serpents, dont la tête est surmontée d'une escarboucle d'un grand prix, et comme ils la déposent toujours lorsqu'ils vont boire aux fontaines, il y a espoir de s'en emparer, si on se trouve là dans le bon moment.

XII

LORRAINE. — FLANDRE. — ALSACE.

MEUSE, MEURTHE, VOSGES. — PAS-DE-CALAIS, NORD. — HAUT-RHIN,
BAS-RHIN.

Ce qu'on appelle aujourd'hui Lorraine n'est qu'une minime partie de l'ancien royaume de ce nom. Celui-ci comprenait les provinces situées entre la Saône, la Meuse, l'Escaut et le Rhin, c'est-à-dire ce qu'on désignait alors sous le nom de *Germanie première ou supérieure*, et *Germanie seconde*

20

ou *inférieure*; puis la *Belgique première*, et une partie de la *Belgique seconde*. Depuis la décadence de
l'empire romain jusqu'à l'affermissement de la mo-
narchie des Francs, la Lorraine eut beaucoup à
souffrir des courses des barbares qui traversaient
cette contrée pour se rendre dans les provinces
méridionales. Ce ne fut que vers le milieu du
v° siècle, que les *Leuci*, les *Mediomatrices* et les *Ve-
roduni* qui l'habitaient, commencèrent à goûter un
peu de repos. Cette province est l'une de celles qui
ont été le plus en butte aux guerres intestines, et
dont la possession a fait naître le plus de rivalités.
Il serait trop long, et tout à fait hors de notre sujet, d'entrer ici dans les détails de son histoire :
nous dirons simplement que les Français s'étant
emparés de la Lorraine en 1733, il fut arrêté,
par les préliminaires de paix signés à Vienne le
3 octobre 1735, que les duchés de Lorraine et de
Bar seraient cédés au roi Stanislas, beau-père de
Louis XV, en dédommagement de la couronne
de Pologne, et qu'après sa mort, ils seraient
réunis, à perpétuité, et en toute souveraineté,
à la couronne de France. La maison de Lorraine,
en vertu d'un traité conclu l'année suivante, devait conserver tous les titres, armoiries et préroga-
tives dont elle jouissait autrefois, avec le rang et

la qualité de souverain, sans que cela lui donnât au reste aucun droit sur le pays.

La Flandre était habitée anciennement par les *Atrebates*, les *Morini*, etc.; et l'Alsace, par les *Tribocciens*, les *Rauragues*, les *Séquaniens* et les *Médiomatrices*.

⋘⋙

MARIAGE.

Lors d'un mariage, dans le département de la Meurthe, le banquet nuptial a toujours lieu chez les parents du marié. Sa mère, en recevant sa bru à l'entrée de la maison, lui présente, sur un plat, du grain, du lin et des œufs; la nouvelle épouse répand le grain autour d'elle, et garde le lin et les œufs.

Dans le département de la Meuse, le jeune homme qui a fait choix d'une fiancée, lui donne le nom de *Valentine*, et il prend lui-même celui de *Valentin*. De ce moment il accompagne sa future dans toutes les assemblées, et les autres jeunes gens s'empressent de proclamer l'union de ces Valentins, afin d'en obtenir des cadeaux.

Dans la vallée de la Moselle, les jeunes paysans

vont le samedi soir, au nombre de dix à douze, dans les maisons où il y a des filles à marier, et ils y jouent aux jeux innocents. C'est par le fumier placé devant la porte qu'ils jugent de l'accueil promis à leur galanterie. Si le tas est en désordre, c'est d'un mauvais augure : dans le cas contraire, il y a certainement une fille qui ne demande pas mieux que de se marier. On appelle cette manière d'aller en troupe faire la cour aux jeunes filles, *aller au coérège.*

Dans les Vosges, on offrait autrefois une poule blanche aux filles sages qui se mariaient, et cet honneur était refusé à celle dont la réputation n'était pas intacte. Aujourd'hui, les filles vont chanter des cantiques avec la nouvelle mariée dont la bonne conduite est reconnue.

Le jour des noces, on présente au futur, lorsqu'il arrive dans la maison de sa fiancée, un grand nombre de jeunes filles. Pour avoir celle dont il a fait choix, il faut qu'il la cherche, et souvent elle lui échappe encore en sortant de l'église.

Le noir est la couleur usitée pour la robe de noce.

FÊTES ET DANSES.

Les fêtes patronales portent le nom de *Dukasses*
dans la Flandre. En outre de la danse, les jeux les
plus communément usités dans ces fêtes, sont le
tir de l'arc à la cible ou à l'oiseau, l'arbalète, la
balle, les quilles et le *Billou,* sorte de grosse mas-
sue que l'on jette vers un but, comme les Irlandais
le font avec une barre de fer.

Un grand nombre de communes ont des compagnies ou confréries d'archers qui sont connues
sous le nom de *Serments.* Ces compagnies se rendent dans chaque endroit où il y a une fête, ayant
leur drapeau déployé, un tambour en tête et un
bouffon qui leur sert de marqueur. Ce personnage
est nommé *Sot-Seurits,* il porte un costume bariolé
comme celui d'un arlequin, et souvent il monte
un cheval de carton semblable à ceux dont nous
avons déjà parlé.

PROCESSION DE VALENCIENNES. — Elle fut instituée
dans cette ville, en reconnaissance de la faveur
signalée d'un *Cordon* précieux dont la sainte Vierge
l'entoura, en 1008, pour la délivrer du fléau de
la peste. On la célébrait le 8 septembre, jour de la
Nativité. La procession se composait des magistrats;

du clergé des paroisses, avec les châsses contenant
les reliques; des religieux de toutes les abbayes du
voisinage; des ordres mendiants, avec les châsses
de leurs saints; de la confrérie du saint Cordon,
dont les membres prenaient le nom de *Royès;* des
corps de métiers avec leurs insignes; des pauvres
des hospices; et des compagnies bourgeoises. Cette
procession sortait de l'église vers dix heures du
matin et traversait la ville.

Pendant la marche, sept jeunes garçons dansaient dans des cerceaux, pour donner, dit-on,
une représentation des sept planètes se mouvant
dans leur orbite. Des individus figuraient Jésus
portant sa croix. Sur l'un des chars qui suivaient,
se trouvait la sainte Vierge, entourée d'un chœur
d'anges qui chantaient ses louanges et tenaient à
la main des rameaux de laurier-cerise. Chacune
des compagnies bourgeoises avait un fou qu'on
nommait *Jean de Nivelle*, lequel était habillé grotesquement, avec des grelots à son bonnet et à sa
jaquette; il était monté sur un cheval marin en
carton, ayant une longue queue dont il se servait
pour écarter la foule des enfants; et il était armé
en outre d'une arquebuse remplie de son qu'il
soufflait sur la poitrine des femmes. Les armes de
la ville étaient représentées par un lion en bois sur

lequel était juché un petit garçon habillé à la
hussarde, et deux cygnes, également en bois, portant aussi sur leur dos deux petites filles très-parées.

A la porte Saint-Gilles était dressée une tente,
sous laquelle on offrait des rafraîchissements aux
magistrats et aux membres du clergé. Pendant ce
repas, on promenait les châsses à l'extérieur de la
ville, en suivant la ligne que, d'après la tradition,
le cordon avait occupée. On chantait, durant ce
voyage, le *veni Creator*, les *litanies des Saints*, et,
en rentrant en ville, le *Te Deum*. Les compagnies
bourgeoises, divisées entre les cinq portes, accompagnaient les châsses. Le corps des *Puchots*, à cheval
et en habit rouge, escortait celle du saint Cordon
jusqu'au lieu de Saint-Roch, où un dîner était
préparé pour la confrérie de cette châsse.

A quatre heures, la procession se remettait en
marche pour rentrer à Notre-Dame la Grande, où
les châsses restaient déposées pendant la neuvaine.
A cette fête religieuse se joignaient des réjouissances
civiles, telles que des jeux de balle, des courses, etc.

GRANDE PROCESSION DE LILLE. — Elle avait été
fondée, en 1270, en l'honneur de Notre-Dame de
la Treille, par la comtesse Marguerite et le comte Gui
son fils, et se célébrait le dimanche de l'octave de
la Fête-Dieu. Le clergé des paroisses et les religieux

de chaque couvent accompagnaient leurs châsses, qui étaient aussi escortées par les compagnies bourgeoises appelées Serments. Des pâtissiers et des corroyeurs conduisaient à cette procession un géant et une géante, construits en osier, qui avaient vingt mètres de haut; et de nombreux chariots étaient remplis de personnages dont la pantomime avait pour objet de représenter l'histoire des rois, des princes et des ducs dont la ville, à un titre quelconque, avait conservé la mémoire. Plusieurs acteurs de ces chars jouaient aussi les mystères de l'ancien et du nouveau Testament. Les porteurs de la châsse de Notre-Dame avaient des chapeaux de roses; et des sibylles, à cheval, tenaient en mains les insignes de la Passion.

FÊTE DE SAINT JACQUES ET DE SAINT CHRISTOPHE. — Elle se célébrait à Valenciennes le 25 juillet. Elle consistait en jeux, en danses, en carrousels et en festins, qui avaient lieu sur les places, dans les carrefours et jusqu'au milieu des rues. C'était principalement vers le soir que les réjouissances devenaient le plus actives, et elles se prolongeaient toujours jusqu'à une heure avancée de la nuit. On faisait choix, pour représenter une *jeune mariée*, de la femme la plus laide et la plus vieille du quartier, et, après l'avoir couverte de riches atours, on l'entourait de toute la pompe qu'on aurait accordée à une véritable cérémonie nuptiale, ce qui excitait au plus haut degré la joie des assistants. Toutefois, ces plaisirs nocturnes avaient de graves inconvénients, et ils furent abolis au mois de juillet 1547.

PROCESSION DE MAUBEUGE. — Elle avait lieu en l'honneur de sainte Aldegonde, patronne de la ville, et se célébrait le mardi de la Pentecôte. Une population immense venait ce jour-là invoquer la sainte, pour la guérison des maux de tête, des maux de gorge, de la fièvre, etc. Dans le principe, il y avait à cette procession cinq à six chars chargés d'enfants, de jeunes filles et d'hommes, représentant divers sujets de la vie de sainte Aldegonde ; puis un char triomphal, portant les reliques de la sainte qu'entouraient six hommes couverts de capes bleues, et coiffés d'un chapeau donné par l'abbesse. Un géant était le complément obligé du cortége. Plus tard, l'ordonnance de la fête n'admit plus qu'un seul char pour porter la châsse. Ce char était tout doré, ainsi que deux anges placés sur le devant. La marche était ouverte et fermée par un détachement de cavalerie. Ce fut en 1791 que cette procession eut lieu pour la dernière fois ; et les bourgeois qui s'étaient organisés en compagnies pour l'escorter, avaient un uniforme rouge.

PROCESSION DU SAINT SANG DE MIRACLE. — Cette
cérémonie a lieu aussi à Maubeuge, le troisième
dimanche de septembre, jour de la fête communale ou kermesse de la ville. Voici l'origine que le
Père Triquet lui attribue : un prêtre, chapelain de
la Ladrerie, ayant eu le malheur de repousser les
saintes croyances et de vouloir discuter sur les
mystères de la religion, alla même jusqu'à douter
de la vérité du sacrifice de la messe. Mais alors,
comme il célébrait un jour cet office et au moment
où il prononçait les paroles sacrées, le sang de
Jésus commença à bouillonner, il remplit le calice
et s'épancha au-dessus des bords avec une telle
force, que le corporal en fut teint. Cet événement
miraculeux arriva au XIVᵉ siècle. Une confrérie se
forma immédiatement sous le titre de *Confrères du
saint sang de miracle*, et l'on institua une procession
pour perpétuer le souvenir de ce fait, procession
à laquelle les confrères portaient tous un manteau
écarlate.

PROCESSION DE CAMBRAI. — C'était l'une des
plus célèbres de la province ; mais comme l'ordonnance de son cortége a varié un grand nombre
de fois, nous n'indiquerons que celle qui était
observée dans l'origine. Cette procession eut lieu,
pour la première fois, le 25 mai 1220, à la suite

du dépôt fait dans des châsses particulières, par Godefroy de Fontaine, de toutes les reliques conservées dans la ville. Elle se continua, annuellement, le lundi de la Trinité; puis Louis XIV la fixa au 15 août. Le défilé avait lieu dans l'ordre suivant : les compagnies bourgeoises; une cavalcade d'écoliers habillés à la romaine; un char représentant le mont des Bœufs, sur lequel saint Géry renversa les idoles; une cavalcade d'écoliers vêtus de costumes bleus; un char de triomphe portant saint Géry, vêtu d'une robe et d'un camail parsemés d'étoiles, avec un rayon sur la tête, des foudres dans la main droite, une rondache dans la gauche, sur laquelle était écrit VERO DEO, foulant aux pieds le dragon, et ayant autour de lui, enchaînés, l'ignorance, l'hérésie et autres vices; un second char sur lequel était encore saint Géry, assis sur un trône et environné des vertus; des sibylles à cheval; un char portant les reliques de saint Géry qu'environnaient des enfants habillés en anges; et trois génies chantant les louanges de ce saint.

LES CLERCS DU GRAND PUY DE NOTRE-DAME. — En 1330, des élèves de la communauté des écoliers pauvres de la maison de Sorbonne fondèrent, dans l'église de Notre-Dame de Douai, une confrérie

qui avait pour objet d'honorer la mère de Dieu par
des offices et par des pièces de vers composées à
sa louange. Le prince de ladite confrérie était élu le
jour de l'Assomption. Quelques jours avant la dis-
tribution des prix, le prince attachait au portail de
chaque église deux vers intercalaires qui devaient
servir de thème et de refrain aux ballades et autres
chants destinés à concourir. Le concours avait lieu
en présence d'un nombre considérable d'auditeurs;
les poëtes lisaient leurs ouvrages, et les juges nommaient les vainqueurs qui étaient au nombre de
trois. Les prix consistaient en couronnes d'argent:
la première était riche et ciselée; la deuxième, de
moindre valeur, était décorée de fleurs; et la troisième était ornée de laurier.

Le roi des Guétifs. — Cette institution existait
encore au commencement du xviii° siècle, dans la
commune de Pas, en Artois. Le roi des Guétifs
était élu parmi le peuple et avait à ses ordres une
compagnie très-nombreuse que l'on nommait
Francs-hommes. Chaque année, le 1ᵉʳ janvier, et le
jour de la Saint-Martin, patron de la paroisse, il
se rendait, à la tête de cette compagnie, auprès
des échevins qui lui accordaient une gratification
pour se divertir, lui et sa suite, pendant deux
jours. Durant ces deux journées, il prenait con-

naissance de tous les différends qui existaient entre
maris et femmes, tant du bourg de Pas que des
environs, et lorsqu'une femme était convaincue
d'avoir usurpé l'autorité maritale, il se rendait à
son logis avec ses francs-hommes, et arrachait le
premier une paille de la couverture de chaume,
ce qui devenait le signal de la destruction de
cette toiture par les vengeurs du mari trop débonnaire.

LE PRINCE DE PLAISANCE. — Cette fête se célébrait à Valenciennes, le dimanche qui précède la
Pentecôte. La dernière eut lieu le 13 mai 1548.
La veille de la fête, on sonnait le boute-selle, afin
que tous ceux qui devaient accompagner le prince
de Plaisance se préparassent pour aller au-devant
des seigneurs des environs et des nombreuses dé-
putations des villes de la province, qui devaient
concourir à la pompe des réjouissances, lesquelles
consistaient en carrousels, en jeux de toutes sortes
et en brillants festins. Il y avait un *Guetteur*, chargé
d'annoncer l'arrivée de chaque troupe et de
sonner autant de coups de cloche qu'il verrait de
chevaux. Si le nombre était considérable', il sonnait à toute volée. A leur entrée dans la ville, les
visiteurs étaient accueillis par des carillons qui
leur faisaient entendre leurs airs les plus gais.

Le cortége du prince de Plaisance se composait :
1° de la compagnie des *Coquins*, son prévôt en tête.
Celui-ci montait un cheval houssé de verges, de
cartes et de dés, et ses archers, à pied, étaient
vêtus de canevas bandé de violet ; 2° des *Porteurs
au sac*, au nombre de cinquante, avec leur roi,
costumé d'un sayon rouge bandé de noir ; 3° de
la *Compagnie de l'Etrille*, forte de cent cinquante
cavaliers, vêtus de casaques bandées de noir, en
satin, velours et damas, et commandés par leur
prince, habillé d'un sayon de velours cramoisi,
bordé en or. Le cheval de ce prince était capara-
çonné d'une housse de velours de même couleur,
parsemée d'étrilles d'or et de soie.

Venait ensuite le prince de Plaisance, placé sur
un cheval houssé de toile d'or, vêtu d'un sayon
de même toile, le pourpoint de satin jaune déchi-
queté, le chapeau comme le sayon, et orné de
quatre plumes blanches. Derrière le prince étaient
des laquais costumés de violet ; et, après eux, la
compagnie des archers de Sainte-Catherine, composée de vingt-sept cavaliers, habillés de sayons
bleus, portant un étendard de même couleur, et
conduits par un capitaine vêtu d'un sayon de satin
blanc, parsemé de larmes de satin bleu, puis orné
d'une riche broderie.

Le cortége, enfin, était fermé par les gardes à cheval de la ville, dont l'un portait la bannière du prince de Plaisance, laquelle était de damas noir, bordée de franges d'or et de soie noire, ayant un écusson sur lequel étaient peintes les armes de la cité. Le mot *Plaisance* était écrit au bas, en lettres d'or, ainsi que la devise du prince : *Je maintiens en paix dame Plaisance*. La bannière de l'Étrille était en soie verte avec la devise du prince : *De bon amour maintiens l'étrille*; le guidon des porteurs au sac avait pour devise : *Servants au roi, porteurs au sac sont en vertu*; et le prévôt des coquins inscrivait sur le sien : *Noble est coquin, si vertueux se montre.*

La fête du prince de Plaisance durait plusieurs journées, et se passait, comme il a été dit, en promenades par la ville, en tournois, en jeux et en repas.

LE BROQUELET. Cette fête, qui a une certaine réputation à Lille, ne se célébrait dans l'origine que par les dentelières, le 9 mai. Alors, les jeunes filles, portant une couronne de roses au milieu de laquelle était attaché un Broquelet, parcouraient ainsi la ville en chantant et en dansant, et allaient ensuite dans la campagne, portant le Broquelet sur un char et continuant leurs joyeux transports.

Aujourd'hui la fête du Broquelet a réuni la plupart des corporations d'ouvriers de la ville et développe une plus grande pompe.

Plusieurs groupes composent le cortége du Broquelet, et se distinguent par quelques personnages qui font surtout les frais de la représentation. Dans le premier tableau figurent M. *Vertu,* madame *Limonadière,* M. *Suffisant,* M. *Muscadin,* madame *Rotonde,* et M. *Six collets.* Dans le deuxième, c'est toute la famille du *Broquelet,* traînée par des chiens; le troisième offre une maîtresse de pension avec des enfants; dans le quatrième, c'est un M. *Louis* qui distribue des feuilles de route à des bambins. Vient ensuite un char sur lequel deux dames, élégamment costumées, soutiennent un petit coussin à dentelle, qui porte lui-même un gros bouquet surmonté du *Broquelet* suspendu à un rameau de verdure; puis une voiture remplie de monde a, sur son impériale, deux notables, dont l'un fait flotter l'étendard de saint Nicolas, patron de la société, et l'autre tient une bouteille de vin de Champagne; enfin, cette voiture est suivie d'une file d'autres chargées de tous ceux qui doivent faire les honneurs de la fête. Chacune de ces voitures est ornée de fleurs, de feuillage et du *Broquelet.*

Saint Miché a gauques. — Cette fête se célébrait à Valenciennes, le jour de la Saint-Michel qui était aussi un jour renommé par son marché de noix (*gauques*), par la compagnie bourgeoise dite des *gladiateurs* ou *joueurs d'épée*. Une messe solennelle était chantée à l'église de Saint-Gery, et le grand clerc, en surplis et en étole, allait à la rencontre de la compagnie jusqu'à la place d'armes, pour l'inviter à se rendre à l'église. Le valet de cette compagnie portait l'épée de saint Michel, laquelle était à deux tranchants, avait une poignée garnie de velours cramoisi et d'une longueur de 60 centimètres, puis une lame de trois mètres de long. A l'Évangile, ce valet, placé entre deux gladiateurs, tenait l'épée haute et la replaçait ensuite sur son épaule. Après la cérémonie religieuse, un grand festin avait lieu, et la fête se terminait par des joutes et des jeux.

LES LOUCHES A POT (les cuillers de bois). — C'est à Comines que cette fête avait lieu tous les ans, le 3 juillet. On attribuait son origine à l'histoire suivante : Un seigneur du pays ayant été surpris traîtreusement par le sire de Comines, fut enfermé dans le château de ce nom, et gardé si secrètement que, durant nombre d'années, on ne pût savoir ce qu'il était devenu. Un jour que plusieurs des parents de ce seigneur passaient sous une des tours du manoir de Comines, ils furent surpris de voir tomber à leurs pieds une cuiller d'argent blasonnée aux armes de leur famille, ce qui leur fit soupçonner la vérité sur le sort du gentilhomme absent. Ils se hâtèrent donc de rassembler leurs vassaux, ils appelèrent en aide leurs amis, et vinrent délivrer le captif et s'emparer du domaine du méchant châtelain. Depuis lors, et le jour anniversaire de la délivrance du prisonnier, on célébrait dans le bourg une fête durant laquelle on jetait au peuple des *cuillers de bois*, en le faisant participer à diverses réjouissances.

MARIE AU BLÉ. — Le lundi qui suit le jour de sainte Véronique, les portefaix de Valenciennes, armés de fourches de bois blanc, décorés de rubans roses et costumés en bergers, parcourent les rues de la ville. Le plus beau de ces bergers, ceint d'un large ruban rouge, conduit une jeune et jolie fille, couronnée d'épis et de bleuets; et des musiciens, habillés en moissonneurs, les accompagnent. Pendant le trajet, des garçons, vêtus de blanc, dansent la matelote, l'allemande et des valses, tandis que l'un des acteurs, portant sur un plat d'argent les prémices du froment, présente ce plat aux passants qui y déposent des pièces de monnaie. Cette danse ambulante dure huit jours et se termine à la fête de Marly, village voisin de la ville. Cet usage remonte au moins au XVIᵉ siècle.

Les Incas. — Cette fête, qu'on appelle aussi la marche du *Panca,* se célèbre le mercredi des Cendres, à Valenciennes; elle a lieu aux flambeaux et se compose de chars et de cavalcades dont le programme varie à peu près chaque année. Cette institution a un but charitable, celui de solliciter la commisération publique en faveur des pauvres.

Fête de Cambrai. — Semblable à la précédente, elle n'a point de caractère arrêté, mais ce sont toujours des allégories où figurent un grand nombre de chars et de cavaliers.

Le Gaïant. — Cette fête a lieu à Douai, le dimanche le plus voisin du 7 juillet; elle consiste en la promenade d'un mannequin d'osier qu'on nomme *Gaïant*, et qui est accompagné d'autres mannequins qui composent sa famille. Ce personnage est d'une hauteur de huit à dix mètres, et un certain nombre d'hommes renfermés dans la machine la font mouvoir au moyen de poulies et de cordes. La tête de bois a été, dit-on, peinte et ciselée par Rubens, et une riche armure du XIIᵉ siècle recouvre ce mannequin. La lance au poing, l'épée au côté, le casque en tête et l'écu au cou, le colosse Gaïant se promène lentement dans les rues de

Douai, ayant auprès de lui sa femme, d'une taille
d'environ six mètres, et trois enfants qui ont de
quatre a cinq mètres de haut. Le peuple salue ces
trois enfants des noms de *Jacot*, *Filliou* et *Binbin*,
et près d'eux caracole une espèce de fou.

LE ROI DE L'ÉPINETTE. — Cette fête, qui se célébrait à Lille, fut instituée, en 1220, par Jeanne
de Constantinople, comtesse de Flandre et de
Hainaut; elle consacrait le souvenir de la couronne de Baudouin et celui de la sainte Épine que
la comtesse Jeanne avait donnée aux Dominicains
de Lille. On appelait *Sire de Joie* le roi de l'Épinette, et avant d'abdiquer sa dignité, qui ne durait
qu'une année, ce prince réunissait chez lui, le
dimanche précédant le jour des Cendres, les principaux habitants et ceux qui avaient été honorés
avant lui du diadème, et c'était dans un festin
qu'il prenait congé de sa cour et de ses sujets.

Le mardi suivant un nouveau roi était élu, et, après
son avénement, on le conduisait sur une place où
un héraut lui présentait, en guise de sceptre, une
branche d'épines, symbole des douceurs de la
royauté. Le lendemain on réglait le détail des joutes qui devaient avoir lieu. Le vendredi, le roi se
rendait à Templemars, près de Lille, pour demander à saint Georges qu'il lui accordât un heu-

reux règne ; il était accompagné, dans ce voyage, par des femmes en costume d'Amazone, par des chevaliers et par le peuple. C'était le dimanche que commençaient les joutes, à la suite desquelles le vainqueur recevait un épervier d'or de la main des dames, et était porté en triomphe à l'hôtel de ville, escorté par la foule et entouré de quatre belles demoiselles qui le tenaient chacune par un ruban d'or ; un festin splendide lui était offert par les magistrats.

Le roi de l'Épinette se montrait aux joutes, à cheval et armé ; il était couvert d'un surtout de satin blanc, et son cheval, la tête bien empana-chée, était revêtu d'un riche caparaçon, orné de houppes et de sonnettes dorées. Des valets le sui-vaient, costumés de jupons de soie verte.

Le premier jour des joutes, ce roi n'y pre-nait aucune part et restait simple spectateur ; mais le dernier, il entrait en lice avec le vainqueur pour combattre à tout venant, et de nombreux jouteurs accouraient du voisinage pour accepter ce défi ; il y en avait qui se présentaient dans l'arène vêtus en moines. Les ducs assistaient souvent aussi à cette fête, et les chevaliers de leur suite ne dé-daignaient pas de rompre des lances avec le roi de l'Épinette, en l'honneur du prince et des dames.

Dans le principe, la ville fournit aux dépenses de ce divertissement; mais elles s'augmentèrent dans une telle progression, qu'il fallut recourir à des contributions que Philippe le Bon autorisa. La charge du roi de l'Épinette était même onéreuse à un tel point, qu'on raconte qu'un bourgeois préféra se laisser mettre en prison plutôt que d'accepter cette royauté. Toutefois, les ducs de Bourgogne tenaient à conserver une institution qui attirait dans leurs États un grand concours d'étrangers, et pour stimuler le zèle des habitants de Lille, ils accordaient la noblesse à ceux qui étaient nommés rois de l'Épinette; Philippe le Bon ordonna même que ceux-ci, lorsqu'ils joindraient aussi la charge d'échevin à leur souveraineté, prendraient place immédiatement auprès du mayeur.

Les rois de l'Épinette allaient honorer la sainte Épine, qui était conservée au couvent des Dominicains, et ils y séjournaient depuis le mercredi saint jusqu'au mardi suivant; ils y entendaient, entourés de toute leur cour, le sermon de la Passion, ce qui était pour eux un privilége et un devoir; cette fête fut supprimée en 1556.

L'ABBÉ DE LIESSE. — Ce personnage était élu publiquement tous les ans, à Arras, par les offi-

ciers du duc de Bourgogne, et était chargé de la
direction des fêtes populaires, particulièrement de
celles qui avaient lieu le dimanche gras; ceux
qui l'aidaient dans ses fonctions portaient le titre
de *Moines*. Lorsqu'il était investi de sa charge, on
lui remettait une crosse d'argent doré, qu'il rendait à la fin de l'exercice de sa dignité. Cette nomination avait déjà lieu en 1430. Dans les voyages
que l'abbé de Liesse accomplissait aux frais de la
ville pour remplir ses fonctions, il était accompagné de son prédécesseur et de deux ou quatre
échevins; on portait alors devant lui un étendard
de soie rouge, aux armes de l'abbaye; il était précédé aussi de tambours, de trompettes et d'un héraut, vêtu d'une cotte d'armes de damas violet, et
suivi de pages et de laquais.

Dans un manuscrit du P. Ignace, capucin, il
est parlé de l'une de ces fêtes, et l'on y trouve
l'énumération des différentes troupes qui composaient le cortége, laquelle énumération fait connaître des institutions dont il reste à peine aujourd'hui des vestiges dans les histoires locales.
Ainsi, dans la fête en question, parurent les pré-
vôts des coquins de Cambrai et d'Arras; le prince
des Porteurs au sac, de Cambrai; le prince du
Bas d'argent et l'amiral des Maçons, de Cambrai;

l'amiral de Malleduisson, de Cambrai; le maire des Hideux, et le prince de la Jeunesse, d'Arras; les princes des Bouchers, de Cambrai et d'Arras; l'Avoine d'Arras; le prince de l'Étrille, de Douai; le prince d'Honneur d'Arras et celui d'Hénin-Liétard; le prince de Franche-Volonté et le roi des Lourds, d'Arras; l'abbé de l'Escache, de Cambrai, et le capitaine Pignon, de Douai.

En 1431, quelques jours avant la fête du dimanche gras, d'Arras, un sergent du duc de Bourgogne alla l'annoncer dans plusieurs bonnes villes, et publier qu'on décernait à cette fête des prix qui consistaient en des figures d'argent, savoir : une *Paix*, du poids de huit onces, et un *Agneau* de six onces, aux deux prétendants qui sauraient le mieux expliquer *pourquoi la paix ne venait point en France;* un *Pot* et un *Bouc* aux deux acteurs qui réussiraient le mieux dans le rôle de *sage* ou *ivrogne;* un *Falot* à celui qui *allumerait le mieux à peu de frais;* une *Couronne* à celui qui *prononcerait le mieux;* une *Allouette* au meilleur chanteur; un *Ours* à celui qui *continuerait le plus en jeux du vespre;* et enfin une *Rose d'argent* à la troupe qui viendrait du lieu le plus éloigné.

LES FOLIES. — Elles se célébraient à Dunkerque, le 24 juin, jour de la Saint-Jean, et elles at-

tiraient un tel concours, que souvent les curieux,
ne pouvant trouver place dans aucune maison de
la ville, étaient obligés de coucher dans les rues.

La solennité commençait par une grand'messe,
célébrée à l'église paroissiale, et, après la messe,
la procession se mettait en marche, la police du
cortége étant faite par des hommes habillés en
diables. A la tête de la procession étaient les
confréries de Sainte-Barbe, Saint-Sébastien et
Saint-Georges. Les confrères de Sainte-Barbe
étaient vêtus d'un habit rouge, avec parements et
culotte noirs, et portaient des flambeaux; ceux de
Saint-Sébastien portaient un habit et une culotte
rouges avec parements et veste jaunes, et tenaient
aussi des flambeaux; enfin, les confrères de Saint-
Georges avaient l'habit et la culotte d'écarlate, les
parements et la veste de moire blanche, avec des
boutons d'or, ils portaient l'épée nue, et l'un
d'eux, tenant l'étendard de Saint-Georges, faisait
consister son adresse à passer et repasser cet étendard sous le ventre de son cheval pendant qu'il
excitait celui-ci à caracoler. Venaient ensuite les
différents ordres religieux; puis les bannières de
la paroisse, au nombre de neuf et très-riches, lesquelles précédaient le saint Sacrement porté sous
un dais en moire blanche, à bâtons d'argent, en-

richis de pierres précieuses. Ce dais et le clergé étaient suivis des fonctionnaires publics et entourés de cent grenadiers les armes hautes. Lorsque la procession était rentrée, les *Folies* commençaient.

En avant des chars, marchaient des hommes habillés en blanc et armés de très-longues perches garnies de fleurs. Le premier char, attelé de huit chevaux élégamment caparaçonnés et chargé de musiciens, représentait les *Joies* de Dunkerque. Sur le deuxième char, était placé un jeune homme décoré de tous les attributs du dauphin de France ; au pied de son trône se trouvaient une douzaine de courtisans, environnés de musiciens ; et en avant du char, marchaient vingt-quatre jeunes gens enfermés jusqu'à mi-corps dans des dauphins en carton ; ils étaient armés de lances et joutaient ensemble. Le troisième char, dit *Char de la Reine,* portait une jolie fille superbement vêtue et placée sur une estrade au pied de laquelle les gens de sa cour exécutaient des danses. Le *Char du Roi* était disposé de la même manière. Un autre char, nommé le *Paradis,* était fermé par des banderoles blanches, mêlées de rouge et de bleu en dedans, lesquelles formaient des bancs où se trouvaient assis soixante à quatre-vingts jeunes gens, habillés de blanc, qui mariaient leurs voix aux sons des instruments. Un char, dé-

coré de branchages, était rempli de sauvages, vêtus
d'une toile couleur de chair, sur laquelle on avait
appliqué des feuilles d'arbres; et ces sauvages étaient
armés de seringues avec lesquelles ils aspergeaient
les curieux. Enfin, le char appelé l'*Enfer*, apparaissait : il était de forme ronde et garni tout autour
d'hommes habillés en diables; puis, à la partie la
plus élevée, était un foyer que ces diables attisaient
et dont ils faisaient jaillir des flammes.

En avant de ce char, se démenait un homme
habillé en femme, qu'on appelait *Proserpine*; il était
armé de deux bouquets, l'un très-beau et très-odori-
férant, l'autre rempli d'épingles et d'épines; et l'a-
dresse de ce personnage consistait à présenter à quelqu'un le joli bouquet, et à lui substituer l'épineux
au moment où l'on s'approchait pour le sentir.
Derrière le même char, marchait un homme seul,
costumé aussi en diable, portant pour couronne
une espèce de réchaud, et tenant un croc en guise
de sceptre; après lui venaient douze pages, coiffés
de bonnets d'une telle hauteur qu'elle les faisait
ressembler à des nains; puis le géant d'osier, haut
de six mètres et que l'on appelait *papa Reuss*, lequel géant était vêtu de bleu avec des galons d'or.
Il était porté par douze hommes qui le faisaient
mouvoir et danser et avait dans sa poche un en-

fant qui criait sans cesse : papa ! papa ! tout en
mangeant des gâteaux que le public lui jetait.
Douze gardes, armés de pertuisanes, fermaient le
cortége.

SAINT LOZA. — A Douai, on considérait ce saint
comme le patron des paresseux, et le lendemain
de la Trinité, on lui rendait hommage par des réjouissances publiques qui ont duré jusqu'en 1800.

LES CALABRES. — C'était une fête qu'une sorte
de confrérie, nommée les *Calabrais*, célébrait à
Béée, village de l'arrondissement de Lille. Les
membres de cette confrérie se réunissaient le
jour de la Pentecôte, revêtus d'habits en lam-
beaux et affectant l'ivresse. Dans cet état, ils élisaient un roi. Pour procéder à cette élection ils fi-
chaient en terre une perche de deux mètres, surmontée d'un petit morceau de bois figurant un
oiseau ; les Calabrais, s'étendant alors sur le dos,
visaient à cet oiseau avec un arc fait de la première branche venue, et une flèche façonnée avec
n'importe quel fétu leur tombait sous la main ; et
celui qui atteignait le but, était proclamé roi pour
l'année et président de toutes les réunions joyeuses.

LES PIMPERLOTS. — On appelait ainsi une réunion de charretiers et de brasseurs qui parcouraient la ville de Douai aux sons des instruments

et se présentaient devant toutes les maisons où habitait un mauvais ménage. Alors l'un des Pimperlots, costumé en pontife et tenant le livre du
Destin, prenait la parole et s'efforçait de faire un
discours aussi moral que possible, pour persuader
aux époux qu'ils devaient vivre ensemble en bonne
intelligence. Pendant cette allocution, l'orateur
faisait gesticuler un singe en bois qu'il tenait dans
ses bras.

La Basse-loi. — C'est une sorte de tribunal
que les habitants de l'ancien Hainaut prétendent
avoir été institué, en vertu d'un privilége qui leur
aurait été accordé par Charles-Quint. Ce tribunal existait dans un grand nombre de paroisses
et il est encore en exercice dans celle de Neuville-
lez-Salesches. Il se compose d'un grand juge et
de plusieurs conseillers rapporteurs, dont l'un se
nomme *Tête ferme*, l'autre *Fine oreille*, un troisième
Clairvoyant, etc. Le tribunal de la Basse-loi prononce sans appel sur tous les faits qui troublent
l'harmonie générale ou blessent les bonnes mœurs.
Ainsi, un ménage orageux, une fille qui ne conserve point assez de réserve, un enfant qui manque de respect à ses père et mère, un célibataire
qui se montre trop empressé auprès de la femme
de son voisin, une veuve qui épouse un veuf, etc.,

sont des cas qui ressortent de la juridiction de la Basse-loi.

LE PRINCE DE RHÉTORIQUE. — On avait institué en France des chambres dites de *Rhétorique* qui distribuaient des prix aux auteurs de poésies et de moralités. A Douai, le prince de rhétorique était celui qui avait fait la meilleure pièce de vers en l'honneur de la Vierge, mère de Jésus. La fête se célébrait le 2 février de chaque année, à la suite d'un concours où tous les princes de Rhétorique devaient parodier les sujets qui leur étaient présentés. Les vainqueurs, après avoir reçu les prix qui consistaient en pièces d'orfévrerie, parcouraient la ville dans un char.

LE BANC POÉTIQUE DU BARON DE CUINCY. — En 1570, Antoine de Blondel, seigneur de Cuincy, près de Douai, fonda à son manoir une académie de poésie française, et lors des joutes littéraires qui avaient lieu annuellement, les lauréats venaient en cavalcade parcourir les rues de la ville.

. ANNIVERSAIRE DE LA DÉFENSE DE MÉZIÈRES, PAR LE CHEVALIER BAYARD. — En 1521, cette place était assiégée par deux corps d'armée campés sur les rives opposées de la Meuse et avait peu d'espoir de se soustraire à une capitulation. Bayard était, il est vrai, dans la ville à la tête d'une noblesse courageuse ; mais le courage pouvait devenir impuissant contre le nombre des assiégeants. Le preux chevalier eut alors l'idée d'écrire au duc de Bouillon, alors à Sédan, qu'il avait établi des intelligences avec le prince de Nassau, l'un des généraux ennemis ; la lettre qui contenait cette fausse nouvelle fut interceptée ainsi qu'on s'y était préparé ; et alors le général, campé sur la rive opposée à celle où se trouvait le prince de Nassau, se croyant trahi, s'empressa d'opérer sa retraite, et la ville fut délivrée. C'est en mémoire de cet événement que, chaque année, a lieu un service solennel auquel assistent les autorités civiles et militaires de Mézières et de Charleville ; après le service, il y a tir à la cible, et la journée se termine par des danses.

JOUTE DE COQS. — Dans le département du Pas-de-Calais, on s'occupe beaucoup de joutes entre des coqs ou entre des pinsons, et les éleveurs des combattants forment des sociétés qui ont leurs jours de fêtes, lesquelles fêtes commencent et finissent par un festin et un bal. Dans les mois de mai et de juin, et avant le lever du soleil, on met en présence deux pinsons dressés à chanter. Le vainqueur est celui qui fournit la plus longue carrière de chant, et quelquefois le vaincu perd la vie. Quant aux combats de coqs, les adversaires y apportent un tel acharnement, qu'il est bien rare que le vaincu ne reste pas mort aussi sur le champ de bataille. Ce genre de combat était en usage chez les Athéniens et plusieurs autres peuples de l'antiquité. De nos jours, il est aussi en grande faveur en Chine et au Japon, dans plusieurs contrées de l'Océanie, et chez nos voisins les Anglais, qui engagent à ce spectacle des paris considérables.

COUTUMES ET SUPERSTITIONS.

Il existait autrefois, en Flandre, un privilége abominable, nommé *Arsin*, qui autorisait d'incendier la maison de celui qui avait battu, blessé ou tué un bourgeois.

Le jour de sainte Véronique, les enfants de la ville de Valenciennes font des chapelets de fèves auxquels ils attachent une épingle crochue; et, guettant les fileuses à leur passage, ils accrochent ces chapelets à leurs vêtements, en criant : *fèves ! fèves!* et les poursuivent en même temps de leurs railleries. Cet usage, créé par la méchanceté, a pour objet de rappeler à ces pauvres ouvrières qu'elles n'ont pas d'autre festin à attendre que des fèves.

Jadis, dans la même ville, les fileuses de la rue du Bois se réunissaient à celles de la rue de la Wédière, pour dresser dans cette dernière une sorte de trophée composé de tous les instruments de leur travail, qu'elles enlaçaient de branches vertes, de fleurs et de devises. Ce monument faisait accourir des curieux de tous les quartiers.

A Berlemont, le jour de Sainte-Catherine, les jeunes filles se réunissent avant la grand'messe dans une prairie, où elles jouent à la *Crosse*, et celle qui a développé le plus de vigueur est de droit reine des bals pendant toute l'année.

A Floyon, pendant les kermesses de la Saint-Jean et de la Saint-Martin, les étrangers qui assistent aux amusements sont mis en *vente* par les officiers de la jeunesse, et ne recouvrent leur liberté qu'après avoir compté une certaine somme pour acquitter la dernière enchère.

A Dourlers, lorsqu'un garçon qui a atteint l'âge de la puberté désire faire partie de la société des jeunes gens, il s'adresse à leur capitaine, qui conduit alors le néophyte au cabaret; puis, on lui attache une cheville à son pantalon en guise de bouton, et on le promène ainsi par tout le village avec le drapeau et la musique de la compagnie, pour faire connaître qu'il a payé son droit d'entrée dans la société.

Dans plusieurs communes de l'arrondissement de Maubeuge, les jeunes filles vont à la procession avec un cierge allumé et un voile sur la tête; et, si l'une d'elles n'avait pas conservé une réputation intacte, ses compagnes ne souffriraient pas qu'elle parût à la procession avec le voile et le cierge.

A Valenciennes, le 1er dimanche de carême, les enfants allumaient naguère des torches nommées *Bouhours*, et chantaient, en parcourant les rues :

> Bour, peumes, poires,
> Des chérisses toutœ noires,
> Eune bonne tartène
> Pour nos méquènes.

Le même jour, à Obrechies, les enfants allument aussi un feu de paille, nommé *el feureu*, ou feux heureux, usage auquel les parents eux-mêmes attachent des idées de prospérité.

Le 1er mai, dans la plupart des villages du département du Nord, on attache des branches d'arbres à la fenêtre et au toit des veuves et des filles.

A Armentières, ce même jour, on jette, du balcon de la maison communale, des pains d'autel ou *Nieulles* qui sont de toutes couleurs, et pendant que les enfants les ramassent, on fait jouer des pompes pour les arroser.

A Jeumont, on honore les jeunes filles qui ont la réputation d'être sages, en environnant, pendant le mois de mai, la maison qu'elles habitent, de nombreuses branches de bouleau.

On appelle *Vouires* ou *Vouivres*, en Lorraine, des monstres qui gardent les trésors cachés dans les ruines; on a vu que ces démons sont aussi connus sous les mêmes noms en Bourgogne.

On désigne par le nom de *Femmes de mousse*, dans le département du Nord, des espèces de fées qui apparaissent quelquefois aux gens qui travaillent dans les forêts.

Le son des cloches met en fuite les démons, guérit le mal de dents, opère la délivrance des femmes en couches, et éloigne le tonnerre.

XIII

ÎLE - DE - FRANCE.

AISNE, SEINE-ET-MARNE, SEINE, SEINE-ET-OISE, OISE, SOMME.

Avant l'ère chrétienne, il y avait dans l'île, dite aujourd'hui de *la Cité*, une ville appelée *Lutetia*, où la déesse Isis était, dit-on, particulièrement révérée ; cette ville était habitée par les *Parisii*, l'un des peuples de la Gaule celtique, qui la brûlèrent pour mieux défendre leur indépendance, lorsque

Jules-César pénétra dans la contrée. Les Romains victorieux la rebâtirent, mais elle demeura à peu près dans l'obscurité, jusqu'à l'époque où Julien l'Apostat y fit construire un palais. Les irruptions des barbares augmentèrent la population de cette ville, des habitants du voisinage qui vinrent y chercher un refuge, et elle continua à s'agrandir sous la domination des Francs. Clovis s'y établit en 508, et ses successeurs occupèrent successivement diverses résidences aux environs, ce qui accrut encore son étendue. En 954, sous le règne de Lothaire, on la divisa en quatre quartiers, composés de l'ancien Paris ou la Cité, du quartier Sainte-Opportune, de celui de la Verrerie, et de celui de la Grève. Hugues Capet, à qui les rois de la seconde race avaient cédé Paris, continua à y occuper le palais, qui depuis est devenu celui de Justice, lorsqu'il fut monté sur le trône ; et les nouveaux agrandissements de cette capitale constituèrent, sous les règnes de Louis VII et de Philippe-Auguste, les quatre quartiers de Saint-Germain-l'Auxerrois, de Saint-Jacques-la-Boucherie, de Saint-André-des-Arcs et de la Place Maubert. Philippe-Auguste fit paver la ville et commença une enceinte de murailles qui ne fut achevée qu'en 1211 ; cette enceinte renfermait des terres labourables, des vignobles et des marais qui, peu à peu, se couvrirent de maisons; Paris se trouvait alors divisé en trois parties considérables: la Cité, la Ville et l'Université. Sous les règnes de Charles V et de Charles VI, on recula les murailles d'enceinte, et, en 1422, huit nouveaux quartiers furent ajoutés aux huit anciens; ce sont ceux de Saint-Antoine, de Saint-Gervais, de Sainte-Avoie, de Saint-Martin, de Saint-Denis, des Halles, de Saint-Eustache et de Saint-Honoré. Le règne de Louis XIV attira dans la capitale de la France, une si grande affluence d'étrangers, que les constructions augmentèrent dans la même proportion, en sorte que, dans l'année 1702, Paris fut divisé une troisième fois en vingt quartiers.

MARIAGE.

Dans le canton d'Hirson, département de l'Aisne, il est d'usage, lorsqu'on célèbre un mariage dans la classe du peuple, que des ouvriers et des manœuvres élèvent gratuitement une chaumière au nouveau couple.

MORT.

A Beauquesne, dans le département de la Somme, les plus proches parents du mort se couvrent de longs manteaux, et vont, dans ce costume, communiquer le décès à leurs voisins et à leurs amis. Lorsqu'on a déposé le cercueil dans la fosse, les assistants font trois fois le tour de cette fosse à reculons, afin d'empêcher que la mort ne revienne les tourmenter dans la nuit.

FÊTES ET DANSES.

PROCESSION DE LA CHASSE DE SAINTE GENEVIÈVE. — Cette solennité était l'une des plus anciennes et des plus pompeuses de la ville de Paris. La châsse ne sortait que par ordre du roi et arrêt du Parlement, et toujours à l'occasion de quelque grand événement; elle était réclamée par le clergé de Notre-Dame, et cette cérémonie était publiée dans toutes les paroisses. Alors on tapissait les rues, on ornait les croisées, on s'approvisionnait de fleurs pour les joncher sur le passage des reliques de la sainte, et le peuple de Paris disposait ses habits de fête.

On portait d'abord à l'église de Sainte-Geneviève le corps de saint Marcel avec d'autres châsses, et cet usage avait donné naissance à un proverbe qui disait que *sainte Geneviève ne se bougerait, si saint Marcel ne la venait requérir*. Avant le jour indiqué, les religieux de Sainte-Geneviève se préparaient par la prière, et la veille de ce grand jour, après None, on descendait la châsse de la manière suivante :

L'abbé venait à l'autel, revêtu de son aube, et là, prosterné sur un tapis, il récitait les sept psaumes pénitentiaux, auxquels répondaient les religieux également prosternés ; puis l'abbé disait les oraisons et faisait l'absolution usitée le jour des Cendres. Alors le *Chevessier* ou gardien de la châsse, aidé d'un autre religieux, la descendait, tandis que le chantre entonnait le *Beata virgo Genofeva*, et ensuite l'abbé et les religieux, dans l'ordre hiérarchique, allaient, nu-pieds, baiser la précieuse relique. L'abbé disait la messe, à laquelle tous les religieux devaient communier.

Le matin de la solennité, au point du jour, le lieutenant criminel et le procureur du roi, suivis des commissaires et autres officiers de justice, venaient prendre la châsse sous leur sauvegarde, jurant de le faire fidèlement jusqu'à son retour à l'abbaye. Les religieux continuaient les oraisons et disaient le psautier, en attendant le cortége. Les porteurs arrivaient à leur tour, après avoir fait chanter une messe basse à la chapelle de la Miséricorde, et avoir tous communié.

Le clergé de Notre-Dame s'annonçait avec éclat, et entonnait à son entrée à l'abbaye, d'abord l'antienne de saint Pierre et saint Paul, et puis celle de sainte Geneviève. Les religieux répondaient par l'antienne de saint Marcel, *ó dulce decus Parisiorum*.

La procession se mettait à défiler lorsque le chantre entonnait le *concede nobis,* et l'abbé de Sainte-Geneviève marchait, la crosse en main, la tête couverte de la mitre, et ayant la droite sur l'évêque de Paris. Lorsque la procession était parvenue au Petit-Pont, on chantait l'hymne de sainte Geneviève, *advenista,* ou bien *ingrediente*, et ensuite une hymne à la vierge Marie, qui se continuait jusqu'à l'entrée à Notre-Dame. Arrivés au portail, les porteurs de la châsse de sainte Geneviève prenaient celle de saint Marcel, et ceux de la châsse de saint Marcel s'emparaient de celle de sainte

Geneviève. Tous alors allaient déposer ces reliques dans un endroit du chœur, où elles étaient en tourées des autres châsses qui les avaient accompagnées.

Il y avait messe et sermon. La messe était chantée par les religieux de Sainte-Geneviève, les chantres portant la chape. L'évêque de Paris officiait. Après la messe on entonnait l'antienne *Salve Regina*. L'abbé de Sainte-Geneviève disait l'oraison, étant en la première chaire du chœur de Notre-Dame, du côté droit, avec tous ses religieux ; et le clergé de la cathédrale, rangé du côté gauche.

C'était la ville qui fournissait le luminaire, les cierges et les torches.

Lorsque la procession sortait de Notre-Dame, Messieurs de Sainte-Geneviève portaient la châsse de saint Marcel jusqu'au Petit-Pont, et Messieurs de Notre-Dame celle de sainte Geneviève. Le clergé de Notre-Dame et l'évêque accompagnaient la châsse de la sainte jusqu'à l'église des Ardents, et là, prenant congé les uns des autres, la procession de Notre-Dame s'en retournait à son église, et les religieux de Sainte-Geneviève à la leur, ceux-ci accompagnés du clergé de Saint-Marcel, et précé- dés des quatre ordres mendiants de leurs paroisses, Saint-Étienne et Saint-Médard. Les Augustins ne

reconduisaient la châsse que jusqu'au Petit-Pont ;
les Cordeliers, jusqu'à la place Maubert ; les Carmes,
jusqu'au devant de leur église, et les Jacobins,
jusque sur le haut portail de Sainte-Geneviève, où
se chantait le *Cornelius centurio*. Arrivé à ce portail,
ceux qui portaient la châsse s'arrêtaient pour laisser
passer les religieux, lesquels allaient se ranger dans
la grande nef, de côté et d'autre, et chantaient
l'*audivi vocem*. Ce chant achevé, on replaçait la
châsse derrière l'autel, les religieux s'inclinaient
en pliant le genou dévotement, et puis se reti-
raient.

En 1675, on comptait que la châsse de sainte
Geneviève était déjà sortie soixante-dix-huit fois
depuis le miracle des Ardents. Sous le seul règne
de François Iᵉʳ, elle avait été exposée douze fois,
dans les circonstances suivantes : le 13 juin 1522,
pour obtenir la cessation des pluies; le 7 août 1523,
pour rendre Dieu favorable aux armes de la France;
le 24 mai 1524, pour obtenir la cessation d'une
longue et désastreuse sécheresse; le 31 mai 1527,
pour la cessation des pluies; le 7 juillet 1529, pour
obtenir la paix; le 10 janvier 1530, pour faire
cesser une inondation; le 21 janvier 1534, pour
faire disparaître les placards incendiaires qu'on
apposait dans tous les quartiers de Paris; le 13 juil-

let 1535, pour obtenir la discontinuation des pluies ;
le 15 août 1536, à l'occasion du siége de Péronne ;
le 17 juillet 1541, pour la cessation des pluies ; le
17 juillet 1542, à l'occasion de la paix négociée
entre le roi et Charles-Quint ; le 16 juin 1543,
pour la cessation des pluies ; et le 7 juillet 1566,
pour obtenir également la cessation des pluies qui
désolaient les campagnes. Cette fois, une étoile
éclatante apparut en plein jour au moment où la
procession sortait de l'église Sainte-Geneviève, et
ne cessa point de briller jusqu'au retour de la châsse
à l'abbaye.

LE DRAGON. — Aux processions des Rogations, le
clergé de Notre-Dame faisait porter la figure d'un
grand dragon en osier, dans la gueule énorme et
béante duquel le peuple se plaisait à lancer des
gâteaux et des fruits. Cette coutume, qui cessa
vers l'an 1730, avait pour but, disait-on, de rappeler un serpent monstrueux qui avait ravagé les
environs de Paris, et dont saint Marcel avait délivré
la contrée.

LES MYSTÈRES.—En 1378, des bourgeois de Paris
élevèrent un théâtre à Saint-Maur et y représen-
tèrent la Passion. Le prévôt de Paris leur ayant
fait défendre de continuer, ils réclamèrent en cour,
et, pour se la rendre favorable, ils s'érigèrent en

confrérie, sous le titre de *la Passion de Notre-Sei-gneur*. En 1402, ils obtinrent des lettres patentes et firent élever le théâtre de la Trinité. Leurs privi-léges furent confirmés en 1518 par François Ier; et le théâtre de la Trinité subsista jusqu'en 1547. En 1548, les confrères de la Passion s'établirent dans l'ancien hôtel de Bourgogne, pour représenter des mystères et des moralités.

Les premières traces des spectacles publics ne remontent guère qu'au règne de Charles V. Les anciens jongleurs ou comédiens qui avaient été chassés du royaume par Louis XI, qui avait re-nouvelé à cet égard les ordonnances de Philippe-Auguste, n'étaient que des mimes que Constance de Provence, femme de Robert, avait introduits vers l'an 1009.

A la suite d'un festin donné par Charles V à Charles IV, empereur, et à son fils Venceslas, roi des Romains, on joua un mystère représentant la *Prise de Jérusalem, par Godefroi de Bouillon*. En 1424, à l'entrée des rois de France et d'Angleterre, on joua le *mystère de la Passion*. En 1424, à l'entrée du duc de Beaufort, on joua le *mystère de l'Ancien et du Nouveau Testament*.

Lorsqu'on s'ennuya de ce genre de scènes, les *Farces* et les *Soties* vinrent les remplacer. Les con-

frères de la Passion ayant enfin reçu l'ordre formel
de ne plus représenter de *mystères* et de ne jouer
que des sujets *profanes, licites et honnêtes*, ils refu-
sèrent de se soumettre à cette obligation et louèrent
leur théâtre à une troupe de comédiens qui se
forma pour l'exploiter.

Dans le nombre des *mystères* qui avaient acquis
une certaine réputation, on distinguait surtout :
*les Miracles de sainte Catherine, le Paradis amoureux,
le Trépassement de Notre-Dame, les Miracles de Notre-
Dame, la Vie de saint Jean-Baptiste, le Sermon joyeux,
le Colloque des douze Dames, la Vie de saint Oi-
gnon, etc.*

Les auteurs les plus rénommés des *mystères*, des
moralités et des *soties* étaient : Pierre Gringoire,
Bonaventure Desperiers, Octavien de Saint-Ge-
lais, Charles Étienne, Marguerite de Valois,
Pierre Ronsard, Louise l'Abé, Théodore de
Bèze, etc.

Nous avons vu que les *mystères* et les tragédies
représentés en plein vent, sont encore en faveur
dans les contrées pyrénéennes.

LA BAILLÉE DES ROSES. — Il existait autrefois,
dans nos parlements, une cérémonie à laquelle
on donnait ce nom et dont on ignore l'origine
et l'époque à laquelle elle a cessé. Cette cérémo-

nie était particulièrement en usage dans les parlements de Paris et de Toulouse. Le droit de roses se rendait par les pairs, en avril, mai et juin, lorsqu'on appelait leurs rôles. Pour cela on choisissait un jour qu'il y avait audience à la grand'chambre, et le pair qui les présentait faisait joncher de roses, de fleurs et d'herbes odoriférantes toutes les chambres du parlement. Avant l'audience il donnait un déjeuner splendide aux présidents et aux conseillers, même aux greffiers et huissiers de la cour, ensuite il venait dans chaque chambre, faisant porter devant lui un grand bassin d'argent rempli non-seulement d'autant de bouquets d'œillets, roses et autres fleurs de soie et de fleurs naturelles qu'il y avait d'officiers, mais encore d'autant de couronnes rehaussées de ses armes; Après cet hommage, on lui donnait audience à la grand'chambre; ensuite on disait la messe; les hautbois jouaient, excepté pendant l'audience, et allaient même jouer chez les présidents pendant le dîner. Il n'y avait pas jusqu'à celui qui écrivait sous le greffier, qui n'eût son droit de roses.

Excepté nos rois et nos reines, aucun de ceux qui avaient des pairies dans le ressort du parlement n'étaient exempts de cette espèce de redevance : les rois de Navarre s'y assujettirent; et Henri, fils d'Antoine de Bourbon et de Jeanne d'Albret, justifia au procureur général que ni lui, ni ses prédécesseurs, n'avaient jamais manqué de remplir cette obligation. Des fils de France l'ont fait en 1577. Cet hommage des roses occasionna, en 1545, une dispute de préséance entre le duc de Montpensier et le duc de Nevers, qui fut terminée par un arrêt du parlement, qui ordonna que le duc de Montpensier les baillerait le premier, à cause de ses deux qualités de prince et de pair.

Le parlement avait un faiseur de roses, appelé le *Rosier de la cour*, et les pairs achetaient de lui celles dont ils faisaient leurs présents. On présentait au parlement de Paris des roses et des couronnes de roses, et à celui de Toulouse, des boutons de rose et des chapeaux de roses.

LA FÊTE DES FOUS. — Du xie au xvie siècle, on la célébrait dans Paris, les jours de Noël, de la Circoncision, des Rois et de Pâques. Les enfants de chœur, les sous-diacres et diacres de Notre-Dame, étaient les acteurs de cette fête. Le roi des Fous était amené en procession à l'église, et, en sa présence, l'assemblée se disait cent sottises et se battait quelquefois à outrance. On s'a-

musait à élire un pape, des archevêques et des
évêques, et toutes les extravagances qui se com-
mettaient dans cette étrange réunion, sont dé-
taillées dans une lettre adressée par la Faculté de
théologie, en 1444, aux évêques du royaume.

La Saint-Nicolas. —Cette fête fut célébrée à
Paris, par les écoliers, jusqu'au milieu du xvi^e
siècle. Ils formaient une mascarade à la tête de laquelle il y avait toujours un évêque; et, le même
jour, les chapelains, les chantres et les enfants de
chœur de Notre-Dame, déguisés aussi, parcouraient
la ville en conduisant une femme qui était à cheval et que tourmentaient des diables.

Le Géant de la rue aux Ours. — On raconte
que le 3 juillet 1418, un soldat suisse qui venait
de perdre tout son argent au jeu, dans un cabaret, fut saisi d'un tel accès de fureur, qu'en passant au coin de la rue aux Ours et de celle de
Salle-au-Comte, il frappa d'un coup de couteau
la statue de la Vierge placée en cet endroit. Le
sang jaillit de cette statue. Aussitôt le soldat fut
arrêté, attaché à un poteau en face de l'image de
la Vierge, fustigé pendant douze heures; puis on
lui perça la langue avec un fer chaud et on le jeta
enfin au milieu d'un bûcher embrasé.

C'est en mémoire du sacrilége de ce Suisse, que

les habitants de la rue aux Ours promenaient solennellement, le 3 juillet de chaque année, un
mannequin d'osier qui était la représentation du
coupable. Ce mannequin avait environ six mètres
de haut, il tenait un poignard, on le conduisait
durant plusieurs jours dans tout Paris et on finissait
par le brûler dans la rue aux Ours. Cette exécution était accompagnée d'un feu d'artifice qui fut
supprimé seulement en 1743.

Nous avons déjà cité plusieurs de ces mannequins d'osier, qui ont figuré ou figurent encore
dans nos fêtes nationales. Ces images étaient aussi
employées par les Anciens : les prêtres d'Osiris en
avaient d'énormes qui représentaient les ennemis
des dieux et qu'ils flagellaient avec fureur; à Rome,
au mois de mai de chaque année, on en promenait de colossales que l'on appelait les *Argéens* et
que les Vestales jetaient dans le Tibre.

LE FEU DE LA SAINT-JEAN. — Autrefois, le roi
assistait à la cérémonie qui avait lieu sur la place
de Grève, pour allumer le feu de la Saint-Jean,
et cet usage remontait au moins au règne de
Louis XI. On plantait au milieu de la place, un
mât de vingt mètres de hauteur, hérissé de tra-
verses de bois, auxquelles on attachait un nombre considérable de bourrées, de cotrets et de

pièces d'artifice; puis on amoncelait au pied du gros bois et de la paille. On avait aussi la coutume barbare de suspendre au mât un grand panier qui contenait des chats et des renards destinés à être brûlés vifs, mais qui, avant d'être atteints par la mort, poussaient des cris horribles. Après que le bûcher était consumé, le roi montait à l'hôtel de ville, où on lui servait une collation.

La Basoche. — On appelait ainsi une sorte de corporation composée des clercs du palais, dont l'institution ne laisse apercevoir aucun but utile, tandis que la réunion organisée de cette jeunesse turbulente causa souvent beaucoup de trouble dans Paris. Philippe le Bel autorisa, dit-on, en 1302, l'association de la Basoche; il ordonna même qu'elle prît le titre de *Royaume* et qu'elle formât un tribunal qui jugerait en dernier ressort tous les différends qui s'élèveraient entre les clercs et les actions intentées contre eux. Le président des basochiens était appelé *Roi*, et le tribunal se composait en outre, d'un chancelier, d'un vice-chancelier, de maîtres de requêtes, de greffiers et d'huissiers. Ses séances avaient lieu à la grand'-chambre, les mercredis et samedis, et ses arrêts commençaient par cette formule : *La Basoche régnante et triomphante, et titres d'honneur, salut.* Nul

ne pouvait être reçu procureur au palais, s'il n'a-
vait été basochien pendant dix années. Le même
édit qui avait autorisé la basoche de Paris, lui
avait aussi accordé la faculté d'établir des juridic-
tions dans plusieurs autres villes, et celle d'Angers,
particulièrement, avait une grande célébrité.

La Basoche avait annuellement une *Montre* ou
revue solennelle. En 1528, un de ses capitaines
ayant eu la fantaisie de former sa compagnie de
femmes et de clercs habillés en femmes, l'official
de Paris s'en formalisa avec raison, et fit citer devant lui ce capitaine; mais le roi de la Basoche,
alors tout-puissant, se scandalisa à son tour des
prétentions de l'official, et, en dépit de la morale
publique, la mascarade eut lieu.

La Basoche d'ailleurs prêtait quelquefois un
concours salutaire au pouvoir. Ainsi le roi de cette
association offrit à Henri II un corps de six mille
basochiens pour aller combattre les révoltés de
Guyenne, et le monarque fut tellement satisfait
du service de ce corps, qu'il accorda de nouveaux
priviléges à la Basoche. Elle obtint, entre autres
choses, le droit d'aller couper un arbre dans les
forêts du domaine de la couronne, pour la cérémonie du mai qu'elle plantait chaque année au
bas de l'escalier du palais; puis une partie des

amendes adjugées au roi, au parlement et à la cour des aides, ainsi que les *Béjaumes*, espèce de contribution qu'acquittait chaque nouveau clerc qui entrait dans Paris; et enfin, par ordre du parlement, du 31 décembre 1562, l'autorisation de passer et repasser par la ville, soit de nuit, soit de jour, ayant flambeaux ou torches pour assister aux aubades. Les armoiries de la Basoche étaient un écusson chargé de *trois écritoires*, surmonté d'un casque, et porté par deux jeunes filles; et son roi pouvait faire battre monnaie.

Les réunions publiques des basochiens étaient tellement bruyantes, que, par arrêt du parlement, en 1667, il fut ordonné qu'ils ne paraîtraient qu'au nombre de vingt-cinq pour la cérémonie du Mai, qui se célébrait aux premiers jours de juillet. Les clercs désignés montaient alors à cheval, vêtus d'habits rouges et accompagnés de trompettes, timbales, hautbois et bassons; ils allaient chez leurs dignitaires et chez les principaux membres des cours du parlement et des aides, faisant exécuter devant la porte de chacun de ces magistrats, des morceaux de musique; puis ils parcouraient les rues de Paris, pendant plusieurs jours, précédés de leurs drapeaux et de leurs armes; et se rendaient ensuite à la forêt de Bondy, pour y couper l'arbre qu'ils devaient planter au bas de l'escalier du palais.

Les membres de la Basoche jouaient aussi publiquement, sur la table de marbre de la grande salle du palais, des farces, des soties et des moralités ; et chaque année, le jeudi de la dernière semaine du carnaval, on plaidait à leur tribunal une cause nommée *cause grasse*, parce que la matière en était burlesque et scandaleuse.

La Basoche du Châtelet avait une organisation semblable à celle du palais.

La Montre des officiers du Chatelet. — Chaque année et le lundi après le dimanche de la Trinité, les officiers du Châtelet célébraient une fête appelée *Montre*. C'était une cavalcade dont la marche était ouverte par une musique guerrière et par les attributs d'une justice militaire, c'est-à-dire un casque, une cuirasse, un bouclier, des gantelets, un bâton de commandement et une main de justice. Chacun de ces emblèmes était porté séparément, et ils étaient suivis de quatre-vingts huissiers à cheval et cent quatre-vingts sergents à verge, précédés de trompettes et timbales. Tous étaient en habits courts de diverses couleurs. Venaient après cela cent-vingt huissiers priseurs et vingt huissiers audienciers, couverts de leurs robes du palais ; douze commissaires au Châtelet, en robe de soie noire ; un des avocats du roi, un lieutenant particulier et le lieutenant civil, tous trois en robes rouges ; puis encore des huissiers et des greffiers. Cette cavalcade se portait successivement devant l'hôtel du chancelier, du premier président, du procureur général, et du prévôt de Paris, et allait ensuite parcourir tous les quartiers de la ville.

Les Enfants sans souci. — C'était une troupe de bouffons qui jouait quelquefois à Paris et s'associaient aussi, pour des représentations théâtrales, avec les confrères de la Passion. Le directeur des Enfants sans souci, prenait le titre de *Prince des sots*. La licence de ces histrions était extrême.

Les Badins. — C'était encore une espèce de société de saltimbanques, dont l'organisation et les mœurs étaient analogues à celles des enfants sans souci.

Danse macabre ou *danse des Morts*. — On représentait, dans cette mascarade, des hommes et des femmes qui étaient censés se trouver dans les différentes positions de la vie qui laissent en proie aux projets, aux espérances et aux déceptions ; et la mort, en forme de squelette, jouait le rôle principal au milieu des autres personnages, se montrant inflexible aux supplications qui lui étaient adressées. En 1424, on donna, sur un théâtre adossé au charnier des Innocents, une représentation de la danse macabre, qui commença au mois d'août et ne se termina qu'au carême suivant. Quelques auteurs ont pensé que cette danse n'était point représentée par des personnages vivants, et qu'elle n'était offerte aux yeux du public que sur des tableaux peints.

LES TURLUPINS.—Ce nom fut donné, au XIVᵉ siècle, à une sorte de secte d'hérétiques, hommes et femmes, qui parcouraient, non-seulement les rues de Paris, mais encore les provinces, et se livraient aux plus criminels désordres. Il fallut recourir à des exécutions militaires pour détruire ces bandes dangereuses; et des récompenses furent accordées par le souverain à ceux qui amenèrent à bonne fin cette croisade.

LES ARBALÉTRIERS DE PARIS. — C'était une espèce de confrérie qui avait un *Roi* ou *Grand maître*, un *Connétable* et d'autres officiers; et son institution, déjà ancienne, fut confirmée par lettres de Charles VI, datées du 11 août 1410. Les arbalétriers étaient au nombre de soixante, ils recevaient une haute paye, et parmi leurs priviléges se trouvait l'exemption de l'impôt du vin, des tailles, subsides, gabelles, etc. Le roi de cette compagnie habitait, aux xv° et xvi° siècles, un hôtel situé rue de Grenelle, et paraissait avec pompe aux *Montres* qui avaient lieu chaque année et se terminaient par des fêtes.

LES ARCHERS DE PARIS.—Cette compagnie, comme la précédente, avait un *Roi* et un *Connétable;* et sous Charles VI, en 1411, elle obtint l'autorisation de se constituer en confrérie, en l'honneur de Dieu, de la Vierge et de saint Sébastien. Ces archers étaient au nombre de cent vingt.

LE BŒUF GRAS. — Cette cérémonie, qui est arrivée jusqu'à nous, est l'une des plus anciennes des Parisiens. Abandonnée en 1793, elle fut restaurée sous l'empire; mais la composition du cortége a subi beaucoup de variations. Autrefois, le bœuf portait sur son dos un enfant décoré d'un ruban bleu, passé en écharpe, tenant d'une main un sceptre doré, et de l'autre une épée nue. On le nommait le *Roi des Bouchers.* Il était accompagné de quinze garçons vêtus de corsets rouges, avec des trousses blanches, et coiffés de turbans rouges bordés de blanc.

La promenade du bœuf gras paraît devoir être considérée comme un reste du culte que les habitants de Lutèce rendaient au taureau zodiacal, et dont plusieurs monuments, comme on le sait, figurent ce taureau revêtu de l'étole sacrée, et surmonté par trois grues, qui sont le symbole de la lune et des oiseaux de bon augure.

JE VOUS PRENDS SANS VERT. — C'était un amusement usité parmi les gens de qualité. Plusieurs personnes de la société établissaient qu'à partir du 1er mai jusqu'au dernier jour de ce mois, chacune d'elles serait tenue de porter sur soi du vert, soit un bouquet, soit une seule fleur, ou un rameau, ou même une simple feuille, avec la condition expresse de prendre chaque matin du vert frais, celui de la veille n'étant pas de jeu. La contravention était passible d'une amende. Ces personnes cherchaient donc dès-lors à se rencontrer à l'improviste, soit dans les rues, soit à la promenade, soit dans la propre maison de chacun, en s'y présentant à toute heure de la journée; et dès qu'on s'abordait, on commençait par se dire, avant tout autre compliment, *je vous prends sans vert* : ce qui obligeait chaque interlocuteur à montrer le vert qu'il avait sur lui. Si par cas il se trouvait en défaut, il fallait qu'il subît l'amende fixée par le règlement. Toutes les amendes étaient versées entre les mains d'un trésorier de la société, et leur produit, qui était quelquefois très-considérable à la fin du mois, était employé à quelque partie de plaisir.

La Rosière de Salency. — Une couronne de roses était le prix de la vertu dans la fête qui se célébrait à Salency, et qui avait pour objet de perpétuer, dans le cœur des jeunes filles, l'amour de la sagesse, de la piété et de tous les devoirs que la vertu impose. L'origine de cette fête remonte jusqu'à saint Médard, évêque de Noyon, qui vivait dans le v⁰ siècle, du temps de Clovis, et qui mourut l'an 545. Cet évêque, qui était aussi seigneur de Salency, village à une demi-lieue de Noyon, avait imaginé de donner, tous les ans, à celle des filles de sa terre qui jouirait de la plus grande réputation de vertu, une somme de vingt-cinq livres et une couronne ou chapeau de roses. Il perpétua cet établissement, en détachant des domaines de sa terre douze arpents, dont il affecta les revenus au payement des vingt-cinq livres, et frais accessoires de la cérémonie de la Rose.

La tradition assure que saint Médard donna lui-même ce prix glorieux à l'une de ses sœurs, que la voix publique avait nommée pour être rosière. On voit encore au-dessus de la chapelle de Saint-Médard, située à l'une des extrémités du village de Salency, un tableau où ce saint prélat est repré-

senté en habits pontificaux, et mettant une couronne de'roses sur la tête de sa sœur, qui est coiffée
en cheveux et à genoux.

Par le titre de la fondation, il fallait non–seulement que la rosière eût une conduite irréprochable, mais que son père, sa mère, ses frères, ses
sœurs et autres parents, en remontant jusqu'à la
quatrième génération, fussent eux-mêmes irrépré-
hensibles, un poëte moderne a dit, au sujet de
l'institution de Salency :

> Reine de nos jardins, rose aux vives couleurs,
> Sois fière désormais d'être le prix des mœurs,
> Et de voir éclater tes beautés printanières
> Sur le front ingénu des modestes bergères :
> Sois plus flattée encore de servir, en nos jours,
> De couronne aux vertus que de lit aux amours.
> La pomme à la plus belle, a dit l'antique usage ;
> Un plus heureux a dit : la rose à la plus sage.

Le seigneur de Salency jouissait seul du droit de
choisir la rosière entre trois filles du village qu'on
lui présentait un mois d'avance, et l'examen se
faisait avec l'impartialité la plus sévère.

Le 8 juin, jour de la fête de Saint-Médard, le
cortége se rendait en grande pompe à la paroisse,
où il entendait vêpres, et de là à la chapelle de
Saint-Médard, où, après la bénédiction, le célébrant

posait un chapeau de roses, entouré d'un large ruban bleu, sur la tête de la rosière qui était à genoux,
et lui remettait en même temps les vingt-cinq
livres en présence du seigneur et des officiers de
justice. Le ruban bleu ne fut ajouté au chapeau
que sous Louis XIII. Ce prince se trouvant au château de Varennes, près de Salency, fut supplié par
M. de Belloy, alors seigneur de ce dernier village,
de faire couronner en son nom la rosière; le roi y
consentit, et envoya le marquis de Gordes, son premier capitaine des gardes, qui fit la cérémonie
pour sa majesté, et qui, par ses ordres, ajouta aux
roses une bague d'argent et un cordon bleu :—
« Allez, dit le roi au marquis, offrir ce cordon à
celle qui sera couronnée. Il fut assez longtemps le
prix de la faveur, qu'il devienne aujourd'hui la
récompense de la vertu. » C'est donc depuis cette
époque que la rosière recevait aussi une bague
d'argent, et qu'elle et ses compagnes se décoraient
du ruban bleu.

Au sortir de l'église, le seigneur, ou son représentant, conduisait la rosière au milieu de la grand'-
rue de Salency, où les vassaux du fief de la Rose
étaient obligés de lui présenter une collation qui
retraçait la simplicité des mœurs antiques et qui
était une espèce de redevance. La table était gar-

nie d'une nappe, six assiettes, six serviettes, deux
couteaux, deux verres et une salière pleine de
sel. Les mets consistaient en un lot de vin clairet
en deux pots, provenant des vignes du village ; un
demi-lot d'eau fraîche, deux pains blancs d'un sou ;
cinquante noix et un fromage de trois sous.

Sur la fin de ce modeste repas, les mêmes vassaux présentaient à la rosière, par forme d'hommage, un bouquet de fleurs, deux *eteufs*, ou balles
de jeu de paume, une flèche et un sifflet de corne
avec lequel l'un des censitaires sifflait trois fois
avant de l'offrir ; ils étaient obligés de satisfaire à
toutes ces servitudes, sous peine de soixante sous
d'amende.

Le repas étant achevé, toute l'assemblée se rendait dans la cour du château, sous un gros arbre, où
le seigneur dansait le premier branle avec la rosière ;
ce bal champêtre finissait au coucher du soleil.

Le lendemain, dans l'après-midi, la rosière in-
vitait chez elle toutes les filles du village et leur
donnait une grande collation, pendant laquelle on
chantait des couplets, tels que ceux-ci :

> Cette fille, dès sa jeunesse,
> Nourrit son père infirme et vieux ;
> Elle n'a point d'autre noblesse,
> Point de parchemin, point d'aïeux ;

La noblesse est bien quelque chose ;

Mais elle n'est pas le vrai bien :

La noblesse au vulgaire impose ;

Mais, sans la vertu, ce n'est rien.

On ne voit point sur son visage

Briller la fleur de la beauté ;

Mais dans une âme honnête et sage,

Régnent la douceur, la bonté ;

La beauté, c'est bien quelque chose ;

Mais elle n'est pas le vrai bien :

Elle a tout l'éclat de la rose,

L'éclat, sans la vertu, n'est rien.

Dans son parler est la simplesse,

Qu'on chérissait au bon vieux temps ;

De l'esprit et de la finesse

Elle n'a point les agréments ;

L'esprit est pourtant quelque chose ;

Mais l'esprit n'est pas le vrai bien :

Quelque forte qu'en soit la dose,

L'esprit, sans la vertu, n'est rien.

Jamais elle n'apprit à lire

Dans d'autres livres que son cœur ;

Ce livre a suffi pour l'instruire

Du chemin qui mène au bonheur ;

La science est bien quelque chose ;

Mais elle n'est pas le vrai bien :

A l'orgueil quand elle dispose,

Il vaudrait mieux ne savoir rien.

La fête de la rosière occasionna, en 1774, un procès qui fut porté au Parlement de Paris. Le

seigneur d'alors se crut en droit de choisir la rosière sans l'intermédiaire des habitants, de lui poser la couronne sur la tête sans pompe et sans
cérémonie, et soutint que la dépense de la fête,
quoique médiocre, pouvait être de beaucoup ré-
duite. Ces prétentions ridicules furent condamnées
par le bailliage royal de Chauny qui fixa les règles
pour la nomination de la rosière, et l'ordre et la
marche de la cérémonie, par sa sentence du 19 mai
1773 ; mais le seigneur de Salency ne crut point
devoir céder, il appela de cette sentence au Parlement de Paris, qui, le 20 décembre 1774, rendit
un arrêt solennel en faveur des habitants de Salency, homologua tout ce qui concernait la fête de
la rosière, et condamna le seigneur aux dépens,
ainsi qu'aux frais de l'impression et affiche de l'arrêt.

Dans un mémoire que M. Delacroix publia dans
cette circonstance, il s'exprima en ces termes :
« La noblesse des Salenciens est celle de la Rose ;
ils n'en connaissent point d'autres. La famille, qui
depuis saint Médard a vu le plus souvent ses reje-
tons couronnés, est la plus illustre parmi eux. Si
les arts n'étaient pas les esclaves de l'opulence, ce
serait une vue bien touchante que celle d'une
chaumière de Salency, ornée d'une suite de tableaux représentant de jeunes rosières parées d'un

cordon bleu avec tous les attributs de leur couron-
nement. Ce spectacle vaudrait bien celui d'une
galerie qui n'offre à nos regards que les superbes
destructeurs du genre humain. Il y a si longtemps
que l'on s'enorgueillit de la férocité de ses pères,
qu'il serait à souhaiter que l'on commençât à
mettre une partie de sa gloire dans la sagesse de
sa mère. »

D'autres fêtes de rosières furent instituées dans
plusieurs lieux en France, mais n'eurent point de
durée. Il en existe encore une en ce moment à
Suresne.

DANSE DE SAINT QUIRIACE. — Elle avait lieu jadis
à Provins, le jour de la Nativité, et l'église était
la salle de bal. Un compte de l'an 1436 porte que
le chapitre dépensa quatorze pintes de vin pour la
danse du chœur. Le vicaire perpétuel de saint
Quiriace faisait choix de la plus jolie fille de la
paroisse, qui se parait de blanc, et qu'il conduisait
par la main à la place la plus distinguée du chœur.
L'orsqu'elle y était assise, il la saluait en chantant
l'antienne *Ave Regina;* après l'antienne, il la me-
nait, couvert de sa chape, devant le portail de
l'église, où il commençait avec elle une danse
qui venait se terminer dans l'intérieur. Le chapitre
abolit cette coutume en 1710.

FÊTE DES INNOCENTS. — Elle se célébrait aussi à Provins au xvii° siècle. Les enfants, qui en étaient les seuls acteurs, nommaient entre eux un évêque, et se livraient à des bouffonneries dont nous avons déjà donné des exemples dans la description des fêtes des fous. Une de celles-ci avait également lieu à Provins, et ne fut abolie qu'à la fin du xv° siècle.

LE ROI DES ROSIERS. — C'est encore à Provins que cette fête était en usage, et les jardiniers de cette ville en étaient les acteurs. Ils élisaient un monarque qu'ils appelaient le roi des Rosiers, et dont la dignité durait une année, c'est-à-dire qu'elle commençait et finissait le jour de la Saint-Fiacre. C'était à vêpres, pendant le *Magnificat*, que se faisait l'intronisation du nouveau roi; et, au moment où le chœur chante ces mots : *Deposuit potentes de sede et exaltavit humiles*, les torches allumées, les couronnes de roses, tous les insignes de la puissance royale qui environnaient l'ancien roi, disparaissaient aussitôt et étaient portés près du nouveau.

LE DRAGON ET LA LÉZARDE. — Lors de la procession des Rogations, le sonneur de saint Quiriace, de Provins, portait, au bout d'un long bâton, un dragon de bois peint; et, celui de Notre-Dame,

un animal qu'on nommait lézarde. Lorsque les
deux processions se rencontraient, les sonneurs
faisaient mouvoir les mâchoires de leurs monstres,
et simulaient un combat entre eux, en leur faisant
arracher réciproquement les guirlandes de fleurs
dont ils étaient ornés. Celui qui avait le mieux
dépouillé de fleurs son adversaire était réputé le
vainqueur. Mais on raconte, qu'en 1760, le sonneur de saint Quiriace s'avisa de placer des pièces
d'artifice dans la gueule de son dragon, ce qui causa
un tel désordre, un tel scandale, qu'on défendit,
à partir de ce jour, la continuation de cette lutte
du dragon et de la lézarde.

La danse de saint Thibault. — Elle avait lieu
à Provins le jour de la fête de ce saint, et les
jeunes gens des deux sexes la commençait devant
l'église, pour la continuer jusqu'au palais des
comtes. On distribuait à chaque danseur et danseuse du pain, des cerises et une tarte. Cette danse
avait pour objet de rendre hommage au patron de
la contrée; et, par la promenade, on voulait indiquer qu'il était de la famille des anciens comtes.
Cette coutume cessa en 1670.

Fête de l'ane, a Provins. — Cette ville, comme
on voit, était riche en fêtes. Celle-ci était célébrée par les enfants de chœur et les sous-diacres,

qui couvraient un âne d'une grande chape, et le conduisaient à l'église, où l'animal était solennellement introduit avec des chants, tels que celui-ci :

> Un âne, fort et beau,
> Est arrivé de l'Orient ;
> Eh ! sire âne ! eh ! chantez ;
> Belle bouche rechignez,
> Vous aurez du foin assez,
> Et de l'avoine à planter.

On faisait approcher l'âne de l'autel, et là, on chantait ainsi ses louanges : *Amen, amen, asine; hé ! hé ! sire âne ! hé ! hé ! hé ! sire âne !* Il assistait à une messe à la fin de laquelle, au lieu de l'*ite, missa est,* le prêtre officiant criait trois fois : *Hihan ! hihan ! hihan !* et le peuple répondait par le même braiment. Le Dimanche des Rameaux avait lieu la *procession de l'âne.* Tout le clergé de la ville se rendait à la chapelle Saint-Nicolas, où l'on entendait un sermon ; puis on lâchait l'âne dans le cimetière, où les spectateurs se livraient à des folies que la sainteté du lieu n'arrêtait en aucune manière.

FÊTE DE L'ANE A BEAUVAIS. — Malgré le burlesque que présentait cette fête, et l'extrême inconvenance qu'elle aurait pour nos mœurs actuelles, c'était cependant l'une des plus célèbres

chez nos pères, qui apportaient d'ailleurs, dans
l'observance de ces cérémonies singulières, un sentiment pieux qui n'est plus le nôtre et que nous
savons à peine comprendre. Chaque année, dans
la ville de Beauvais, le 14 janvier, avait lieu une
procession, qui partait de la cathédrale et se terminait à Saint-Étienne. Un âne, portant sur son
dos une jeune fille couverte d'une chape, figurant
la sainte vierge allant en Égypte, et tenant dans
ses bras l'enfant Jésus, s'avançait en tête de cette
procession. Arrivé à Saint-Étienne, on faisait entrer l'âne et la jeune fille dans le sanctuaire, on
les plaçait du côté de l'Évangile, et on commençait la messe solennelle; puis, après l'Épître, on
entonnait la *prose de l'âne*, que voici, comme
Ducange l'a conservée :

Orientis partibus
Adventavit asinus
Pulcher et fortissimus
Sarcinis aptissimus.
Hez, sire asnes, ça chantez,
Belle bouche rechignez,
Vous aurez du foin assez
Et de l'avoine à plantez.

Lentus erat pedibus
Nisi foret baculus

Et eum in clunibus
Pungeret aculeus.
Hez, sire asnos, ça chantes, etc.

Hic in collibus Sichem
Jam nutritus sub Ruben,
Transiit per Jordanem,
Saliit in Bethleem.
Hez, sire asnes, ça chantes, etc.

Ecce magnus auribus
Subjugalis filius
Asinus egregius
Asinorum dominus.
Hez, sire asnes, ça chantes, etc.

Saltu, vincit hinnulos
Damas et capreolos,
Super dromedarios
Velox madianeos.
Hez, sire asnes, ça chantes, etc.

Aurum de Arabia
Thus et myrrham de Saba
Tulit in ecclesia
Virtus asinaria.
Hez, sire asnes, ça chantes, etc.

Dum trahit vehicula
Multa cum sarcinula
Illius mandibula
Dura terit pabula.
Hez, sire asnes, ça chantes, etc.

Cum aristis hordeum
Comedit et arduum
Triticum e palea
Segregat in area.
Hez, sire asnes, ça chantez, etc.

Amen, dicas asine
Jam satur de gramine
Amen, amen itera,
Aspernare vetera.
Hez va! hez va! hez va hez!
Biax sire asnes, ça allez;
Belle bouche, ça chantez.

L'*Introit*, le *Kyrie eleison*, le *Gloria in excelsis*, le *Credo*, étaient terminés par ce cri trois fois répété: *hihan! hihan! hihan!* et, à la fin de la messe, après l'*Ite missa est*, le peuple, au lieu de dire : *Deo gratias*, répondait, en chœur, trois fois : *Hihan! hihan! hihan!*

Cette fête était un hommage à l'âne qui porta Jésus-Christ en Égypte. Une tradition italienne prétend que cet âne, après avoir servi de monture à Jésus, avait traversé la mer à pied sec, et était venu mourir aux environs de Vérone. On lui avait fait de magnifiques funérailles; plusieurs siècles après on montrait encore ses os, enfermés dans un âne artificiel déposé dans l'église de Notre-Dame des Orgues.

Notre-Dame Brébière. — Les bergers et les bergères des environs d'Albert, département de la Somme, se rendent chaque année dans l'église de cette ville, en habits de fête, portant des gâteaux sur la tête et sous le bras, et précédés de cornemuses, pour présenter leurs offrandes à la Vierge qu'on y honore sous le nom de Notre-Dame Brébière. On l'appelle ainsi, parce que son image fut, dit-on, trouvée par des bergers. Après l'office, le cortége va se réunir sur une place où il termine la journée par des danses et autres divertissements.

La confrérie de Notre-Dame du Puy. — Cette fête se célébrait à Amiens, le jour de la Chandeleur. Le nouveau maître qu'on élisait donnait un dîner pendant la durée duquel on représentait un mystère, et, à la fin du repas, il offrait à chaque confrère un chapeau vert, avec une copie de la pièce qui venait d'être jouée. Le lendemain, on décernait une couronne d'argent à celui qui, d'après la décision des rhétoriciens et des anciens maîtres du Puy, avait fait la meilleure ballade en l'honneur de la Vierge, sur le refrain du *fatras divin*, d'après le thème qui avait été proposé l'année précédente. Le lauréat était reconduit chez lui par les maîtres de la confrérie.

Le second prix était donné le jour de la commémoration des morts. Alors on portait la couronne au cimetière de Saint-Denis, et l'on y chantait ou déclamait des ballades dont le sujet était communément le mystère des trépassés.

Le jour de Noël, le maître en exercice faisait exposer, dans l'église cathédrale, un tableau qu'il était tenu de présenter et qui était l'image du mystère de la fête; mais lorsque l'année était expirée, il le faisait rapporter chez lui.

Le même jour, la plus belle et l'une des plus vertueuses filles d'Amiens, allait, vêtue de blanc, tenant à la main un enfant de cire, et accompagnée de deux jeunes adolescents représentant des anges, offrir à la Vierge une paire de tourterelles, en récitant des vers à sa louange. Après cette cérémonie, elle était reconduite en triomphe par les maîtres de la confrérie de Notre-Dame, jusqu'à la demeure de ses parents. Cet usage, qui avait été introduit par Philippe de Mézières, à son retour de l'île de Chypre, fut aboli en 1722.

Jeu de l'arbalète. — Il était en grand honneur à Senlis aux xve et xvie siècles, et voici quelques-unes des conditions que les règlements du corps des arbalétriers imposaient à ceux qui y étaient admis :

« Tu ne parleras, ne diras sur homme ou sur femme, mot qui soit déshonnête, dessous la ceinture.

« En fréquentant ledit jeu et entre deux luttes, tu ne nommeras le diable en aucune manière.

« Celui qui sera roi sera tenu de payer au chevalier, le premier jour de mai, un jambon; celui qui sera connétable lui payera une fraise de veau.

« Si quelqu'un commet une grande offense, comme blasphémer le nom de Dieu ou quereller, le connétable et le roi prononceront contre lui une amende arbitraire.

« Le vainqueur portera, en signe de sa victoire, le joyau des dimanches et des fêtes solennelles, qui est un chapeau de fleurs et un bouquet ordonnés d'ancienneté. »

Le roi de l'arbalète était nommé pour une année, et pendant la durée de son règne, il ne payait aucun impôt, exemption qui avait été octroyée par Henri III. S'il advenait qu'il fût roi trois ans de suite, il était alors proclamé *Empereur*, et dispensé de toutes les charges du corps des arbalétriers. Au xvi° siècle, chaque partie de l'arbalète portait le nom d'une partie du corps de Jésus-Christ, et le jeu ne pouvait se continuer en temps de guerre.

COMPAGNIES DE L'ARQUEBUSE. — Elles étaient nombreuses dans la Brie, et celle de Meaux avait le pas sur toutes les autres. Les membres de ces compagnies prenaient le titre de *Chevaliers royaux de l'arquebuse*, et jouissaient de divers priviléges qui leur avaient été accordés par le roi Henri II, et confirmés par ses successeurs. Chaque compagnie avait un drapeau blanc, et se composait d'un capitaine commandant, d'un lieutenant, d'un sous-lieutenant, d'un enseigne, d'un major, d'un guidon, et d'un certain nombre de chevaliers. Les officiers militaires étaient appelés *Officiers hausse-cols*, et il y avait en outre deux officiers civils, un prévôt et un procureur du roi, qui jugeaient les différends entre les chevaliers. Enfin, deux chanoines de la cathédrale en étaient les aumôniers. L'uniforme était : habit et culotte de drap bleu céleste, galonné en argent, épaulettes d'argent, veste blanche, chapeau bordé en argent et cocarde blanche. Les grades se distinguaient par les épaulettes. Le *Marqueur*, qui dans les marches remplissaient les fonctions de tambour-major, avait l'habit vert et la veste rouge, galonnés en argent. Il y avait quelques tambours et un fifre, et la devise de la compagnie était : *Ludit mox lædit.*

JEU DE L'ARC. — Il est très en faveur dans le département de la Somme, et la ville de Doulens a des sociétés régulièrement organisées qui se livrent à cet exercice. Il en était de même à Paris jusque vers la fin de l'empire.

LES SOTS DE HAM. — Il y avait autrefois dans cette ville, une compagnie de fous qui se livrait à des extravagances de toute nature, et dont le chef prenait le titre de *Prince des sots*.

BRANLE D'ANTHIEULE. — Dans la Picardie, on donne le nom de branle à une sorte de danse qui est à peu près la même que la farandole du midi, et celui d'Anthieule a une certaine renommée. On élit, pour présider à cette fête, un roi et une reine que l'on appelle *Mare* et *Maresse*.

LES SAUTRIAUX. — Ce jeu, qui avait lieu à Verberie, dans le département de l'Oise, portait aussi le nom de *Tombereaux*, et il était en honneur dès le temps de Charles VI. Des jeunes gens se laissaient rouler du haut d'une colline, et l'adresse du sautriau consistait à entrelacer de telle sorte sa tête, ses bras et ses jambes, que son corps eût la forme d'une boule ; c'est dans cette position qu'il se précipitait pour rouler. Quelquefois deux sautriaux se plaçaient chacun la tête entre les jambes de l'autre ; entrelaçaient leurs bras et formaient ainsi la boule. Avant le règne de Henri IV, dit-on, des troupes de

sautriaux parcouraient la France, pour exploiter
cet exercice.

***

COUTUMES ET SUPERSTITIONS.

Jadis, à Paris, on portait, pour les baptêmes, de
grands vases remplis d'eau de rose, et cet usage
existait aussi dans quelques autres parties de la
France. Bayle rapporte à ce sujet qu'à la naissance
de Ronsard, sa nourrice, en chemin pour aller à
l'église, le laissa tomber sur un tas de fleurs, et que
la femme qui tenait le vase d'eau de roses, le ré-
pandit sur l'enfant. Ces deux événements furent
considérés comme un heureux présage de ce qu'il
deviendrait un jour.

Le jour de la fête de saint Simon, les Parisiens
s'amusaient jadis à envoyer, au Temple, les gens
qui étaient simples et qu'ils chargeaient de demander des nèfles. Cette commission valait à ceux
qui s'en chargeaient d'être barbouillés de noir par
ceux auxquels ils s'adressaient.

La veille de la fête de Milly, les jeunes gens de
Doulens parcourent les rues de la ville, en tenant
à la main des torches de bouillon blanc, impré-
gnées d'huile, qui sont enflammées.

Au bourg de Dômart, département de la Somme, existait encore, naguère, un usage dont l'origine remontait au moyen âge. Le fossoyeur parcourait les rues pendant la nuit, en agitant une sonnette et criant d'une voix lamentable : *Réveillez-vous, gens qui dormez; priez Dieu pour les trépassés.*

Autrefois, les habitants de la campagne des environs de Paris, qui avaient à se plaindre du ravage des rats, s'adressaient, pour les détruire, à de prétendus magiciens. Ceux-ci composaient alors un talisman qu'ils attachaient à un bâton planté dans le champ dont on voulait expulser les animaux dévastateurs. L'écrit portait ces mots redoutables : *Adjuro vos omnes mures qui hic consistitis ne mihi inferatis injuriam : assigno vobis hunc agrum, in quo si vos posthac deprehendero, matrem Deorum testor, singulos vestrum in septem frusta discerpam.* C'est-à-dire : « Je vous conjure tous, méchants rats qui êtes ici, de ne me faire aucun tort; je vous défends ce champ, et si, après ma défense, je vous y retouve jamais, j'atteste la mère des Dieux que je vous couperai chacun en sept morceaux. »

FIN.

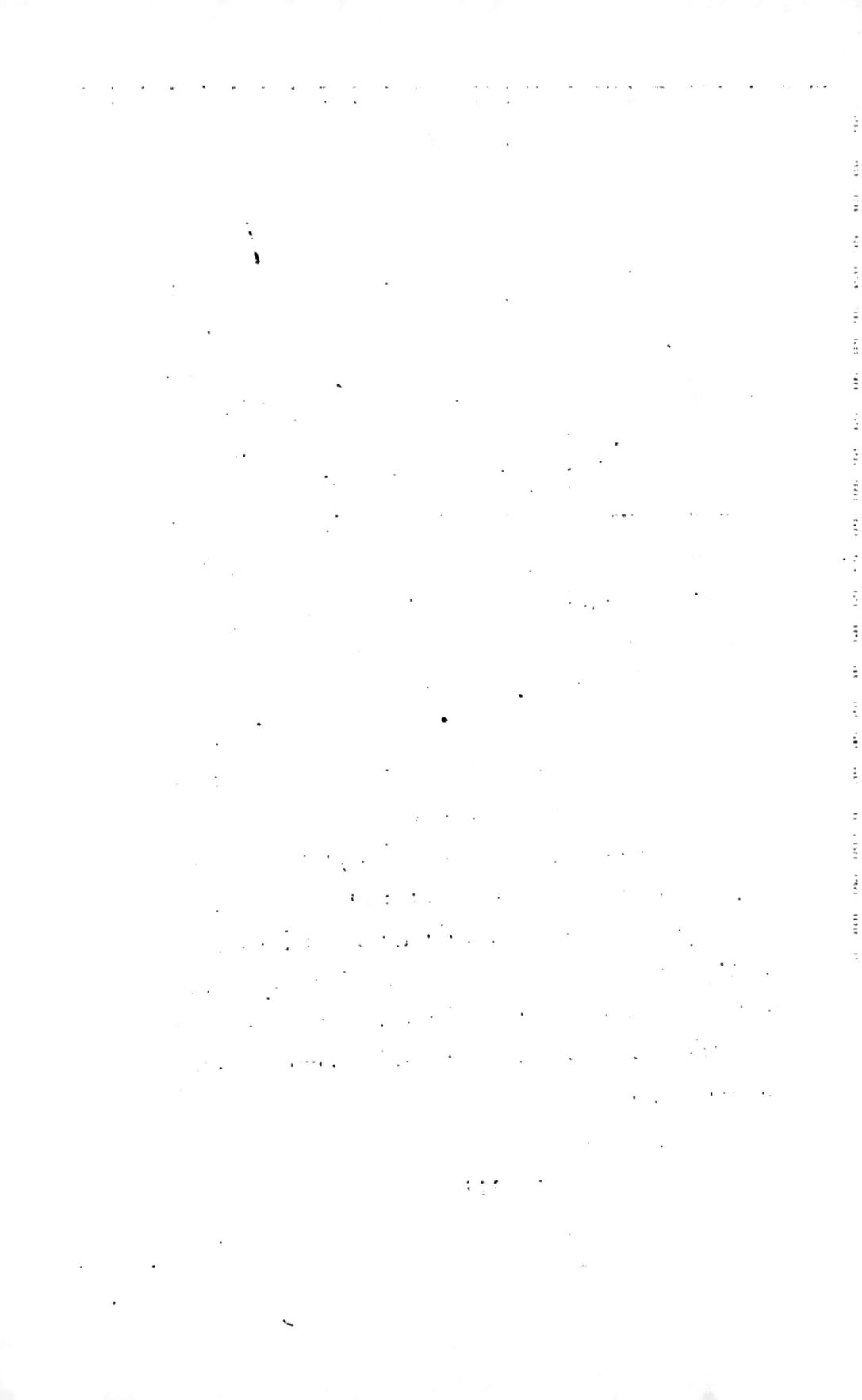

TABLE DES MATIÈRES.

✦✦❀✦✦

CHAPITRE II.

LANGUEDOC. — ROUERGUE.

Ardèche, Lozère, Gard, Hérault, Tarn, Haute-Garonne, Aude. — Aveyron.

CHAPITRE III.

ROUSSILLON. — COMTÉ DE FOIX.

Pyrénées-Orientales. — Ariége.

CHAPITRE IV.

LE BIGORRE. — LE BÉARN.

Hautes-Pyrénées. — Basses-Pyrénées.

CHAPITRE V.

LA GUIENNE. — LE QUERCI.

Gironde, Landes, Gers, Lot-et-Garonne. — Lot, Tarn-et-Garonne.

CHAPTRE VI.

PÉRIGORD. — POITOU. — SAINTONGE.

Dordogne. — Vienne, Deux-Sèvres, Vendée. — Charente, Charente-Inférieure.

CHAPITRE VII.

AUVERGNE. — LIMOUSIN.

Haute-Loire, Puy-de-Dôme, Cantal. — Corrèze, Haute-Vienne, Creuse.

CHAPITRE VIII.

BRETAGNE.

Loire-Inférieure, Morbihan, Finistère, *Côtes-du-Nord*, Ille-et-Vilaine.

CHAPITRE IX.

NORMANDIE.

Orne, Manche, Calvados, Seine-inférieure, Eure.

CHAPITRE X.

ANJOU. — ORLÉANAIS. — BERRI. — BOURBONNAIS. — NIVERNAIS.

Maine-et-Loire, Indre-et-Loire, Mayenne, Sarthe. — Loir-et-Cher, Loiret, Eure-et-Loire. — Cher, Indre. — Allier. — Nièvre.

CHAPITRE XI.

LYONNAIS. — BOURGOGNE. — FRANCHE-COMTÉ. — CHAMPAGNE.

Rhône, Loire. — Yonne, Ain, Côte-d'Or, Saône-et-Loire. — Jura, Doubs, Haute-Saône. — Haute-Marne, Aube, Marne, Ardennes.

CHAPITRE XIII.

ILE-DE-FRANCE.

Aisne, Seine-et-Marne, Seine, Seine-et-Oise, Oise, Somme.

FIN DE LA TABLE.

www.ingramcontent.com/pod-product-compliance
Lightning Source LLC
Chambersburg PA
CBHW072007270326
41928CB00009B/1573